国家职业技能等级认定培训教材
高 技 能 人 才 培 养 用 书
新形态职业技能鉴定指导教材

汽车维修工

——汽车维修检验工、汽车机械维修工、汽车电器维修工

（中级）

国家职业技能等级认定培训教材编审委员会　组编

祖国海　潘艳华　编

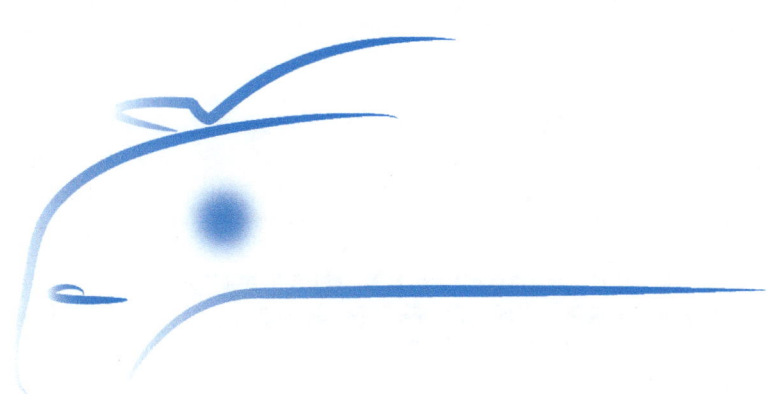

机械工业出版社

本书是依据《国家职业技能标准 汽车维修工》对中级汽车维修工的知识要求和技能要求，按照满足岗位培训需要的原则编写的，主要内容包括汽车维护、发动机检修、底盘检修、汽车电器检修。书末附有模拟试卷。本书还配套多媒体资源，可通过封底"天工讲堂"刮刮卡获取。

本书可作为职业技能等级认定培训、企业培训的教材，也可作为技工学校、中等职业学校、各种短期培训班的教学用书，还可供有关技术人员自学使用。

图书在版编目（CIP）数据

汽车维修工：汽车维修检验工、汽车机械维修工、汽车电器维修工：中级 / 祖国海，潘艳华编 . —北京：机械工业出版社，2020.5（2025.9 重印）
新形态职业技能鉴定指导教材　高技能人才培养用书
ISBN 978-7-111-65245-8

Ⅰ.①汽…　Ⅱ.①祖…②潘…　Ⅲ.①汽车—车辆修理—职业技能—鉴定—教材　Ⅳ.① U472.4

中国版本图书馆 CIP 数据核字（2020）第 054369 号

机械工业出版社（北京市百万庄大街 22 号　邮政编码 100037）
策划编辑：陈玉芝　责任编辑：陈玉芝　赵　帅
责任校对：李　杉　责任印制：张　博
固安县铭成印刷有限公司印刷
2025 年 9 月第 1 版第 4 次印刷
184mm×260mm・15.25 印张・305 千字
标准书号：ISBN 978-7-111-65245-8
定价：49.80 元

电话服务　　　　　　　　　网络服务
客服电话：010-88361066　　机 工 官 网：www.cmpbook.com
　　　　　010-88379833　　机 工 官 博：weibo.com/cmp1952
　　　　　010-68326294　　金 书 网：www.golden-book.com
封底无防伪标均为盗版　　　机工教育服务网：www.cmpedu.com

国家职业技能等级认定培训教材

 编审委员会

主　任　李　奇　荣庆华
副主任　姚春生　林　松　苗长建　尹子文
　　　　周培植　贾恒旦　孟祥忍　王　森
　　　　汪　俊　费维东　邵泽东　王琪冰
　　　　李双琦　林　飞　林战国

委　员（按姓氏笔画排序）
　　　　于传功　王　新　王兆晶　王宏鑫
　　　　王荣兰　卞良勇　邓海平　卢志林
　　　　朱在勤　刘　涛　纪　玮　李祥睿
　　　　李援瑛　吴　雷　宋传平　张婷婷
　　　　陈玉芝　陈志炎　陈洪华　季　飞
　　　　周　润　周爱东　胡家富　施红星
　　　　祖国海　费伯平　徐　彬　徐丕兵
　　　　唐建华　阎　伟　董　魁　臧联防
　　　　薛党辰　鞠　刚

序

Preface

新中国成立以来,技术工人队伍建设一直得到了党和政府的高度重视。20世纪五六十年代,我们借鉴苏联经验建立了技能人才的"八级工"制,培养了一大批身怀绝技的"大师"与"大工匠"。"八级工"不仅待遇高,而且深受社会尊重,成为那个时代的骄傲,吸引与带动了一批批青年技能人才锲而不舍地钻研技术、攀登高峰。

进入新时期,高技能人才发展上升为兴企强国的国家战略。从2003年全国第一次人才工作会议,明确提出高技能人才是国家人才队伍的重要组成部分,到2010年颁布实施《国家中长期人才发展规划纲要(2010—2020年)》,加快高技能人才队伍建设与发展成为举国的意志与战略之一。

习近平总书记强调,劳动者素质对一个国家、一个民族发展至关重要。技术工人队伍是支撑中国制造、中国创造的重要基础,对推动经济高质量发展具有重要作用。党的十八大以来,党中央、国务院健全技能人才培养、使用、评价、激励制度,大力发展技工教育,大规模开展职业技能培训,加快培养大批高素质劳动者和技术技能人才,使更多社会需要的技能人才、大国工匠不断涌现,推动形成了广大劳动者学习技能、报效国家的浓厚氛围。

2019年国务院办公厅印发了《职业技能提升行动方案(2019—2021年)》,目标任务是2019年至2021年,持续开展职业技能提升行动,提高培训针对性实效性,全面提升劳动者职业技能水平和就业创业能力。三年共开展各类补贴性职业技能培训5000万人次以上,其中2019年培训1500万人次以上;经过努力,到2021年底技能劳动者占就业人员总量的比例达到25%以上,高技能人才占技能劳动者的比例达到30%以上。

目前,我国技术工人(技能劳动者)已超过2亿人,其中高技能人才超过5000万人,在全面建成小康社会、新兴战略产业不断发展的今天,建设高技能人才队伍的任务十分重要。

序 Preface

　　机械工业出版社一直致力于技能人才培训用书的出版，先后出版了一系列具有行业影响力，深受企业、读者欢迎的教材。欣闻配合新的《国家职业技能标准》又编写了"国家职业技能等级认定培训教材"。这套教材由全国各地技能培训和考评专家编写，具有权威性和代表性；将理论与技能有机结合，并紧紧围绕《国家职业技能标准》的知识要求和技能要求编写，实用性、针对性强，既有必备的理论知识和技能知识，又有考核鉴定的理论和技能题库及答案；而且这套教材根据需要为部分教材配备了二维码，扫描书中的二维码便可观看相应资源；这套教材还配合天工讲堂开设了在线课程、在线题库，配套齐全，编排科学，便于培训和检测。

　　这套教材的出版非常及时，为培养技能型人才做了一件大好事，我相信这套教材一定会为我国培养更多更好的高素质技术技能型人才做出贡献！

中华全国总工会副主席

高凤林

前言

目前，取得职业资格证书已经成为劳动者就业上岗的必备条件，也是对劳动者职业能力的客观评价。取得职业资格证书不仅是广大从业人员、待岗人员的迫切需要，而且已经成为各级各类普通教育院校、职业学院毕业生追求的目标。

2019年1月，新的《国家职业技能标准 汽车维修工》实施，对汽车维修工提出了新的要求。为此，我们组织专家、学者、高级考评员，根据最新的国家职业技能标准，编写了汽车维修工培养教材，本书是中级工培训教材。本书有以下主要特点：

1）以现行国家职业技能标准为依据，以职业技能鉴定要求为尺度，以满足本职业对从业人员的要求为目标，对国家职业技能标准中要求的技能和有关知识进行了详细的介绍。

2）以岗位技能需求为出发点，按照"模块式"教材编写思路确定教材的核心技能模块，以此为基础，构建每一个技能训练项目所需掌握的相关知识、技能训练、模拟考试等结构体系。

本书由祖国海、潘艳华编写。

本书在编写过程中得到了国家职业技能等级认定培训教材编审委员会、中国汽车维修行业协会、呼和浩特万通汽车学校、德能（北京）汽车服务有限公司、广东瀚文书业有限公司、山东瀚德圣文化发展有限公司等组织和单位的大力支持与协助，在此一并表示衷心的感谢！

由于编写时间有限，书中难免存在一些缺点和不足之处，恳请读者批评指正。

编 者

目录 Contents

序
前言

项目1　汽车维护

1.1　发动机维护 ··· 1
　　1.1.1　发动机二级维护项目、作业内容和技术要求 ··· 1
　　1.1.2　进（排）气系统密封性检查技术要求 ··· 2
　　1.1.3　发动机传动带检查调整操作方法和技术要求 ··· 4
　　1.1.4　正时带更换操作方法和技术要求 ·· 4
　　1.1.5　发动机悬置总成更换操作方法和技术要求 ··· 5
1.2　底盘维护 ··· 7
　　1.2.1　底盘二级维护项目、作业内容和技术要求 ··· 7
　　1.2.2　二级维护竣工检测项目、技术要求 ·· 9
　　1.2.3　二级维护作业安全注意事项 ··· 10
1.3　技能训练 ·· 10
　　技能训练一　更换燃油滤清器 ··· 10
　　技能训练二　检查、更换发动机正时带 ··· 12
　　技能训练三　检查、更换发动机正时链条 ··· 14
　　技能训练四　检查、调整离合器踏板、制动踏板自由行程 ······································· 15
复习思考题 ·· 17

项目2　发动机检修

2.1　技术参数检测 ··· 18
　　2.1.1　气缸压力及漏气量测试方法 ··· 18

目录

Contents

  2.1.2 进气歧管真空度测量方法及要求 ············· 18
  2.1.3 燃油压力测量方法及要求 ··················· 18
  2.1.4 尾气排放检测方法及要求 ··················· 21
  2.1.5 汽车故障诊断仪操作方法及故障码相关知识 ······ 21
2.2 曲柄连杆机构检修 ···························· 25
  2.2.1 曲柄连杆机构组成与工作原理 ················ 25
  2.2.2 气缸体及气缸检测技术要求 ·················· 29
  2.2.3 活塞、活塞环及活塞销检测技术要求 ············ 31
  2.2.4 连杆及轴承检测技术要求 ··················· 34
  2.2.5 飞轮、曲轴及轴承检测技术要求 ··············· 35
2.3 配气机构检修 ······························· 38
  2.3.1 配气机构组成与工作原理、检查方法 ············ 38
  2.3.2 凸轮轴检测技术要求 ····················· 44
  2.3.3 气门组件检测技术要求 ···················· 46
  2.3.4 气缸盖检测技术要求 ····················· 47
2.4 燃油、电控系统检修 ·························· 47
  2.4.1 燃油供给系统组成及工作原理 ················ 47
  2.4.2 传感器、执行器工作原理、检测方法和注意事项 ···· 56
  2.4.3 点火系统电路检测方法及技术要求 ·············· 56
2.5 润滑和冷却系统检修 ·························· 61
  2.5.1 润滑系统组成与工作原理 ··················· 61
  2.5.2 机油压力检测技术要求 ···················· 65
  2.5.3 冷却系统组成与工作原理 ··················· 66
  2.5.4 散热风扇检测技术要求 ···················· 68
2.6 进（排）气系统检修 ·························· 69
  2.6.1 增压器组成与工作原理 ···················· 69
  2.6.2 排气背压的检测方法 ····················· 70

目 录
Contents

2.7 技能训练 ··· 71
 技能训练一 检测气缸压力和漏气量 ································· 71
 技能训练二 检测进气歧管真空度 ······································ 72
 技能训练三 检测汽油机燃油压力 ······································ 74
 技能训练四 拆装、检测气缸体、气缸盖 ··························· 75
 技能训练五 拆装、检测活塞、活塞环 ······························ 79
 技能训练六 拆装、检测曲轴飞轮组 ·································· 84
 技能训练七 拆装、检测凸轮轴 ··· 88
 技能训练八 检测电动燃油泵 ·· 91
 技能训练九 检测汽油机喷油器 ··· 93
 技能训练十 拆装增压器 ··· 96
复习思考题 ·· 98

项目 3 底盘检修

3.1 传动系统检修 ··· 100
 3.1.1 传动系统组成与工作原理 ·· 100
 3.1.2 离合器总成拆装技术要求 ·· 111
 3.1.3 手动变速器总成拆装技术要求 ····································· 111
 3.1.4 万向传动装置拆装技术要求 ·· 111
 3.1.5 主减速器和差速器总成拆装技术要求 ··························· 112
3.2 行驶系统检修 ··· 113
 3.2.1 行驶系统组成与工作原理 ·· 113
 3.2.2 四轮定位仪操作规程 ··· 117
 3.2.3 车轮定位技术要求 ·· 117
 3.2.4 车轮动平衡机操作规程 ··· 117

目录

Contents

3.3 转向系统检修 ·········· 118
    3.3.1 转向系统组成与工作原理 ·········· 118
    3.3.2 机械转向器更换技术要求 ·········· 121
    3.3.3 液压助力转向系统更换技术要求 ·········· 121
    3.3.4 电动助力转向系统更换技术要求 ·········· 121
3.4 制动系统检修 ·········· 121
    3.4.1 制动系统组成与工作原理 ·········· 121
    3.4.2 制动主缸和制动助力器检修技术要求 ·········· 128
    3.4.3 制动控制阀检修技术要求 ·········· 128
    3.4.4 鼓（盘）式制动器检修技术要求 ·········· 129
    3.4.5 驻车制动装置检修技术要求 ·········· 131
3.5 技能训练 ·········· 131
    技能训练一 拆装离合器总成 ·········· 131
    技能训练二 拆装手动变速器总成 ·········· 134
    技能训练三 拆装等速万向传动装置 ·········· 137
    技能训练四 拆装前驱动桥 ·········· 139
    技能训练五 拆装动力转向器 ·········· 146
    技能训练六 拆检非独立悬架转向传动机构 ·········· 149
    技能训练七 更换制动主缸 ·········· 151
    技能训练八 更换制动助力器总成 ·········· 153
    技能训练九 拆检制动器 ·········· 154
复习思考题 ·········· 162

项目4 汽车电器检修

4.1 蓄电池检修 ·········· 164
    4.1.1 蓄电池结构与工作原理 ·········· 164

目录
Contents

4.1.2 蓄电池技术状况检查方法 … 166
4.1.3 蓄电池充电方法及注意事项 … 168
4.2 起动系统检修 … 168
　4.2.1 起动系统组成与工作原理 … 168
　4.2.2 起动机检查方法 … 170
　4.2.3 起动系统电路相关知识 … 170
4.3 充电系统检修 … 172
　4.3.1 充电系统组成与工作原理 … 172
　4.3.2 发电机检查方法 … 175
　4.3.3 充电系统电路相关知识 … 175
4.4 照明、信号及仪表系统检修 … 176
　4.4.1 照明、信号及仪表系统组成与工作原理 … 176
　4.4.2 照明、信号及仪表系统电路图知识 … 178
　4.4.3 照明、信号及仪表系统元件的检测方法 … 179
4.5 辅助电气系统检修 … 180
　4.5.1 辅助电气系统组成与工作原理 … 180
　4.5.2 电动车窗电动机及其开关检测、更换方法 … 182
　4.5.3 电动后视镜及其开关检测、更换方法 … 186
　4.5.4 刮水器电动机及开关检测、更换方法 … 188
　4.5.5 电动座椅电动机及其控制开关检测、更换方法 … 189
4.6 空调系统检修 … 190
　4.6.1 空调系统工作原理与组成 … 190
　4.6.2 电磁离合器检测技术要求 … 193
　4.6.3 汽车空调控制电路图相关知识 … 193
　4.6.4 空调压力表、制冷剂加注回收机操作规程 … 194
　4.6.5 空调取暖和通风系统工作原理与组成 … 194

目录 Contents

4.7 技能训练 ··· 195
    技能训练一　拆装起动机 ··· 195
    技能训练二　检修发电机 ··· 200
    技能训练三　检查空调制冷循环系统技术状况 ················ 204
复习思考题 ··· 211

模拟试卷

中级汽车维修工理论知识试卷 ··· 213
中级汽车维修工理论知识试卷答案 ······································· 229
中级汽车维修工操作技能考核试卷 ······································· 230
中级汽车维修工操作技能考核评分记录表（1） ······················ 231
中级汽车维修工操作技能考核评分记录表（2） ······················ 232

项目 1 汽车维护

Chapter 1

1.1 发动机维护

1.1.1 发动机二级维护项目、作业内容和技术要求（表1-1）

表1-1 发动机二级维护项目、作业内容和技术要求

维护项目	作业内容	技术要求
发动机工作状况	检查发动机起动性能和柴油机停机装置	起动性能良好，停机装置功能有效
	检查发动机运转情况	低、中、高速运转稳定，无异响
发动机排放机外净化装置	检查发动机排放机外净化装置	外观无损坏，安装牢固
燃油蒸发控制装置	检查外观，检查装置是否畅通，视情况更换	炭罐及管路外观无损坏，密封良好，连接可靠，装置畅通无堵塞
曲轴箱通风装置	检查外观，检查装置是否畅通，视情况更换	管路及阀体外观无损坏，密封良好，连接可靠，装置畅通无堵塞
中冷器、增压器	检查清洁中冷器和增压器	中冷器散热片清洁，管路无老化，连接可靠，密封良好。增压器运转正常，无异响，无渗漏
发电机、起动机	检查清洁发电机、起动机	发电机和起动机外表清洁，导线接头无松动，运转无异响，工作正常
发动机传动带（链）	检查空压机、水泵、发电机、空调机组合正时带（链）的磨损及老化程度，视情况调整传动带（链）的松紧度	按规定里程或时间更换传动带（链），传动带（链）无裂痕和过量磨损，表面无污染，松紧度符合规定
冷却装置	检查散热器及管路密封	散热器及管路固定可靠，无变形、堵塞、破损及渗漏。散热器盖接合表面良好，胶垫不老化
	检查水泵和节温器工作状况	水泵不漏液、无异响，节温器工作正常
火花塞、高压线	检查火花塞间隙、积炭和烧蚀情况，按规定里程或时间更换火花塞	无积炭、无严重烧蚀现象，电极间隙符合规定
	检查高压线外观及连接情况，按规定里程或时间更换高压线	高压线外观无破损，连接可靠

（续）

维护项目	作业内容	技术要求
进气歧管、排气歧管、消声器、排气管	检查进气歧管、排气歧管、消声器、排气管	外观无破损、无裂纹，消声器功能良好
发动机总成	清洁发动机外部，检查隔热层	无油污、无灰尘，隔热层密封良好
	检查、校紧连接螺栓、螺母	油底壳、发动机支撑、水泵、空压机、涡轮增压器、进排气歧管、消声器、排气管、输油泵和喷油泵等部位连接可靠

1.1.2 进（排）气系统密封性检查技术要求

1. 进气系统密封性检查

发动机进气系统如图 1-1 所示。

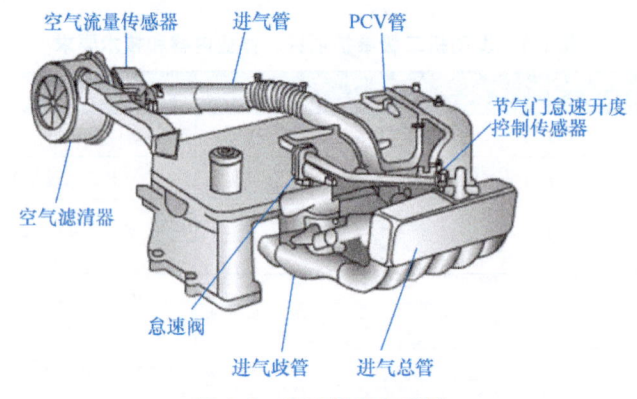

图 1-1 发动机进气系统

（1）进气管外观检查　检查进气管有无破损及脱落。进气管一般是塑料管，在使用中会老化，并且发动机舱内温度较高，加剧塑料管的老化。另外进气管可能在车辆行驶过程中脱落。

（2）进气管工作情况检查　检查进气管有无堵塞或漏气。进气系统上装有空气流量传感器或进气压力传感器，若有异物堵塞或进气管漏气，将使发动机的进气量测量失真，影响发动机的动力。发动机进气系统工作情况检查方法如下：

1）打开发动机舱盖，安装翼子板布和前格栅布。

2）检查进气管有无破损，若有，需更换进气管。

3）检查与进气管连接的真空管、曲轴箱通风管管路有无破损，若有，需更换相关管路。

4）检查进气管有无脱落，若有，需重新安装。

5）检查与进气管连接的管路有无脱落，若有，需重新安装相关管路。

6）检查进气口有无堵塞，若有，需及时清除杂物。

7）检查进气口内有无堵塞，重点检查空气滤清器内部，若有，需及时清除杂物。

2. 排气系统密封性检查

发动机排气系统如图 1-2 所示。

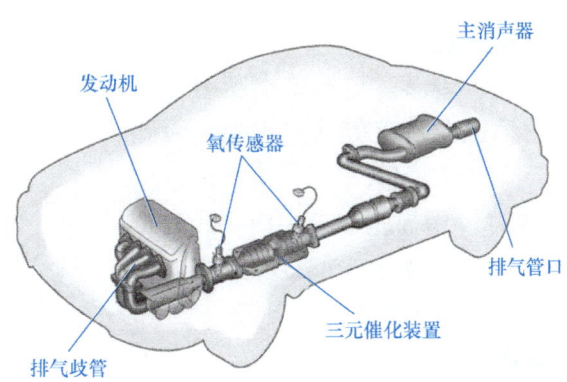

图 1-2　发动机排气系统

（1）曲轴箱通风装置的检查　检查曲轴箱通风装置的连接软管是否老化或产生裂纹，若老化或产生裂纹，应在紧固连接处更换软管。

1）从强制式曲轴箱通风阀（PCV 阀）上拆下通气软管。

2）从摇臂盖上拆下曲轴箱通风阀。

3）从摇臂盖安装侧的位置插入细棒到曲轴箱通风阀，前后移动细棒以检查柱塞的移动状况。如果柱塞未移动，则表示曲轴箱通风阀有阻塞，需清洁或更换曲轴箱通风阀，如图 1-3 所示。

4）重新将曲轴箱通风阀与拆下的通气软管连接。

5）起动发动机，怠速运转。将手指压在曲轴箱通风阀开口处，感觉确认进气歧管真空度（手指是否受到吸引作用），此时曲轴箱通风阀的柱塞会前后移动。

图 1-3　曲轴箱通风阀的检查

（2）三元催化器的检查　三元催化器堵塞是很普遍的问题，特别是道路拥堵、燃油品质较差的地区。三元催化器堵塞不仅使车辆油耗增加、动力下降、尾气超标，更严重的能让排气管烧红，造成车辆自燃。

三元催化器堵塞是逐步形成的，堵塞过程是可逆的。堵塞可通过化学过程如氧化而减少，也可以通过物理过程如挥发组分和气相组分蒸发而减少。

3. 进、排气管与气缸盖连接处的密封性检查

应定期清除进、排气管与气缸盖连接处的积炭和胶质。可用钢丝刷或钝口刮刀

刮除，再用压缩空气吹干净。

进、排气管与气缸盖接合表面的变形情况，平面度误差不得超过 0.10mm，否则应予修磨。

1.1.3　发动机传动带检查调整操作方法和技术要求

1. 检查传动带状况与张紧度

检查传动带有无损伤、剥落。传动带在断裂之前，会出现滑磨声，传动带表面会出现龟裂的裂纹、磨损以及剥落等前兆现象。因此，应仔细观察，若出现上述现象应及时更换传动带。

检查传动带张紧度时，用拇指以 98~147N 的力按压传动带中间部位，挠度应为 8~15mm，如图 1-4 所示。如果不符合要求，应进行调整。

2. 调整传动带张紧度

调整时，用调整螺栓将整个交流发电机向里或向外移位以调整传动带的张紧度。调整后，应可靠地拧紧固定螺栓。

图 1-4　检查传动带状况与张紧度

1.1.4　正时带更换操作方法和技术要求

正时带拆装过程及技术要求如下：

1. 拆卸

1）拆下正时带检视盖。

2）拔下凸轮轴位置传感器线束插头，拆下水泵传动带、水泵带轮、曲轴减振带轮，拆下检视盖总成螺栓，并取下检视盖。

3）拆掉水泵、带轮室盖总成固定螺栓，取下水泵、带轮室盖总成。

注意： 记好固定螺栓的安装位置，避免在装配时装错。

4）拆掉凸轮轴带轮压板、高压油泵带轮压板。

5）带上曲轴螺栓，转动曲轴，使曲轴带轮上的正时标记与带轮室上的标记对正，用两根工艺螺栓将凸轮轴带轮、高压油泵带轮分别固定在带轮室上。

6）拧松张紧轮紧固螺栓，使正时带松动。

7）取下正时带。

注意： 正时带取下顺序依次为张紧轮、高压油泵带轮、惰轮、凸轮轴正时带轮、曲轴正时带轮。

2. 安装

1）安装正时带前要将曲轴带轮上的正时标记对齐，凸轮轴带轮、高压油泵带轮的工艺螺栓孔与带轮室上的工艺螺栓孔对正，分别用一根工艺螺栓固定。

2）半拧紧张紧轮紧固螺栓，装配正时带。

注意：正时带安装顺序依次为曲轴正时带轮、凸轮轴正时带轮、惰轮、高压油泵带轮、张紧轮，在此状态下安装正时带，各传动轮之间不得出现多齿、错齿现象，绝对不允许正时带上沾油、正时带弯折现象出现。安装时保证正时带上的标识面对操作者。

3）松开张紧拉杆固定螺栓，在张紧拉杆杆端挂重块（新正时带挂质量为 14.2kg 的砝码，旧正时带挂质量为 8.3kg 的砝码），此时拧紧张紧轮紧固螺栓。

4）拆下 2 颗工艺螺栓，顺时针旋转曲轴 720°，拧松张紧轮紧固螺栓，按规定力矩拧紧张紧轮紧固螺栓，取下重块，装上张紧拉杆固定螺栓。

5）安装凸轮轴带轮压板、高压油泵带轮压板。

6）其余配件的安装顺序可按拆卸顺序的逆向顺序进行。注意铝制配件的拧紧力矩要符合要求。

1.1.5　发动机悬置总成更换操作方法和技术要求

图 1-5 所示为发动机悬置结构示意图，发动机悬置的更换方法如下：

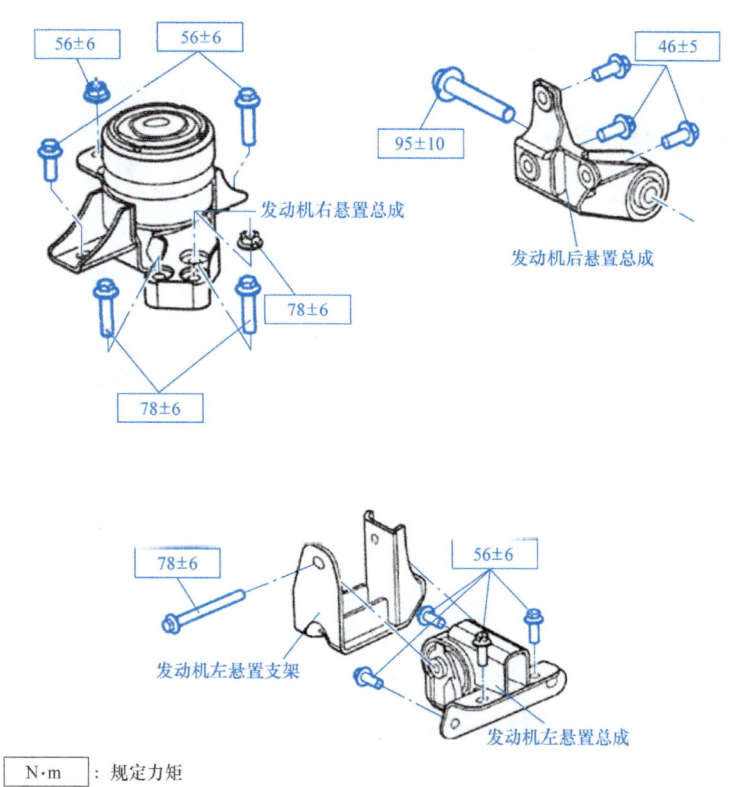

图 1-5　发动机悬置结构示意图

1）用起重机吊住发动机，用套筒扳手拆下发动机后悬置与车架连接的螺栓

2）用套筒扳手拆下发动机左悬置与支架连接的螺栓

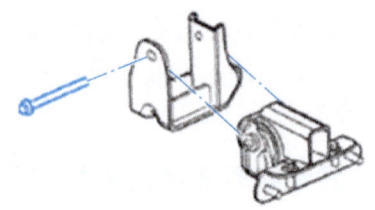

3）用套筒扳手拆下发动机右悬置与发动机连接的螺母和两个螺栓

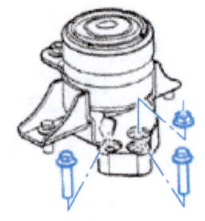

4）拆卸发动机左悬置。使用13号扳手、棘轮扳手、加长杆，拆下发动机左悬置总成4个安装螺栓，取下发动机左悬置总成

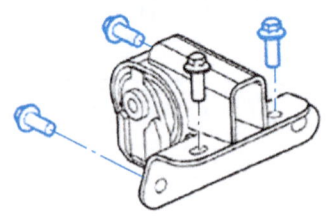

5）拆卸发动机右悬置。使用13号套筒、15号套筒、棘轮扳手、加长杆，拆下发动机右悬置总成2个安装螺栓和1个安装螺母，取下发动机右悬置总成

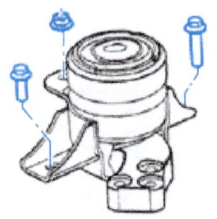

1.2 底盘维护

1.2.1 底盘二级维护项目、作业内容和技术要求（表 1-2）

表 1-2 底盘二级维护项目、作业内容和技术要求

维护项目		作业内容	技术要求
	储气筒、干燥器	检查、紧固储气筒，检查干燥器功能，按规定里程或时间更换干燥剂	储气筒安装牢固、密封良好。干燥器功能正常，排水阀通畅
	制动踏板	检查、调整制动踏板自由行程	制动踏板自由行程符合规定
	驻车制动	检查驻车制动性能，调整操纵机构	功能正常。操纵机构齐全完好，灵活有效
	防抱死制动装置	检查连接线路，清洁轮速传感器	各连接线及插接件无松动，轮速传感器清洁
制动系统	鼓式制动器	检查制动间隙调整装置	功能正常
		拆卸制动鼓、轮毂、制动蹄，清洁轴承位、轴承、支承销和制动底板等零件	清洁、无油污，轮毂通气孔通畅
		检查制动底板、制动凸轮轴	制动底板安装牢固、无变形、无裂损。凸轮轴转动灵活，无卡滞和松旷现象
		检查轮毂内外轴承	保持架无断裂，滚珠无缺损、脱落，轴承内外圈无裂损和烧蚀
		检查制动摩擦片、制动蹄及支承销	摩擦片表面无油污、裂损，厚度符合规定。制动蹄无裂纹及明显变形。铆接可靠，铆钉沉入深度符合规定。支承销无过量磨损，与制动蹄轴承孔衬套配合无明显松旷
		检查制动蹄复位弹簧	复位弹簧不得有扭曲、钩环损坏、弹性损失和自由长度改变等现象
		检查轮毂、制动鼓	轮毂无裂损，制动鼓无裂纹、沟槽、油污及明显变形
		装复制动鼓、轮毂、制动蹄，调整轴承松紧度，调整制动间隙	润滑轴承，轴承位涂抹润滑脂后再装轴承。装复制动蹄时，轴承孔均应涂抹润滑脂。开口销或卡簧固定可靠。制动摩擦片与制动鼓摩擦面应清洁、无油污，制动摩擦片与制动鼓配合间隙符合规定。轮毂转动灵活且无轴向间隙。锁紧螺母、半轴螺母及车轮螺母齐全，拧紧力矩符合规定

（续）

维护项目		作业内容	技术要求
制动系统	盘式制动器	检查制动摩擦片和制动盘磨损量	制动摩擦片和制动盘磨损量应在标记规定或制造商要求的范围内，其摩擦工作面不得有油污、裂纹、失圆和沟槽等损伤
		检查制动摩擦片与制动盘的间隙	制动摩擦片与制动盘之间的转动间隙符合规定
		检查密封件	密封件无裂纹或损坏
		检查制动钳	制动钳安装牢固、无油液泄漏。制动钳导向销无裂纹或损坏
转向系统	转向器和转向传动机构	检查转向器和传动机构	转向轻便、灵活，无卡滞现象。锁止、限位功能正常
		检查部件技术状况	转向节臂、转向器摇臂及横直拉杆无变形、裂纹和拼焊现象，球销无裂纹、不松旷，转向器无裂纹、无漏油现象
	转向盘最大自由度	检查、调整转向盘自由转动量	最高设计车速不小于100km/h的车辆，其转向盘的最大自由转动量不大于15°，其他车辆不大于25°
行驶系统	车轮及轮胎	检查轮胎规格型号	轮胎规格型号符合规定，同轴轮胎的规格和花纹应相同。公路客车、旅游客车、校车和危险货物运输车的所有车轮及其他车辆的转向轮不得装用翻新的轮胎
		检查轮胎外观	轮胎的胎冠、胎壁不得有长度超过25mm或深度足以暴露出帘布层的破裂和割伤以及凸起、异物刺入等影响使用的缺陷。具有磨损标志的轮胎，胎冠的磨损不得触及磨损标志。无磨损标志或标志不清的轮胎，乘用车和挂车胎冠花纹深度应不小于1.6mm；其他车辆的转向轮的胎冠花纹深度应不小于3.2mm，其余轮胎胎冠花纹深度应不小于1.6mm
		轮胎换位	根据轮胎磨损情况或相关规定，视情况进行轮胎换位
		检查、调整车轮前束	车轮前束值符合规定
	悬架	检查悬架弹性元件，校紧连接螺栓、螺母	空气弹簧无泄漏、外观无损伤。钢板弹簧无断片、缺片、移位和变形。各部件连接可靠。U形螺栓螺母拧紧力矩符合规定
		减振器	减振器稳固有效，无漏油现象。橡胶垫无松动、变形及分层
	车桥	检查车桥、车桥与悬架之间的拉杆和导杆	车桥无变形、表面无裂痕、油脂无泄漏，车桥与悬架之间的拉杆和导杆无松旷、移位和变形

项目 1 汽车维护

（续）

维护项目		作业内容	技术要求
传动系统	离合器	检查离合器工作状况	离合器接合平稳，分离彻底，操作轻便，无异响、打滑、抖动及沉重等现象
		检查、调整离合器踏板自由行程	离合器踏板自由行程符合规定
	变速器、主减速器、差速器	检查、调整变速器	变速器操纵轻便、档位准确，无异响、打滑及乱档等异常现象。主减速器、差速器工作无异常
		检查变速器、主减速器、差速器润滑油液面高度，视情况更换	按规定的里程或时间更换润滑油，液面高度符合规定
	传动轴	检查防尘罩	防尘罩无裂纹、损坏，卡箍连接可靠，支架无松动
		检查传动轴及万向节	传动轴无弯曲，运转无异响，传动轴及万向节无裂损、不松旷
		检查传动轴承及支架	轴承无松旷，支架无缺损和变形

1.2.2 二级维护竣工检测项目、技术要求（表 1-3）

表 1-3 二级维护竣工检测项目、技术要求

检验部位	检验项目	技术要求
整车	清洁	全车外部、车厢内部及各总成外部清洁
	紧固	各总成外部螺栓、螺母紧固，锁销齐全有效
	润滑	全车各个润滑部位的润滑装置齐全，润滑良好
	密封	全车密封良好，无漏油、无漏液和无漏气现象
	故障诊断	装有车载诊断系统（OBD）的车辆，无故障信号
	附属设施	后视镜、灭火器、客车安全锤、安全带、刮水器等齐全完好，功能正常
发动机及其附件	发动机工作状况	在正常工作温度状态下，发动机起动三次，成功起动次数不少于两次，柴油机三次停机均应有效，发动机低、中、高速运转稳定、无异响
	发动机装备	齐全有效
制动系统	行车制动性能	符合规定
	驻车制动性能	符合规定
转向系统	转向机构	转向机构各部件连接可靠，锁止、限位功能正常，转向时无运动干涉，转向轻便、灵活，转向无卡滞现象
		转向节臂、转向器摇臂及横直拉杆无变形、裂纹和拼焊现象，球销无裂纹、不松旷，转向器无裂损、无漏油现象
	转向盘最大自由转动量	最高设计车速不小于 100km/h 的车辆，其转向盘的最大自由转动量不大于 15°，其他车辆不大于 25°

（续）

检验部位	检验项目	技术要求
行驶系统	轮胎	轮胎规格型号符合规定，同轴轮胎的规格和花纹应相同。公路客车、旅游客车、校车和危险货物运输车的所有车轮及其他车辆的转向轮不得装用翻新的轮胎。轮胎花纹深度及气压符合规定，轮胎的胎冠、胎壁不得有长度超过25mm或深度足以暴露出帘布层的破裂和割伤以及凸起、异物刺入等影响使用的缺陷
行驶系统	转向轮横向侧滑量	符合规定
	悬架	空气弹簧无泄漏、外观无损伤。钢板弹簧无断片、缺片、移位和变形。各部件连接可靠。U形螺栓螺母拧紧力矩符合规定
	减振器	减振器稳固有效，无漏油现象。橡胶垫无松动、变形及分层
	车桥	无变形、表面无裂纹，密封良好
传动系统	离合器	离合器接合平稳，分离彻底，操作轻便，无异响、打滑、抖动及沉重等现象
	变速器、传动轴、主减速器	变速器操纵轻便、档位准确，无异响、打滑及乱档等异常现象，传动轴、主减速器工作无异常
牵引连接装置	牵引连接装置和锁止机构	汽车与挂车牵引连接装置连接可靠，锁止、释放机构工作可靠
照明、信号指示装置和仪表	前照灯	完好有效，工作正常，性能符合 GB 7258—2017 的规定
	信号指示装置	转向灯、制动灯、示廓灯、危险报警闪光灯、雾灯、喇叭、标志灯及反射器灯信号指示装置完好有效
	仪表	各类仪表工作正常
排放	排气污染物	汽油车采用双怠速，应符合 GB 18565—2016 的规定。柴油车采用自由加速法，应符合 GB 7258—2017 规定

1.2.3 二级维护作业安全注意事项

链接 1

二级维护作业安全注意事项

1.3 技能训练

技能训练一　更换燃油滤清器

1. 实训要求

1）掌握燃油滤清器的结构。

2）掌握燃油滤清器的更换方法。

2. 主要实训器材

1）轿车 1 辆（燃油滤清器集成于油泵总成中）。

2）常用汽车修理工具 1 套。

3. 操作步骤

1）首先，拔出车辆钥匙，并断开车辆的油泵熔丝或断开车辆电源，避免在拆卸油泵时油泵动作泵出汽油。

2）拆除后排座椅的座垫以及油泵上的盖板，此时便可以看到油泵总成，如图 1-6 所示。

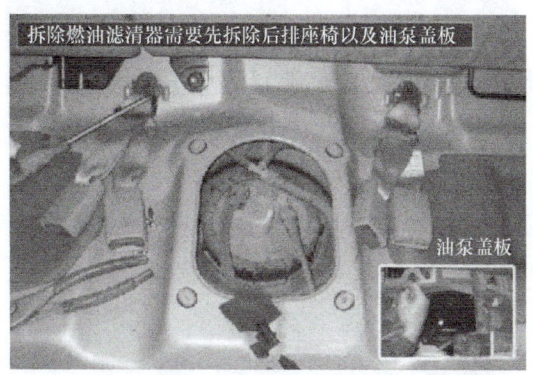

图 1-6　油泵的位置

3）油泵总成被一个黑色的卡环固定，拆除油泵上的线插以及油管，使用专用工具拆卸卡环。拆卸卡环后可取出油泵总成，如图 1-7 所示。

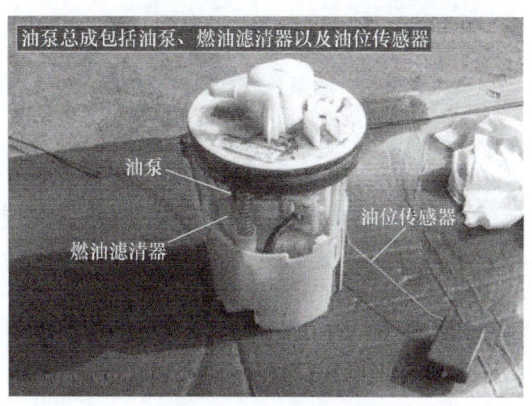

图 1-7　油泵总成

4）用新的燃油滤清器组件（图 1-8）替换旧的燃油滤清器上的相应部件。

5）把更换好燃油滤清器的油泵总成装回到油箱中，如图 1-9 所示。

在油泵的密封胶圈上涂上凡士林润滑，避免密封胶圈扭曲后密封不严造成燃油或者燃油气体泄漏。然后，装上油泵的固定卡环，并用专用工具按照维修手册上的标准力矩预紧卡环。最后，装上油泵线插以及油泵上的燃油管即可试车检查是否存在泄漏。若无泄漏则可安装座椅，若有泄漏则要重装密封胶圈。

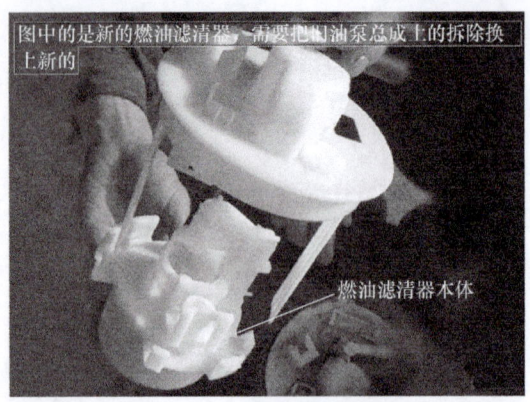

图 1-8　燃油滤清器组件

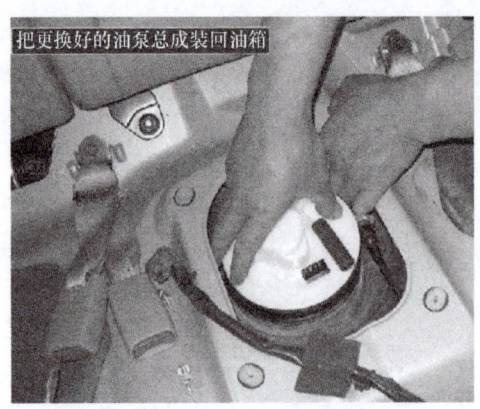

图 1-9　油泵总成装回到油箱中

说明：通常情况下，燃油滤清器应每 15000km 更换一次。更换滤清器时应注意安装位置，滤清器上的箭头表示燃油流动的方向。此外，在更换滤清器的同时要更换两端的夹箍。

技能训练二　检查、更换发动机正时带

1. 实训要求

1）了解发动机配气机构。
2）检查、拆装顺序规范。
3）零部件摆放有序。
4）正确使用工具。

2. 主要实训器材

1）桑塔纳发动机 1 台。
2）汽车修理工具 1 套。

3. 操作步骤

1）分别取下两侧的护罩搭扣，先稍用力提拉一下，然后取下护罩	
2）拆下正时带中护罩 **注意**：检查护罩上的上止点记号是否完好	
3）用专用工具固定住飞轮，依次拧下带轮的四个固定螺栓，取下带轮（若连接较紧可用橡皮锤轻轻敲击） **注意**：检查带轮上的上止点记号是否完好	
4）依次拧下护罩的两个固定螺栓，拆下正时带下护罩	
5）用专用工具固定张紧轮，拧松张紧轮固定螺栓，取下张紧弹簧，松开正时带张紧轮	
6）取下正时带 **注意**：如果重复使用正时带，在正时带上画一个方向箭头（按发动机旋转的方向）	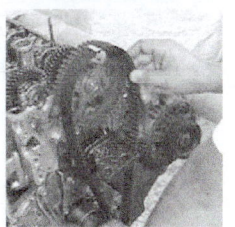

（续）

7）检查正时带有无断裂、有无油污、有无毛边等。若有应更换	
8）调整正时带。按与拆卸相反的顺序安装好正时带，用拇指和食指捏住凸轮轴齿轮和中间轴齿轮之间的齿形带的中间位置，以刚好转动 90° 为合适 **说明**：若正时带过松，可松开张紧轮固定螺母，转动张紧轮，直至松紧度合适为止。将曲轴转 2~3 圈后，复查确认	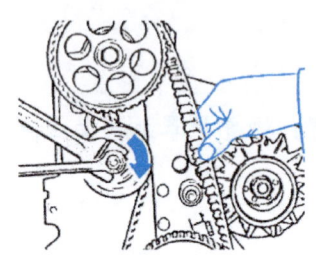

技能训练三　检查、更换发动机正时链条

1. 实训要求

1）了解发动机配气机构。
2）检查、拆装顺序规范。
3）零部件摆放有序。
4）正确使用工具。

2. 主要实训器材

1）1ZR 发动机 1 台。
2）汽车修理工具 1 套。

3. 操作步骤

1）用扳手拆下配气机构链条盖分总成紧固螺栓，拆卸配气机构链条盖分总成 **注意**：拆卸配气机构链条盖分总成紧固螺栓时，必须按照由两边向中间的拆卸顺序进行	

（续）

2）拆卸链条张紧器挡板	
3）拆卸1号链条振动阻尼器。用扳手拆下1号链条振动阻尼器紧固螺栓，拆下1号链条振动阻尼器	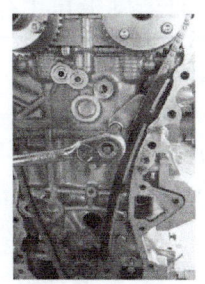
4）拆卸正时链条分总成。用扳手拆卸正时链条分总成时需用呆扳手固定住凸轮轴（如右图所示），拆下后将正时链条分总成放好。 5）安装按与拆卸相反的顺序进行	

技能训练四　检查、调整离合器踏板、制动踏板自由行程

1. 实训要求

1）正确检查、调整离合器踏板自由行程。
2）正确检查、调整制动踏板自由行程。

2. 主要实训器材

1）实训轿车1台。
2）直尺1根。
3）常用修理工具1套。

3. 操作步骤

（1）离合器踏板自由行程的检查

1）将有刻度的直尺支在驾驶室地板上，首先测出踏板在完全放松时的高度；用手轻轻推压踏板，当感觉阻力增大（即分离轴承端面与分离杠杆内端面刚刚接触）时，停止推压，测出踏板高度

2）前后两次测得的高度差即为离合器踏板自由行程的数值

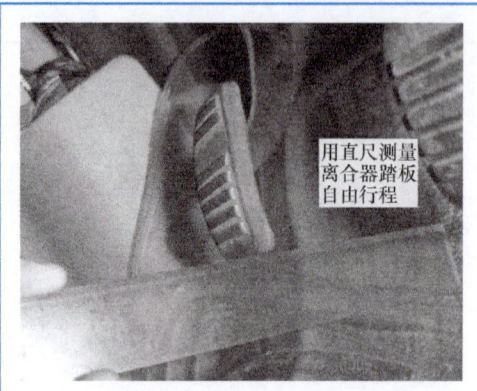

（2）离合器踏板自由行程的调整

1）机械绳索式离合器踏板自由行程的调整。旋松离合器钢索上的锁紧螺母，旋动调整螺母，使离合器踏板的自由行程达到15~20mm。最后旋紧锁紧螺母

2）液压操纵式离合器踏板自由行程的调整。液压式操纵机构一般是调整主缸推杆的长度，先将主缸推杆锁紧螺母旋松，然后转动主缸推杆，从而调整踏板自由行程，调整后应将锁紧螺母旋紧

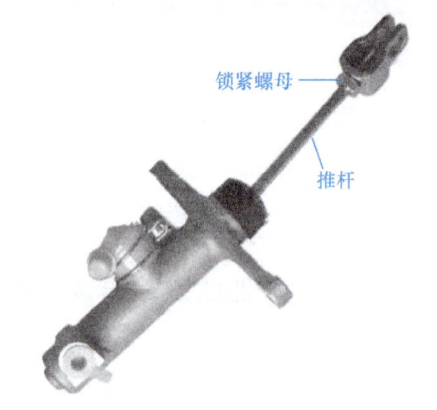

（3）制动踏板自由行程的检查调整　制动踏板自由行程的检查方法与离合器踏板自由行程的检查方法相同。

1）先检查制动踏板臂在回位弹簧作用下的所在位置。正常情况下，制动踏板中心面离地板的距离为190mm。

2）拧松制动总泵推杆上传力叉端面的锁紧螺母；转动总泵推杆使其球头与活塞接触；然后反向转动推杆1.5~2.5圈，使推杆与活塞具有1.5~2.5mm的间隙，再拧紧锁紧螺母。

复习思考题

1. 发动机二级维护作业内容有哪些？
2. 如何检查进气管工作情况？
3. 如何检查排气系统密封性？
4. 如何检查曲轴箱通风装置？
5. 如何检查三元催化器？
6. 如何检查传动带状况与张紧度？
7. 如何调整传动带张紧度？
8. 发动机悬置总成的作用是什么？
9. 底盘二级维护作业内容有哪些？
10. 二级维护竣工检测项目有哪些？
11. 二级维护作业安全注意事项有哪些？
12. 如何更换燃油滤清器？
13. 检查进（排）气系统及泄漏的方法是什么？
14. 如何更换发动机正时带？
15. 如何更换发动机正时链条？
16. 如何检查、调整离合器踏板自由行程？
17. 如何检查、调整制动踏板自由行程？

Chapter 2

项目 2
发动机检修

2.1 技术参数检测

2.1.1 气缸压力及漏气量测试方法

气缸密封性与气缸体、气缸盖、气缸垫、活塞、活塞环和进排气门等零件的技术状况有关。在发动机使用过程中，这些零件磨损、烧蚀、结焦或积炭，导致气缸密封性下降，使发动机功率下降，燃油消耗率增加，使用寿命大大缩短。气缸密封性是表征发动机技术状况的重要参数。

活塞到达压缩终了上止点时气缸压缩压力的大小可以表明气缸的密封性。用气缸压力表检测为常用方法。

链接 2
气缸压力及漏气量测试方法

2.1.2 进气歧管真空度测量方法及要求

1）起动发动机，热车至冷却液温度超过 80℃后，熄灭发动机。
2）连接真空表软管至节气门后方的进气歧管上。
3）急速测试：重新起动发动机，使车辆怠速运转，此时观察真空表读数，正常数值应稳定在 60~70kPa 之间。
4）急加速测试：迅速开闭节气门，真空表读数应在 6~85kPa 之间灵敏变动。
5）熄灭发动机，拆下真空表，恢复车上的真空管连接。
说明：如果测量值不在上述范围内，要根据不同情况，加以分析，以判断故障所在。

2.1.3 燃油压力测量方法及要求

汽油机燃油供给系统组成如图 2-1 所示。通过检测发动机运转时燃油管路内的油压，可以判断电动燃油泵或油压调节器有无故障，燃油滤清器是否堵塞等。

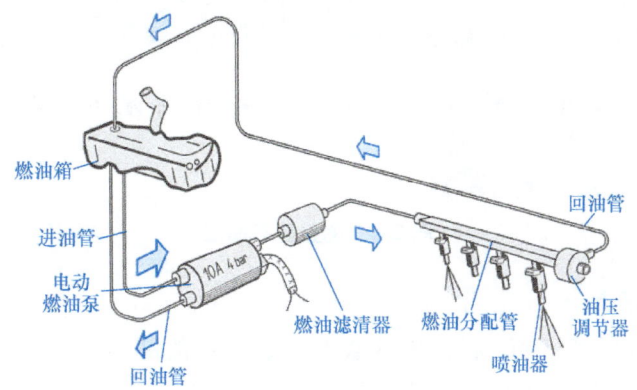

图 2-1　汽油机燃油供给系统组成

燃油压力测量方法及要求如下：

1. 安装油压表

先卸压后拆卸，其步骤如图 2-2 所示。

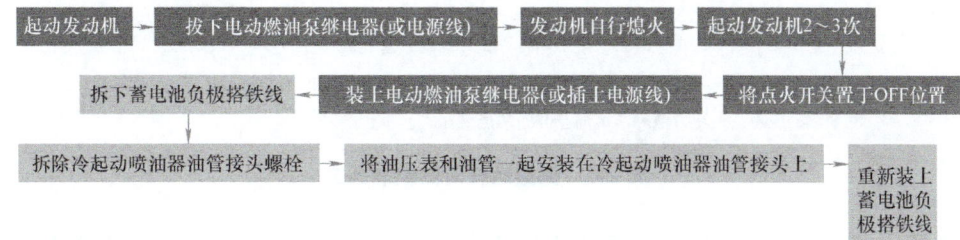

图 2-2　油压表的安装

注意：油压表也可安装在燃油滤清器油管接头、燃油分配管接头上或用三通接头接在燃油管道上便于安装和观察的任何部位，如图 2-3 所示。

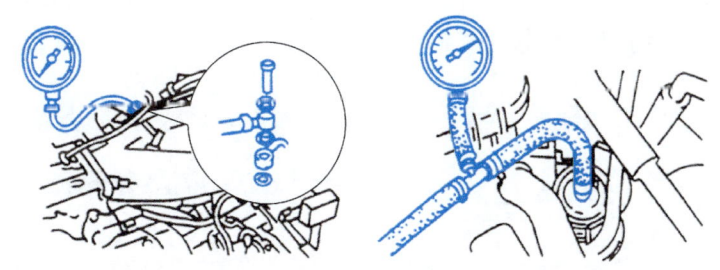

a) 安装在冷起动喷油器管接头上　　b) 安装在燃油管道上

图 2-3　油压表其他安装位置

2. 测量静态油压

测量静态油压的步骤如图 2-4 所示。

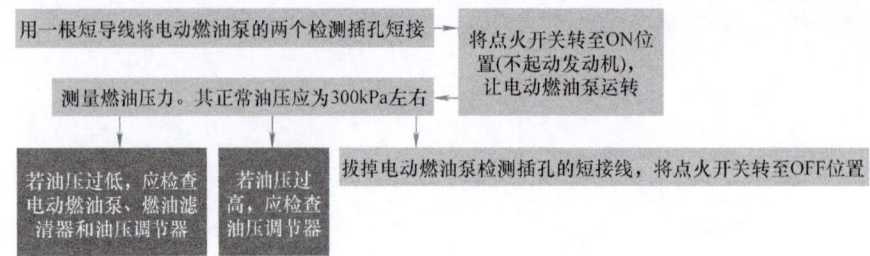

图 2-4 测量静态油压

3. 测量保持压力

测量静态油压结束 5min 后,再观察油压表指示的油压。此时的压力称为燃油系统保持压力,其值应 ≥ 147kPa。若油压过低,应进一步检查电动燃油泵保持压力、油压调节器保持压力及喷油器有无泄漏。

4. 测量运转时燃油压力

测量运转时燃油压力的步骤如图 2-5 所示。

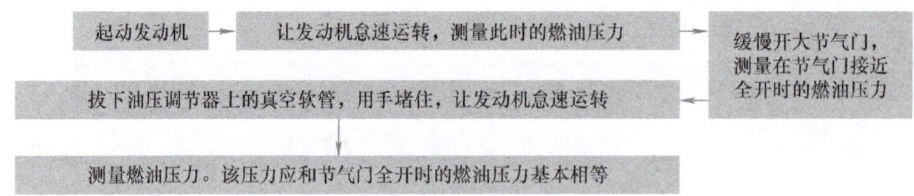

图 2-5 测量运转时的燃油压力

说明:不同车型燃油系统的燃油压力各不相同,需参阅具体车型维修手册。若测得油压过高,应检查油压调节器及其真空软管;若油压过低,则应检查电动燃油泵、燃油滤清器及油压调节器。

5. 测量电动燃油泵最大压力和保持压力

测量电动燃油泵最大压力和保持压力的步骤如图 2-6 所示。若最大压力或保持压力不符合标准值,均应更换电动燃油泵。

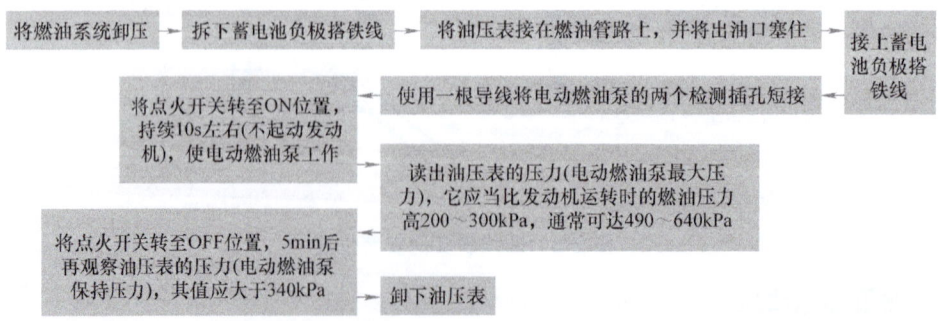

图 2-6 测量电动燃油泵最大压力和保持压力

6. 测量油压调节器保持压力

当燃油系统保持压力不符合标准值（<147kPa）时，应进行此项检查，以便找出故障原因。其检查方法如图 2-7 所示。

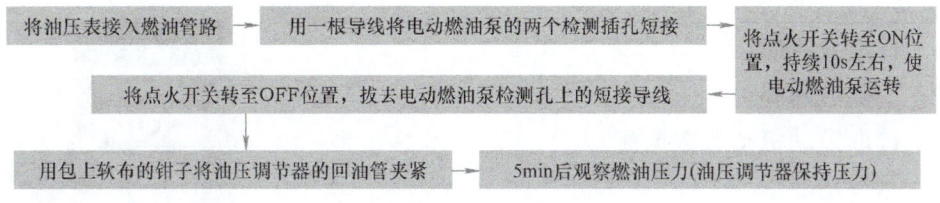

图 2-7　测量油压调节器保持压力

7. 油压表的拆卸

油压表的拆卸步骤如图 2-8 所示。

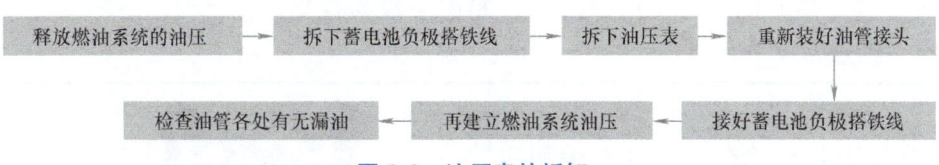

图 2-8　油压表的拆卸

2.1.4　尾气排放检测方法及要求

目前，汽油车常用的尾气排放检测方法主要有单怠速法、双怠速法、稳态工况检测法和简易瞬态工况法。

柴油车尾气排放的检测方法主要有自由加速法、柴油车加载减速法等。自由加速法包括滤纸烟度法和不透光烟度法。

链接 3
尾气排放检测方法及要求

2.1.5　汽车故障诊断仪操作方法及故障码相关知识

1. 汽车故障诊断仪

汽车故障诊断仪（又称汽车解码器）是用于检测汽车故障的便携式智能汽车故障自检仪，用户可以利用它迅速地读取汽车电子控制系统中的故障，并通过液晶显示屏显示故障信息，迅速查明发生故障的部位及原因。

解码器分为专用型解码器和通用型解码器两种。专用型解码器是由汽车制造厂家为检测本厂生产的汽车而专门制造的，不能检测其他公司生产的汽车，一般只配备在汽车 4S 店；通用型解码器是由专门生产检测仪器设备的公司制造的，可以检测不同生产厂家制造的多种车型。

解码器（图 2-9）是汽车维修中非常重要的工具，一般具有如下几项或全部的功能：

1）读取故障码。
2）清除故障码。
3）读取发动机动态数据流。
4）示波功能。
5）元件动作测试。
6）匹配、设定和编码等功能。
7）英汉辞典、计算器及其他辅助功能。

图 2-9　解码器

解码器大都随机带有使用手册，按照说明极易操作。其操作一般分为以下几步：

1）在车上找到诊断座，并选用相应的诊断接口	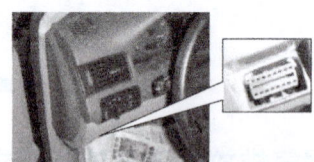
2）连接设备	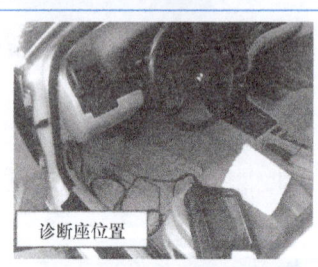 诊断座位置
3）打开点火开关到 ON 档，再打开诊断仪，在页面显示选择"汽车诊断"，然后选择相对应的车型、发动机型号单击进去	
4）读取故障码	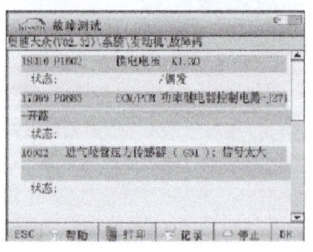

5）清除故障码		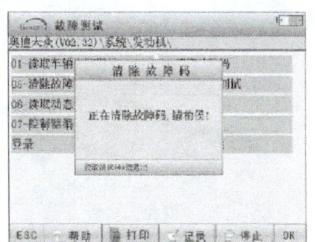
6）若检查不出，可选择读取数据流，查看数据的变化并对照维修资料。这就是诊断仪的基本使用方法		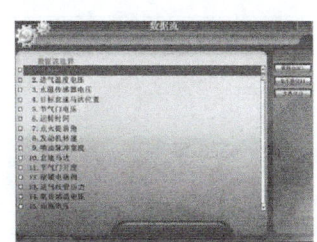

2. 故障码

（1）故障码常见的显示方式　汽车电子控制系统中的故障自诊断结果，大都以故障码的形式显示出来，由此可以很方便地查找故障源。不同汽车生产厂家生产的不同型号的汽车电子控制系统的故障码显示方式有所不同，但归纳起来，一般常见的故障码显示方法有以下几种（表2-1）：

表2-1　常见故障码的显示方法

显示方法	图示	说明
数字显示		目前，在许多高级轿车上已采用较先进的数字方式来显示故障码（一般是显示在数字式温度显示屏上）
脉冲电压显示	表示故障码为"13"和"22"	大部分发动机电控单元（ECU）控制自诊断系统均采用脉冲电压显示，即由自诊断输出接头向外输送脉冲电压的信号，以仪表板上的故障指示灯（CHECK ENGINE）的闪烁显示故障码
发光二极管（LED）显示	表示故障码为"213"	采用1个发光二极管显示故障码时，其显示方法与采用仪表板故障指示灯的显示方法相同
	采用2个发光二极管显示故障码时，2个发光二极管选用不同的颜色，红色发光二极管的闪烁次数为故障码的十位数，绿色发光二极管的闪烁次数为故障码的个位数	

（续）

显示方法	图示	说明
发光二极管（LED）显示	a)　　　　　b) ○● 表示故障码为6（4 2）；●○○ 表示故障码为8；●○○● 表示故障码为9；计算机发光二极管	采用4个发光二极管显示故障码时，利用了二进制的编码方式。发光二极管点亮时，4个发光二极管从左到右分别代表8、4、2、1，不亮的发光二极管表示这一数值为"0"。每一个故障码为这4个发光二极管所对应的数值相加
专用仪器显示		在汽车上通常都配有专门的故障码阅读器接口。专用的故障码阅读器（电脑检测仪）与汽车ECU故障自诊断代码输出阅读器插口连接后，便可直接在阅读器上显示或打印故障码。一些高级检测仪器内还存有汽车ECU故障诊断卡，在进行ECU故障自诊断操作时，仪器可直接显示故障的区域、检查的方法、检测的标准数据等。这种仪器对于不同的车型，或同一车型不同年份的汽车电子控制系统，其诊断项目、标准数据均不同，但只要换用相应的故障诊断卡就可以很方便地使用

（2）故障码的读取方法　故障码的读取方法见表2-2。

表2-2　故障码的读取方法

读取方法	说明
跨接导线读取法	有些电子控制系统在进入故障自诊断状态时，需要将诊断输入接头和搭铁接头用跨接导线进行短接，才可读取故障码
打开专用诊断开关法	在一些车上设置有按钮式诊断开关（如沃尔沃轿车）或在ECU上设置有旋钮式诊断开关（如日产轿车），当需要读取故障码时，按下或旋转这些专用诊断开关，即可读取故障码
打开兼顾诊断开关功能的共用开关法	有些电子控制系统中，空调控制面板上的控制开关，一般是将"OFF"（关机）和"WARMER"（加热器）两个键同时按下，即可进入故障自诊断系统读取故障码，如凯迪拉克等高级轿车采用此方法
利用点火开关的约定操作法读取	将点火开关在5s内开关三次（ON—OFF—ON—OFF—ON—OFF循环一次）即可。如美国克莱斯勒公司生产的多种车型以及切诺基汽车采用此方法
利用加速踏板的约定操作法读取	将点火开关打开，发动机不起动时，在5s内踩加速踏板5次即可，如德国宝马轿车
利用专用解码器读取	所有轿车的故障码读取均可采用解码器进行，有些轿车只能用此方法，如奥迪100型（V6）、桑塔纳2000型可用V.A.G1551/1552解码器读取

2.2 曲柄连杆机构检修

2.2.1 曲柄连杆机构组成与工作原理

曲柄连杆机构的作用是把可燃气体作用在活塞顶上的力转变为曲轴的转矩，向工作机构输出机械能。曲柄连杆机构如图 2-10 所示，由机体组、活塞连杆组、曲轴飞轮组三部分组成。

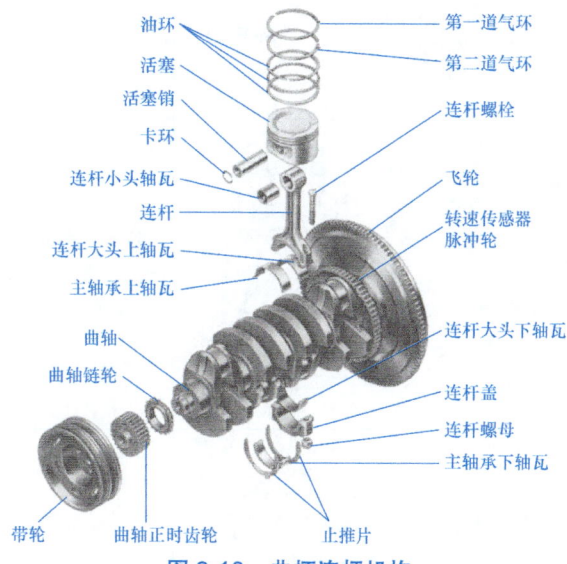

图 2-10 曲柄连杆机构

1. 机体组

机体组是发动机各机构和各系统的安装基础，其内、外安装着发动机的主要零件和附件。机体组主要由气缸体、油底壳、气缸盖和气缸垫等零件组成，如图 2-11 所示。机体组相关零件的介绍见表 2-3。

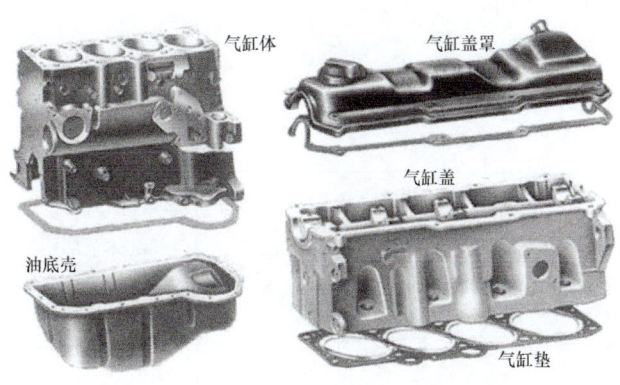

图 2-11 机体组的组成

表2-3 机体组相关零件的介绍

名称	图示	说明
气缸体	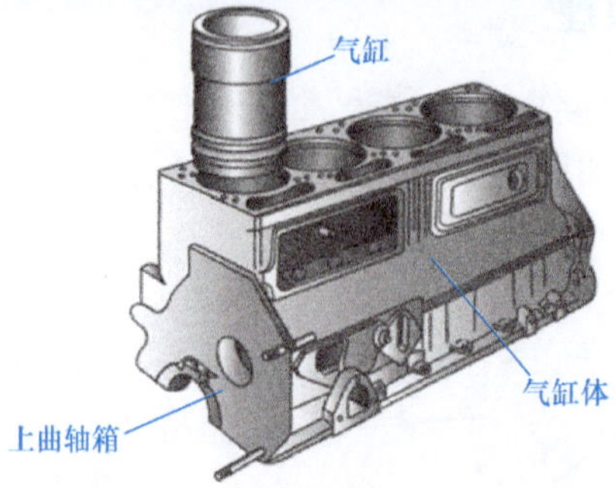 气缸、气缸体、上曲轴箱	气缸体是装配基体。气缸体上半部为气缸，下半部为支承曲轴的曲轴箱，其内腔为曲轴运动的空间。气缸体和曲轴箱通常制成一体，由灰铸铁或铝合金铸造
	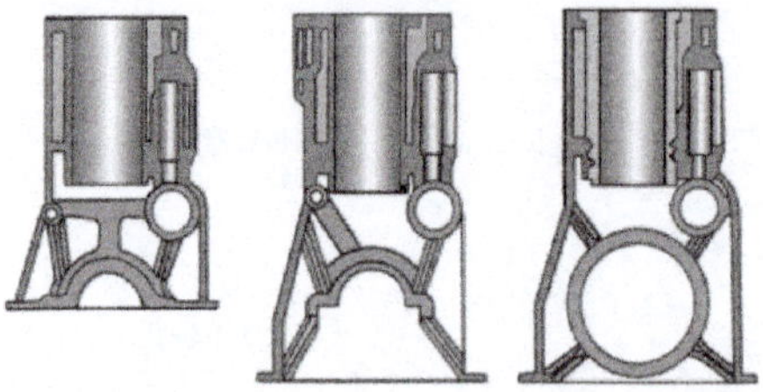 一般式、龙门式、隧道式	按照气缸体与油底壳安装平面位置的不同，通常把气缸体分为一般式、龙门式和隧道式三种形式
	 直列式气缸体、V型气缸体、对置式气缸体 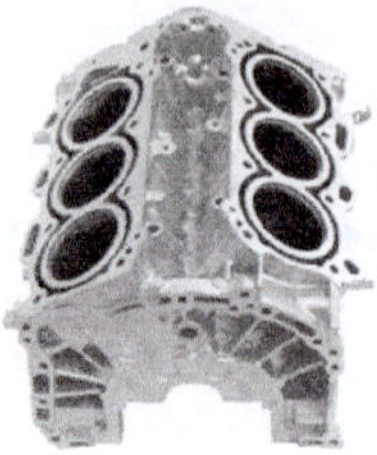 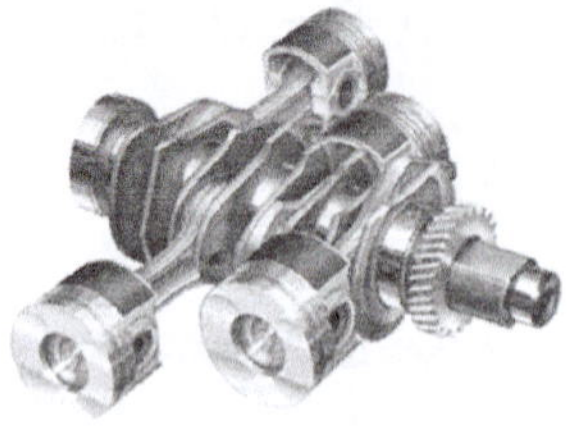	按照气缸排列形式分为直列式、V型和对置式三种
油底壳	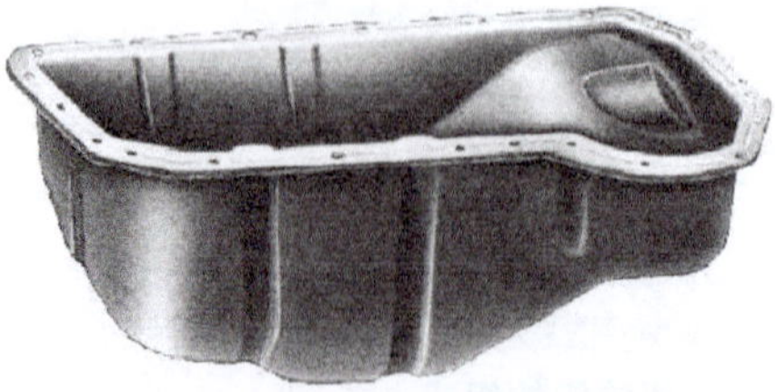	气缸体下部用来安装曲轴的部位称为曲轴箱，曲轴箱分上曲轴箱和下曲轴箱。上曲轴箱与气缸体铸成一体，下曲轴箱用来贮存机油，并封闭上曲轴箱，故又称为油底壳

（续）

名称	图示	说明
气缸盖		气缸盖的主要功用是封闭气缸上部，并与活塞顶部和气缸壁一起形成燃烧室。气缸盖一般都采用灰铸铁或合金铸铁铸成。目前，铝合金铸造的缸盖正在逐步推广
气缸垫		气缸垫安装在气缸体与气缸盖之间，保证气缸体与气缸盖之间的密封，防止漏气、漏水和漏油 气缸垫有正反面之分，正面比较光滑，反面比较粗糙。如果是铝合金气缸盖，气缸垫的光滑面应朝向气缸盖；如果是铸铁气缸盖，气缸垫的光滑面就朝向气缸体

2. 活塞连杆组

活塞连杆组的作用是将燃烧过程中获得的动力传递给曲轴。活塞连杆组由活塞、活塞环、活塞销、连杆等零件组成，如图 2-12 所示。活塞连杆组相关零件的介绍见表 2-4。

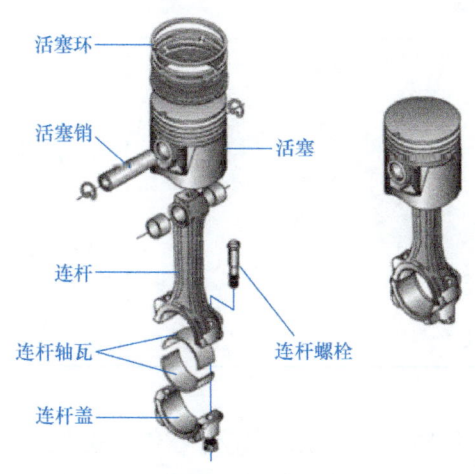

图 2-12　活塞连杆组的组成

表2-4 活塞连杆组相关零件的介绍

名称	图示	说明
活塞	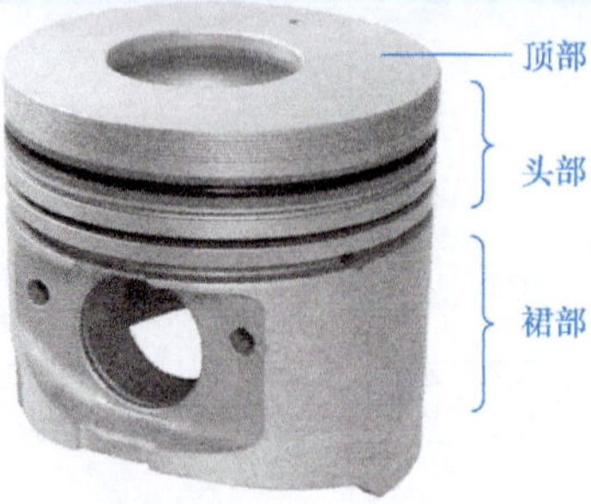 顶部、头部、裙部	活塞一般采用高强度铝合金制造，它与气缸盖共同构成燃烧室，承受气体压力，并将此力通过活塞销传给连杆，以推动曲轴旋转。活塞一般由顶部、头部和裙部组成
活塞环	气环	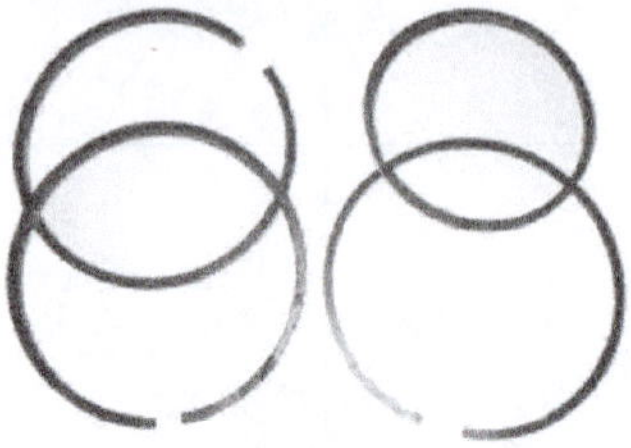 气环的作用是保证活塞与气缸壁间的密封，防止漏气，同时将活塞顶部的大部分热量传导到气缸壁。一般每个活塞装有2~3道气环
	油环	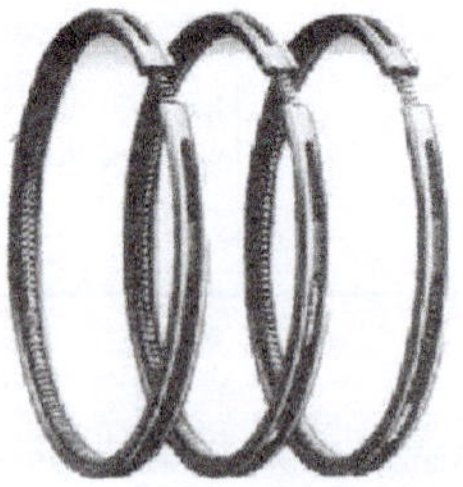 油环用来刮除气缸壁上多余的机油，并在气缸壁上布上一层均匀的油膜，防止机油窜入气缸燃烧，减小活塞、活塞环与气缸的磨损和摩擦阻力。每个活塞装有1或2道油环
活塞销		连接活塞和连杆小头，将活塞承受的气压传给连杆
连杆	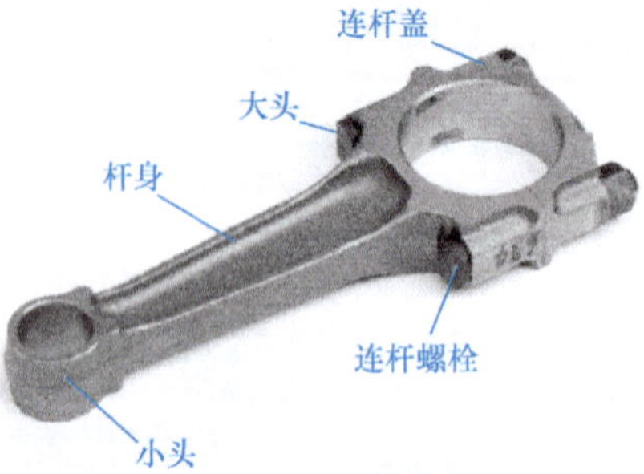 连杆盖、大头、杆身、连杆螺栓、小头	将活塞承受的力传给曲轴，推动曲轴转动，从而使活塞的往复运动转变为曲轴的旋转运动。连杆由小头、杆身和大头（包括连杆盖）三部分组成

3. 曲轴飞轮组

曲轴飞轮组主要由曲轴和飞轮以及其他零件（曲轴正时齿轮、轴瓦、止推片、带轮）和附件组成，如图2-13所示。曲轴飞轮组相关零件的介绍见表2-5。

项目 2 发动机检修

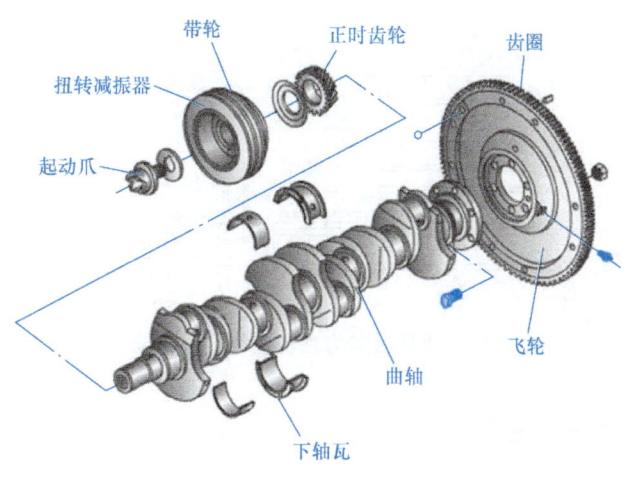

图 2-13 曲轴飞轮组的组成

表 2-5 曲轴飞轮组相关零件的介绍

名称	图示	说明
曲轴		曲轴承受连杆传来的力，使其绕本身轴线旋转，然后通过飞轮输出转矩。另外，其还用来驱动发动机的配气机构及其他辅助装置
飞轮		飞轮的主要作用是利用做功行程的惯性力，克服其他行程中的阻力，带动活塞越过上、下止点，保证曲轴的旋转角速度和输出转矩尽可能均匀，并使发动机有可能克服短时间的超载荷

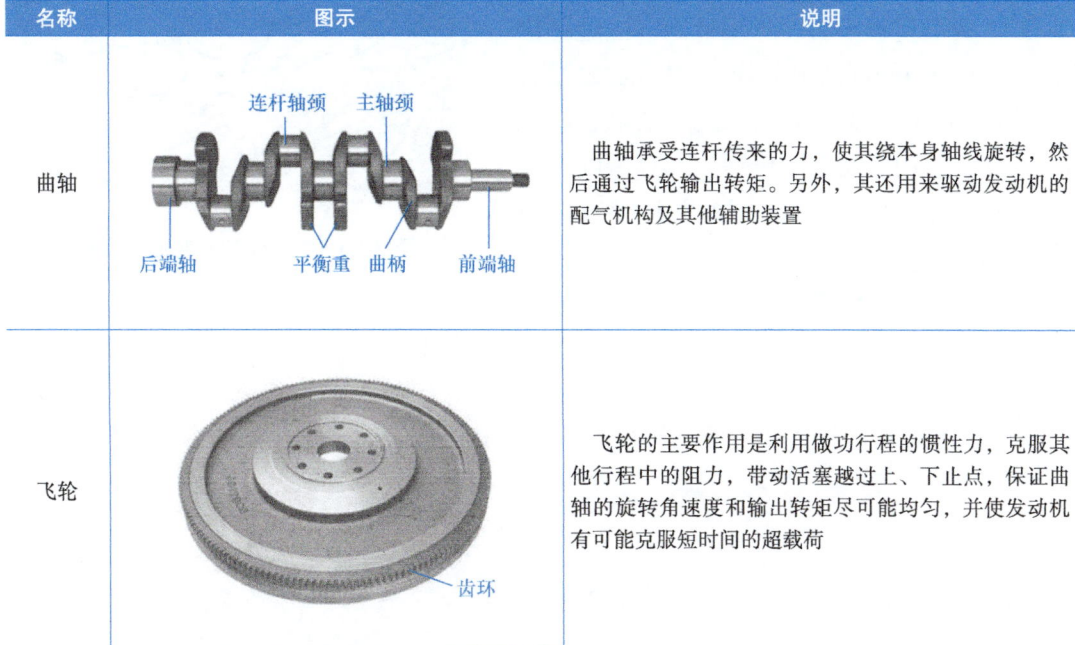

2.2.2 气缸体及气缸检测技术要求

1. 气缸体裂纹的检测

气缸体裂纹用水压试验方法检查，如图 2-14 所示。方法是：将气缸盖及衬垫装在气缸体上，将水压机出水管接头与气缸前端水泵入水口连接好，堵住其他水道口，然后将水压入水套。通常要求水压力为 350~450kPa 并保持 5min。若发现气缸体、气缸盖有水渗出，即表明该处有裂纹。当裂纹小时，作为"应急补救办法"可选用粘接法进行修复。若不能修复应更换气缸体。

29

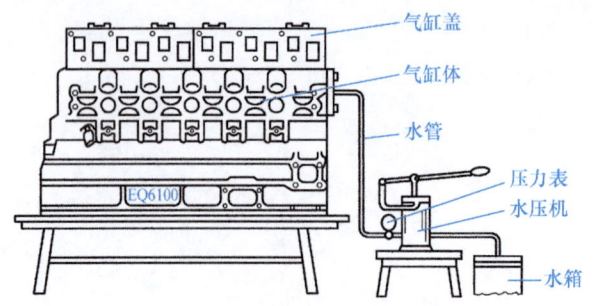

图 2-14 水压试验方法检查气缸体有无裂纹

2. 气缸体翘曲变形的检测

气缸体的翘曲变形多用钢直尺和塞尺检测气缸体上平面的平面度。塞入塞尺的最大厚度值就是变形量,即平面度误差(图 2-15)。变形量较小时,可用铲削方法进行修平,即用铲刀修刮凸出部分,边铲刮边检查,直到平面度达到要求为止。测量结果若超过 0.10mm,可用平面磨床修磨。但总磨削量不宜过大,为 0.25~0.45mm,否则将导致压缩比变化。

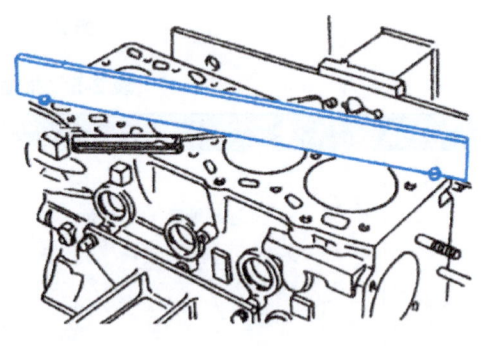

图 2-15 气缸体翘曲变形的检测

3. 气缸磨损检测

在测量气缸磨损情况时(图 2-16),要分析磨损性质。沿活塞行程磨成倒锥形,属于正常磨损,其他形状则属于非正常磨损。

气缸测量的内容主要是它的圆度和圆柱度。

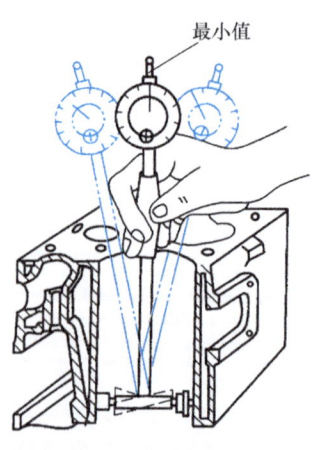

图 2-16 测量气缸磨损

（1）量缸的部位　测量时用适当量程的量缸表按图 2-17 所示的部位和要求进行测量，即在气缸上部距气缸上平面 10mm 处、气缸中部和气缸下部距缸套下平面 10mm 处，按 A、B 两个方向分别测量一次。注意不要在发动机修理台架上测量发动机气缸的内径，以防因缸体被夹紧变形而测量不准。

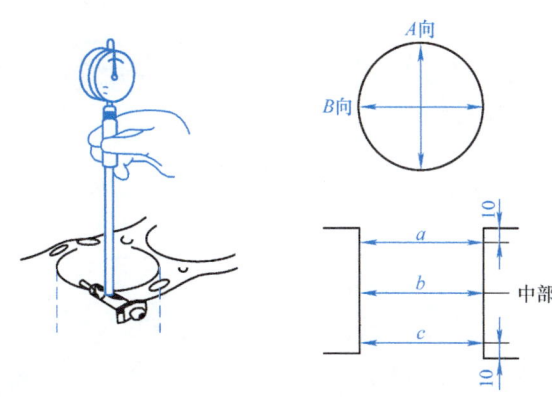

图 2-17　量缸的部位

（2）量缸的方法　测量气缸时，先按气缸标准尺寸将量缸表调整到指针对准刻度 0 处（应使量缸表测杆压缩 1~2mm 以留出测量余量），然后测量缸径。这样测出的读数加上气缸的公称尺寸即为磨损后的气缸直径。

量缸的具体方法如下：一只手拿住量缸表的绝热套，另一只手拖住测杆使之靠近气缸，将测杆倾斜并稍微压缩活动杆放入气缸内。应注意测杆与气缸轴线保持垂直，以保证测量的准确性。当摆动量缸表，其大指针指到最小读数时，即表示测杆已垂直于气缸轴线，这时才能记录数据，否则测量不准确。

4. 气缸磨损程度的确定

1）圆度误差是指同一横截面上磨损的不均匀性。用同一横截面上不同方向测得的最大与最小直径差值的 1/2 作为圆度误差。

2）圆柱度误差是指沿气缸轴线的轴向截面上磨损的不均匀性。其数值是被测气缸表面任意方向所测得的最大与最小直径差值的 1/2。

3）多缸发动机的气缸磨损程度，应在对所有气缸进行测量后，得到各缸磨损程度的一组数据进行比较，取最大的圆度和圆柱度来判定气缸的修理级别。

4）发动机气缸圆度公差：汽油机为 0.05mm，柴油机为 0.065mm。气缸圆柱度公差：汽油机为 0.20mm，柴油机为 0.25mm。若超过公差范围，则应进行镗缸处理。

2.2.3　活塞、活塞环及活塞销检测技术要求

1. 活塞的检查

1）用衬垫刮刀去除活塞顶部的积炭（图 2-18a）。

2）用环槽清洁工具或折断的活塞环清洁活塞环槽（图2-18b）。

3）用刷子和溶剂彻底清洁活塞（图2-18c）。注意：不要使用钢丝刷。

4）在距活塞顶部12.6 mm处，用千分尺测量与活塞销孔成直角的活塞直径（图2-18d）。

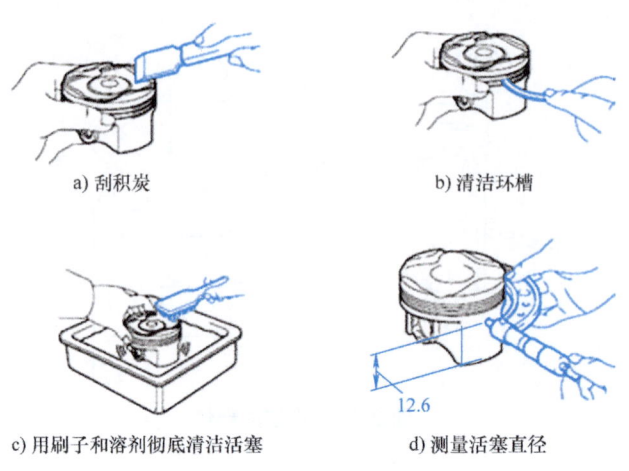

a) 刮积炭　　　　　　　b) 清洁环槽

c) 用刷子和溶剂彻底清洁活塞　　　d) 测量活塞直径

图 2-18　活塞的检查

5）检查活塞油膜间隙。用气缸缸径测量值减去活塞直径测量值。标准油膜间隙为 0.029~0.052 mm，最大油膜间隙为 0.09 mm。如果油膜间隙大于最大值，则更换所有活塞。若有必要，更换气缸体。

2. 活塞环的检测

（1）活塞环的"三隙"

1）端隙：又称开口间隙，是活塞环装入气缸后开口处的间隙，一般为 0.25~0.5mm。

2）侧隙：又称边隙，是环高方向上与环槽之间的间隙，第一道为 0.04~0.1mm，其余气环为 0.03~0.07mm。油环侧隙一般较小，为 0.025~0.07mm。

3）背隙：是活塞环装入气缸后，活塞环背面与环槽底部的间隙，一般为 0.5~1mm。

环的"三隙"过大，漏气严重；"三隙"过小，环膨胀后易卡死而折断，也会因"背压"过小影响气缸的密封性。

（2）活塞环端隙的检测（图2-19）　将活塞环放在气缸内，用活塞顶将活塞环推正。用塞尺插入活塞环开口处进行测量，其间隙值应符合要求。

（3）活塞环侧隙的检测（图2-20）　检查时，将环放在环槽内，使活塞环围绕环槽转动一圈，环在环槽内应能自由转动，即无阻滞现象。用塞尺测量侧隙，应符合要求。

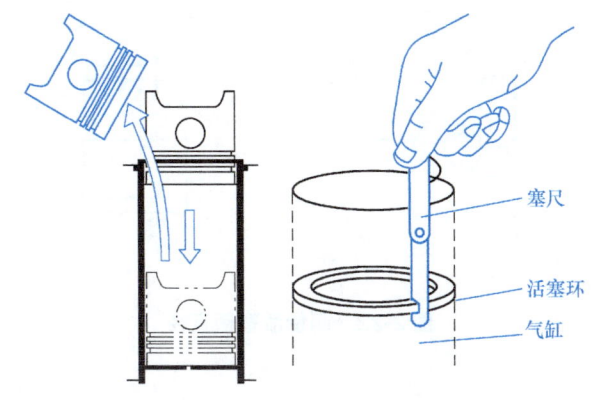

图 2-19 活塞环端隙的检测

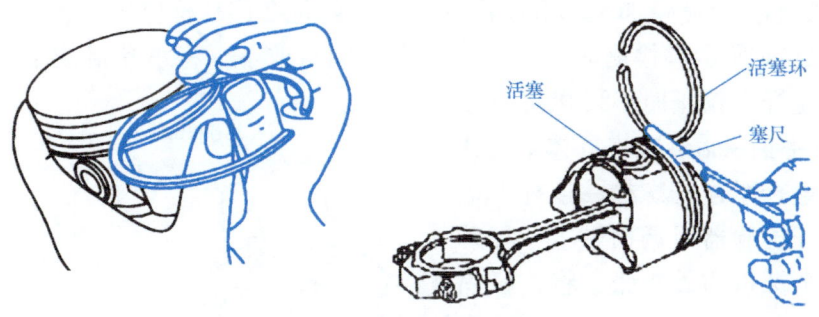

图 2-20 活塞环侧隙的检测

3. 活塞销的检测

（1）测量活塞销孔径（图 2-21） 用测径规测量活塞销孔径，1ZR-FE 发动机的标准活塞销孔径为 20.006~20.015 mm。如果孔径不符合规定，则更换活塞。

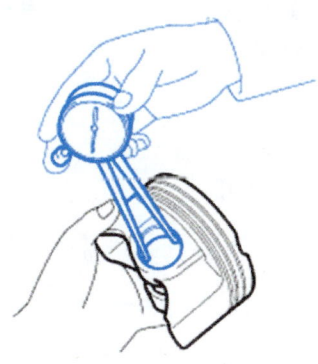

图 2-21 测量活塞销孔径

（2）测量活塞销直径（图 2-22） 用千分尺测量活塞销直径。1ZR-FE 发动机的标准活塞销直径为 20.004~20.013 mm。若不符合规定，更换活塞销。

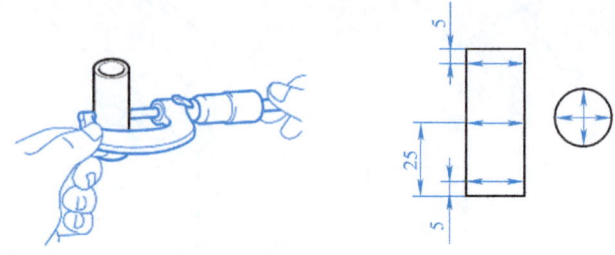

图 2-22　测量活塞销直径

2.2.4　连杆及轴承检测技术要求

连杆变形主要是弯曲变形和扭曲变形，一般是在连杆检验器上进行检测，如图 2-23 和图 2-24 所示。检测时，应将连杆大端轴承取下，将承孔清洁干净（轴承被镗削后的连杆在校正时不可以拆下轴承），然后将轴承盖装在连杆体上，并按标准力矩拧紧连杆螺栓，连杆大端安装在连杆检验器可调横轴上，拧动调整柄使半圆键向外扩张，将连杆固定在检验器上。检验工具是带有 V 形槽的三点规。三点规上的三个测点在同一平面上，并与 V 形槽相垂直，下面两测点的距离为 100mm，而上面的一个测点处在下面两测点连线的垂直等分线上，与下面两测点连线的距离也是 100mm。检测时，将三点规放在连杆小端的心轴或活塞销上，使三点规的三个测点与检验器的平板相接触。根据三测点与平板的接触情况，便可判断连杆有无弯曲、扭曲变形。

1）若三点规的三测点都与检验器的平板相接触，说明连杆无变形。

2）若三点规仅上测点（或两下测点）与平板接触，且两下测点与平板间隙相等，说明连杆有弯曲变形。这时用塞尺测量测点与平板的间隙，便

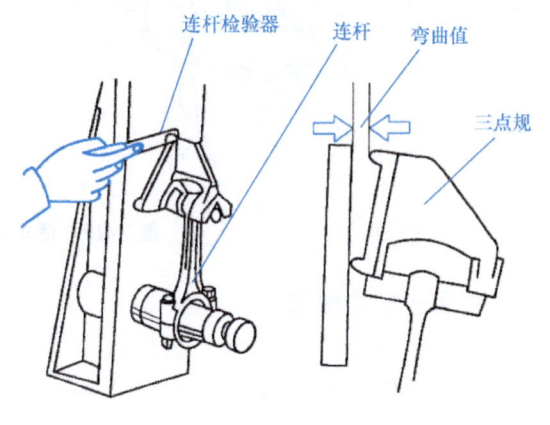

图 2-23　连杆弯曲的检测

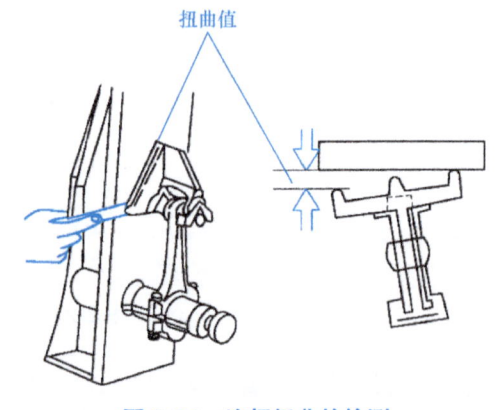

图 2-24　连杆扭曲的检测

是连杆在 100mm 长度上的弯曲值。

3）检验时若只有一个下测点与检验平板相接触，且上测点与检验平板的间隙等于另一个测点与平板间隙的一半，则表明连杆发生了扭曲，其下测点与平板的间隙便是连杆在 100mm 长度上的扭曲值。

4）检验时若一个下测点与检验平板接触，但上测点与检验平板的间隙不等于另一个下测点与平板间隙的一半，则表明连杆同时存在弯曲、扭曲变形。

汽车修理技术标准规定：连杆在 100mm 长度上的弯曲值不应大于 0.03mm，扭曲值不应大于 0.06mm，超过允许极限值时，应进行校正或更换连杆。

2.2.5 飞轮、曲轴及轴承检测技术要求

1. 曲轴裂纹的检测

取出曲轴并清洗后，首先检查主轴颈各连杆轴颈表面有无毛糙、疤痕和凹槽，然后检查有无裂纹。曲轴裂纹多发生在曲柄臂与轴颈之间的过渡圆角处，以及油孔处，如图 2-25 所示。前者是横向裂纹，危害极大，若有裂纹应更换曲轴；后者是轴向裂纹，必要时也应更换曲轴。

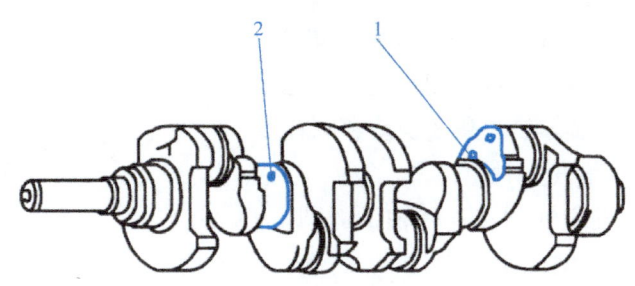

图 2-25 目视检查曲轴裂纹

1—过渡圆角处 2—油孔处

2. 曲轴变形的检测

（1）曲轴弯曲的检测 将曲轴放在检验平板的 V 形块上，将百分表测头垂直地触及中间一道主轴颈（图 2-26），转动曲轴，此时百分表指针所示的最大摆差（径向圆跳动误差）即为曲轴主轴颈的同轴度误差，一般要求轿车不大于 0.06mm，否则予以校正。超过此极限值，一般可结合磨削轴颈予以修正，无法修磨校正时应予以报废。

（2）曲轴扭曲的检测 检测曲轴扭曲变形时，仍采用检测曲轴弯曲变形时所用的设备，将曲轴置于检验平板 V 形块上，将第一缸、第六缸连杆轴颈转到水平位置上，用百分表测量两轴颈至平板的距离，求得同一方位上两高度差 ΔA，即可求得曲轴扭转变形的扭转角 θ。

$$\theta = 360\Delta A/(2\pi R) \approx 57\Delta A/R$$

式中　R——曲柄半径。

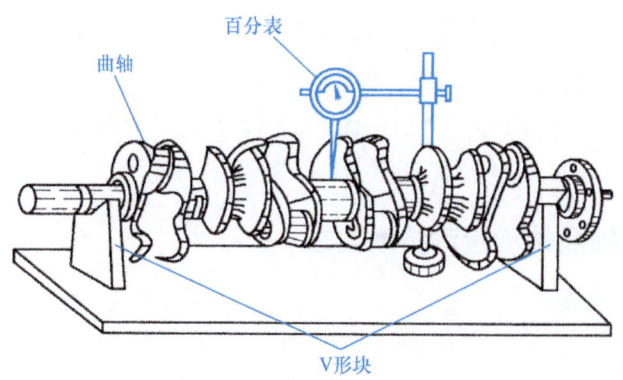

图 2-26　曲轴弯曲的检测

3. 曲轴轴颈磨损的检测

曲轴轴颈的磨损通常都用外径千分尺来测量。每个轴颈测量两个截面，每个截面测量 3~4 处直径，如图 2-27 所示。将每次测量的直径记录下来，最后计算出曲轴各轴的圆度误差和圆柱度误差，计算方法与测量气缸时相同。

AJR 发动机曲轴主轴颈和连杆轴颈的圆度、圆柱度误差不超过 0.005mm。

4. 曲轴轴承的检测

检测前，将曲轴轴承及主轴轴承座和主轴承盖清洗干净。若主轴承存在明显的环状沟槽或麻点，应予以报废。当合金表面有少量很浅的环状沟痕，或少量麻点剥落，对轴承承载能力影响不大时，可用内径百分表进一步检查轴承的尺寸及几何形状。将轴承装入轴承座和轴承盖，并按规定力矩拧紧轴承盖螺栓，分别测量出轴承内孔的最大和最小直径值，如图 2-28 所示。

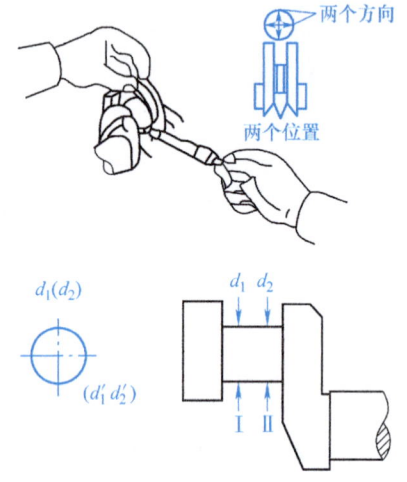

图 2-27　测量曲轴轴颈的直径

测量点应避开轴承接合面各油槽，然后计算出轴承内孔的圆度、圆柱度误差及其与轴颈的配合间隙。曲轴主轴承内孔的圆度误差应不大于 0.025mm，圆柱度误差应不大于 0.025mm，曲轴主轴承与主轴颈的配合间隙应不大于 0.15mm。

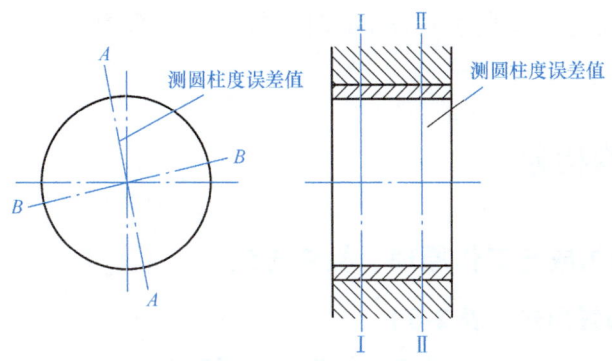

图 2-28 曲轴轴承的测量位置

5. 曲轴轴向间隙和径向间隙的检测

检查曲轴轴向间隙时，可将百分表触杆顶在飞轮或曲轴的其他端面上，如图 2-29 所示，用橇棒前后橇动曲轴，百分表指针的最大摆差即为曲轴轴向间隙。也可将塞尺插入止推垫片与曲轴的承推面之间，测量曲轴的轴向间隙，AJR 发动机曲轴轴向间隙的正常值为 0.07~0.21mm，磨损极限为 0.30mm。

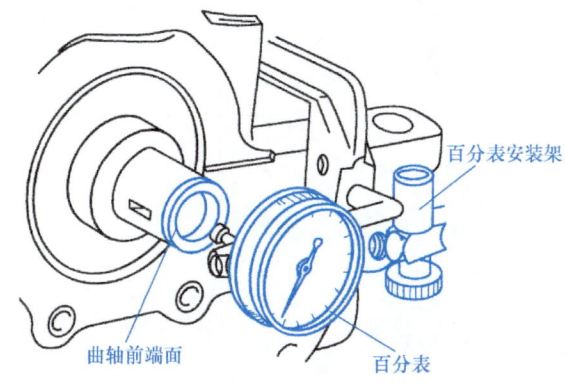

图 2-29 检查曲轴轴向间隙

曲轴径向间隙的检查方法与连杆径向间隙的检查方法相同。AJR 发动机曲轴的径向间隙正常值为 0.01~0.04mm，磨损极限值为 0.15mm。

如果径向间隙不符合要求，应该重新选配轴承。

6. 飞轮的检测

（1）飞轮齿圈的检测 飞轮齿圈若只有个别齿损坏，齿圈单面磨损，可在轮齿另一端头重新倒角，将齿圈翻边使用。若齿面严重磨损超过齿长的 30% 或齿连续损坏 4 齿以上，应予以更换。换用的新齿圈与飞轮外圆的配合过盈量一般为 0.3~0.6mm。安装时，应将齿圈加热至 350~400℃，趁热压至止口。冷却后即具有一定紧度。

（2）飞轮工作面的检测 飞轮工作面磨损形成波浪形槽，应用油石磨平，深度超过 0.5mm 时或平面度误差大于 0.15mm 时，应车削或磨削加工。飞轮加工后，其总厚度一般不得减少 12mm。

2.3 配气机构检修

2.3.1 配气机构组成与工作原理、检查方法

1. 凸轮轴的布置形式（表 2-6）

表 2-6 凸轮轴的布置形式

名称	图示	说明
凸轮轴下置式	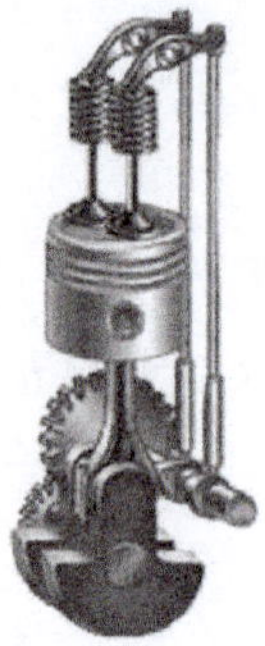	气门和凸轮轴相距较远，因而气门传动零件较多，结构较复杂，发动机高度也有所增加
凸轮轴中置式		凸轮轴位于气缸体的中部，由凸轮轴经过挺柱直接驱动摇臂，省去推杆
凸轮轴上置式		凸轮轴布置在气缸盖上，有两种结构：一种是凸轮轴直接通过摇臂驱动气门，无挺柱，无推杆，适用于高速发动机；另一种是凸轮轴直接驱动气门或带液力挺柱的气门，特别适用于高速发动机

2. 凸轮轴的传动方式（表2-7）

表2-7 凸轮轴的传动方式

名称	图示	说明
同步带传动	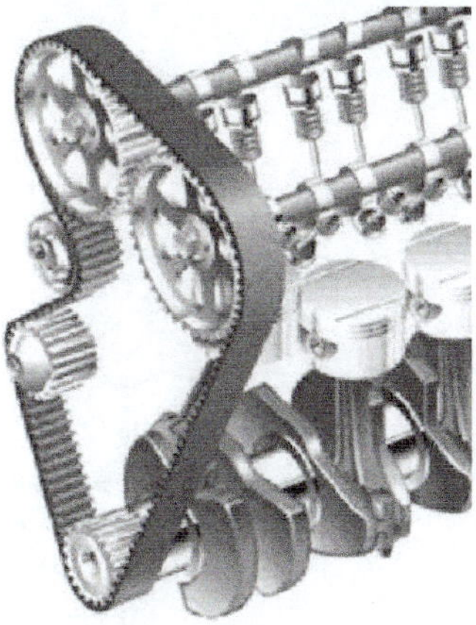	多用于凸轮轴上置式配气机构。传动平稳，噪声小，质量小，不需要润滑，制造成本低。在越来越多的汽车发动机特别是轿车发动机上被采用
链传动	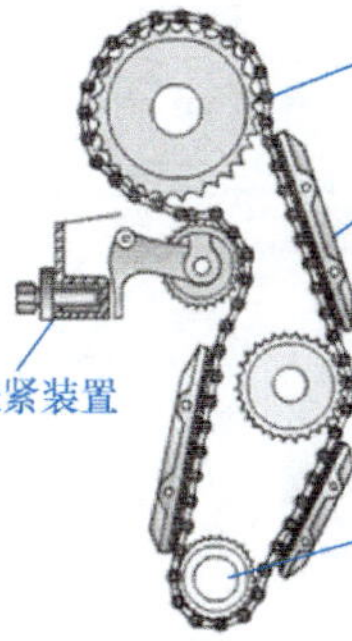	一般用于中置或上置凸轮轴的发动机上。为了防止链条抖振，设有导链板和张紧装置，张紧装置有机械式和液压式两种
齿轮传动	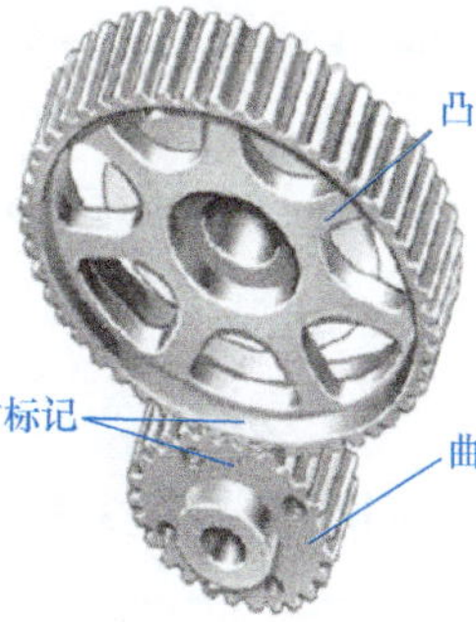	多用于下置式凸轮轴的驱动。汽油机用一对正时齿轮传动。柴油机凸轮轴与曲轴中心距较大，需加入惰轮传动。正时齿轮上有正时记号，装配时必须使记号对齐，以保证配气正时

3.配气机构的组成

配气机构通常由气门组和气门传动组两部分组成。不同的配气机构气门组的组成相似,但气门传动组的差异较大,如图 2-30 和图 2-31 所示。

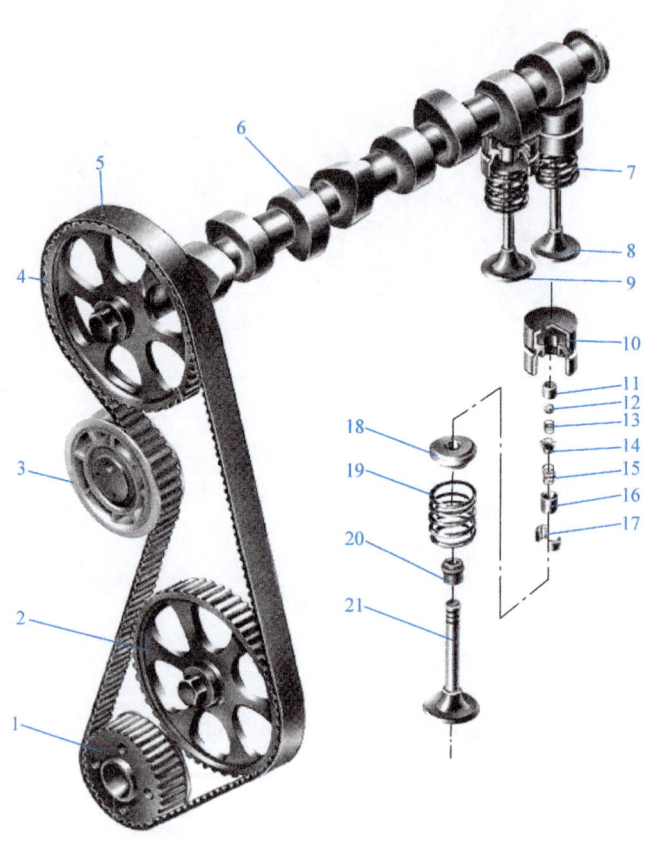

图 2-30　凸轮轴上置式配气机构(桑塔纳 JV 型发动机)

1—曲轴正时带轮　2—中间轴带轮　3—张紧轮　4—凸轮轴正时带轮　5—正时同步带　6—凸轮轴
7—液力挺柱组件　8—排气门　9—进气门　10—挺柱体　11—柱塞　12—单向阀钢球　13—小弹簧
14—托架　15—回位弹簧　16—液压缸　17—气门锁片　18—上气门弹簧座　19—气门弹簧
20—气门油封　21—气门

(1)气门组　气门组的作用是准时接通和切断进排气系统与气缸之间的通道,其组成如图 2-32 所示,相关零件的介绍见表 2-8。

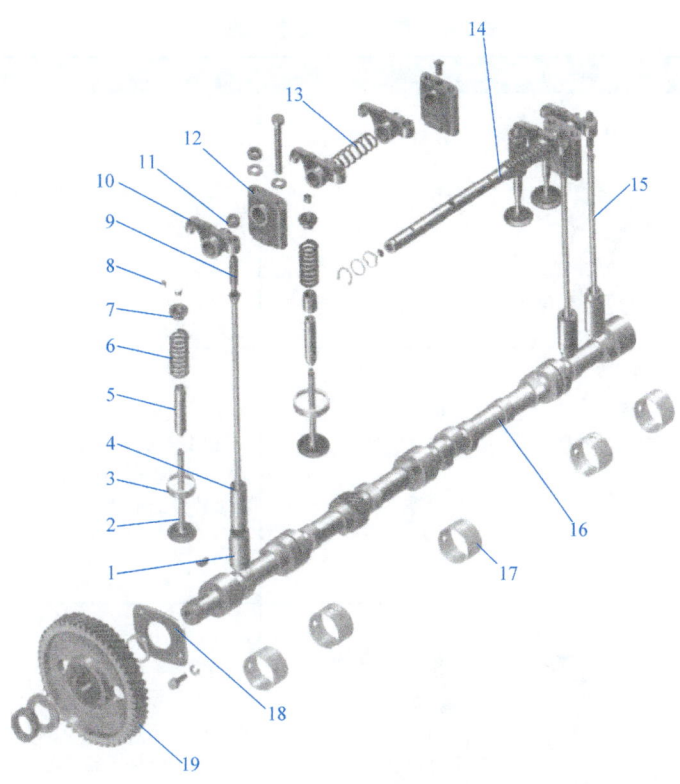

图 2-31 凸轮轴下置式配气机构（东风 EQ6100-1 型发动机）

1—挺柱套管 2—气门 3—气门座圈 4—挺柱 5—气门导管 6—气门弹簧 7—弹簧座
8—气门锁片 9—调整螺钉 10—摇臂 11—锁紧螺母 12—摇臂轴支架 13—定位弹簧
14—摇臂轴 15—推杆 16—凸轮轴 17—凸轮轴轴承 18—止推板 19—凸轮轴正时轮

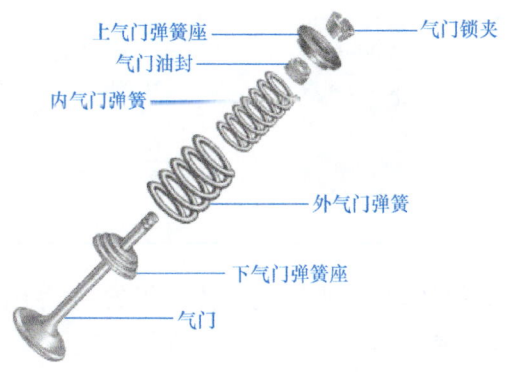

图 2-32 气门组的组成

表2-8 气门组相关零件的介绍

名称	图示	说明
气门	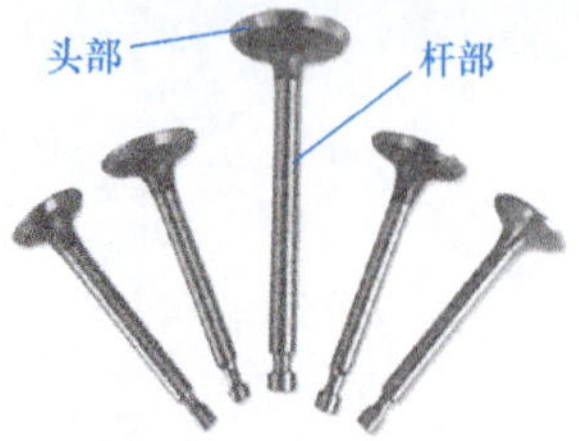	气门由头部和杆部两部分组成。头部用来封闭气缸的进、排气通道,杆部则主要为气门的运动导向
	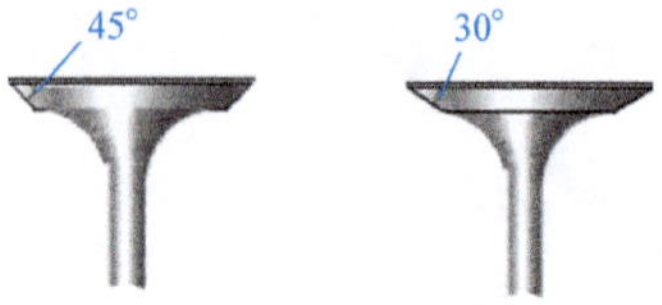	气门锥面与气门顶面之间的夹角称为气门锥角。进、排气门的气门锥角一般均为45°,只有少数发动机的进气门锥角为30°
气门导管	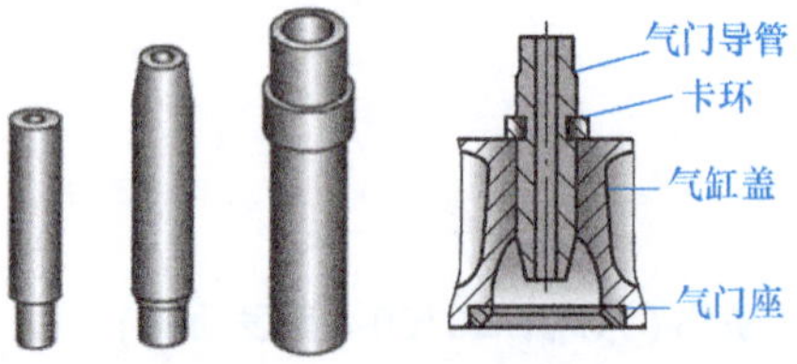	主要起导向作用,保证气门做直线往复运动,使气门与气门座能正确贴合。此外,气门导管还在气门杆与气缸盖之间起导热作用
气门座		与气门头部共同对气缸起密封作用,并接受气门传来的热量
气门弹簧		其作用是克服在气门关闭过程中气门及传动件的惯性力,防止各传动件之间因惯性力的作用而产生间隙,保证气门及时落座并紧紧贴合,防止气门在发动机振动时发生跳动,破坏其密封性

（2）气门传动组　不同的配气机构气门传动组的组成不同,其中凸轮轴下置式配气机构的气门传动组主要由凸轮轴、挺柱、推杆、摇臂及摇臂轴等组成。其作用是产生并传递周期性的驱动力,控制各缸气门的开、闭时刻及开启规律。气门传动组的组成如图2-33所示,相关零件的介绍见表2-9。

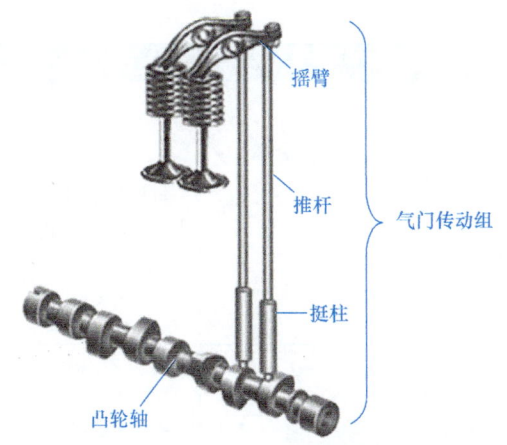

图2-33 气门传动组的组成

表2-9 气门传动组相关零件的介绍

名称	图示	说明
凸轮轴	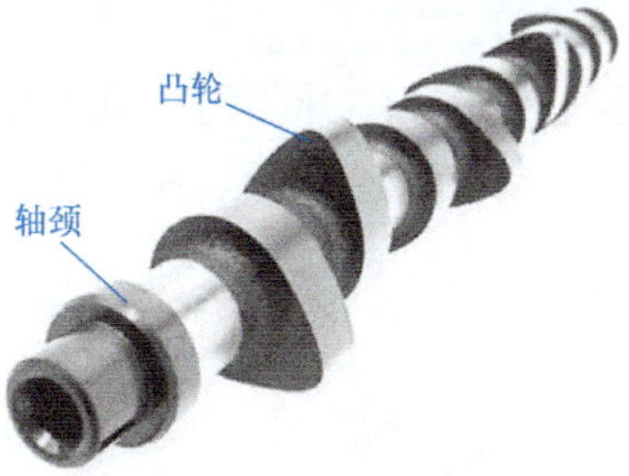	凸轮分为进气凸轮和排气凸轮两种,用来驱动气门的开启与关闭。对于四冲程发动机,曲轴每转两圈,凸轮轴转一圈,各缸完成一个工作循环
挺柱	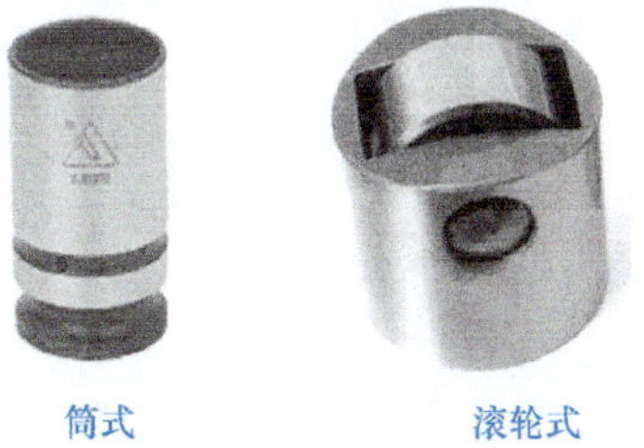 筒式 滚轮式	挺柱的作用是将凸轮的推力传给推杆或气门。普通挺柱常用的型式有筒式和滚轮式两种。大多数发动机采用筒式挺柱,某些大型柴油机采用滚轮式挺柱
	 液力挺柱	在配气机构中预留气门间隙将使发动机工作时配气机构产生撞击和噪声。为了消除这一弊端,有些发动机尤其是轿车发动机采用液力挺柱,借以实现零气门间隙

（续）

名称	图示	说明
推杆		推杆位于挺柱与摇臂之间，它的作用是将挺柱传来的运动和作用力传给摇臂
摇臂		摇臂的作用是将推杆和凸轮传来的运动和作用力改变方向，传给气门使其开启。短臂端加工有螺纹孔，用来拧入气门间隙调整螺钉。长臂端加工成圆弧面，是推动气门的工作面

4. 配气相位

配气相位就是用曲轴转角表示的进、排气门的实际开闭时刻和开启的持续时间。用曲轴转角的环形图来表示配气相位，这种图形称为配气相位图，如图2-34所示。

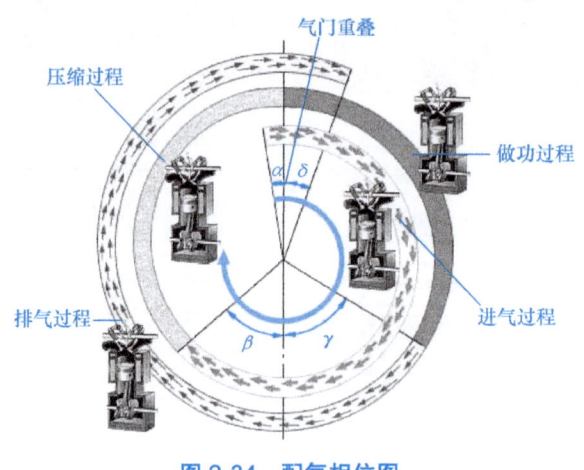

图 2-34 配气相位图

2.3.2 凸轮轴检测技术要求

1. 凸轮轴弯曲变形的检测

凸轮轴的弯曲变形是以凸轮轴中间轴颈对两端轴颈的径向圆跳动误差来衡量的，检测方法如图2-35所示。将凸轮轴放置在V形块上，V形块和百分表放置在平板上，使百分表测头与凸轮轴中间轴颈垂直接触。转动凸轮轴，百分表表针的摆差即为凸轮轴的弯曲度。

2. 凸轮磨损的检测

凸轮的磨损使气门的升程规律改变和最大升程减小，因此凸轮的最大升程减小值是凸轮检验分类的主要依据。当凸轮最大升程减小值大于 0.40mm 或凸轮表面累积磨损量超过 0.80mm 时，则更换凸轮轴。

3. 凸轮轴轴颈的检测

用千分尺测量凸轮轴轴颈的圆度误差和圆柱度误差。凸轮轴轴颈的圆度误差不

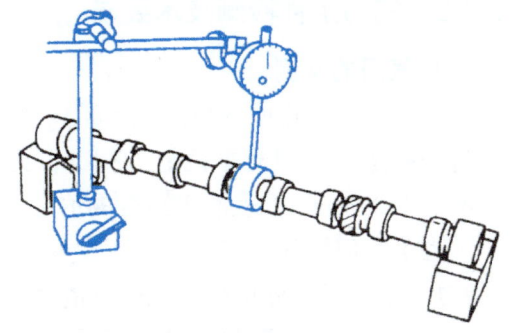

图 2-35 凸轮轴弯曲变形的检测

得大于 0.015mm，各轴颈的同轴度误差不得超过 0.05mm，否则应按修理尺寸法进行修磨。

4. 凸轮轴轴承的检测

凸轮轴轴承的配合间隙超过使用极限时，应更换新轴承。

5. 凸轮轴轴向间隙的检测

对于采用止推凸缘进行轴向定位的发动机，在检测其轴向间隙时，用塞尺插入凸轮轴第一道轴颈前端面与止推凸缘之间或正时齿轮轮毂端面与止推凸缘之间，塞尺的厚度即为凸轮轴轴向间隙（图 2-36）。凸轮轴轴向间隙一般为 0.10mm，使用极限为 0.25mm，若间隙不符合要求，可通过增减止推凸缘的厚度来调整。

采用轴承翻边进行轴向定位的发动机（如桑塔纳 2000 型），检查轴向间隙时，要在不装液力挺柱的情况下进行（可只装第 1、第 5 道轴承盖）。用百分表测头顶在凸轮轴前端，轴向推拉凸轮轴，百分表的摆动量即为凸轮轴的轴向间隙，如图 2-37 所示。

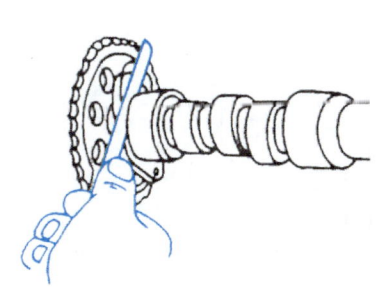

图 2-36 用止推凸缘定位的凸轮轴轴向间隙检测方法

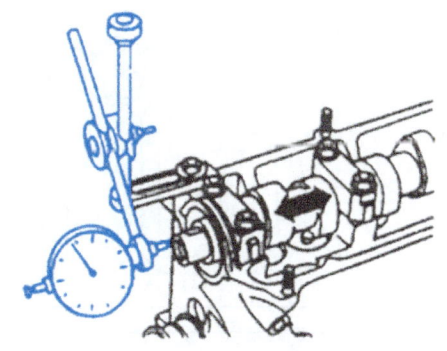

图 2-37 以轴承翻边定位的凸轮轴轴向间隙检测方法

2.3.3 气门组件检测技术要求

1. 气门的检测

（1）气门工作面的检测 气门工作面磨损起槽或烧蚀出现斑点时，应进行光磨。气门光磨是在气门光磨机上进行的，光磨后，气门工作锥面的径向圆跳动误差一般应不大于0.01mm，表面粗糙度的值应小于1.25μm。

（2）气门杆的检测

1）用外径千分尺检测气门杆的磨损，测量部位如图2-38所示。通常与气门杆尾端未磨损部分对比测量，若磨损量超过0.05mm，或用手触摸有明显的阶梯形时，应更换气门。

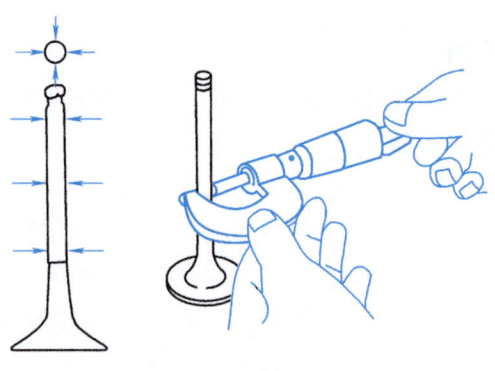

图2-38 测量气门杆

2）用百分表检测气门杆的弯曲变形，如图2-39所示，若表针摆差超过0.06mm，应校直或更换。

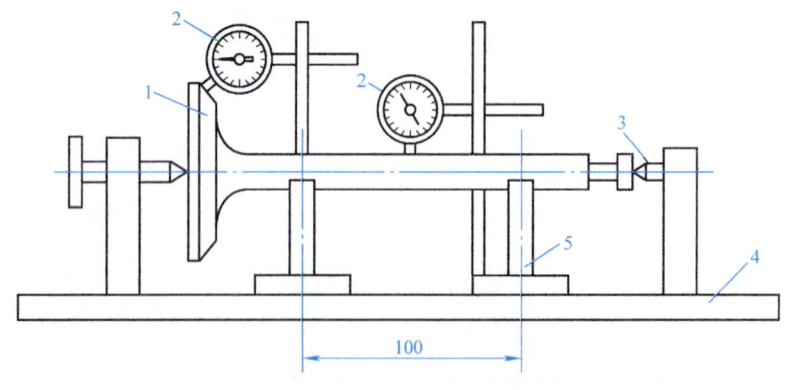

图2-39 气门杆弯曲检测

1—气门 2—百分表 3—顶尖 4—平板 5—V形块

2. 气门座的检修

链接 4

气门座的检修

2.3.4 气缸盖检测技术要求

气缸盖翘曲变形的检测多用直尺和塞尺进行，检测气缸盖下平面的平面度误差的方法如下：

1）翻转气缸盖，使其下平面朝上。

2）在图 2-40 所示的四个方位上放置直尺。

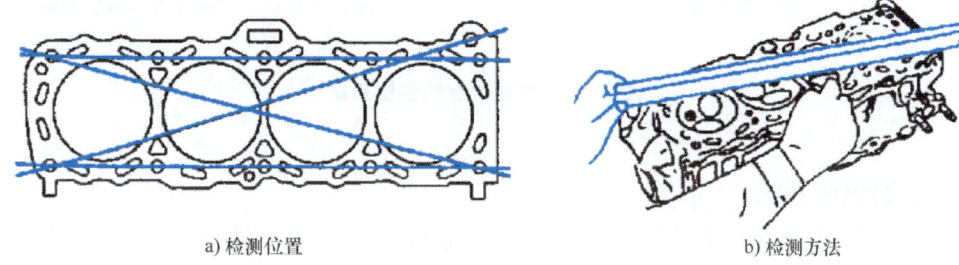

a) 检测位置　　　　　　　　　　　b) 检测方法

图 2-40　检测气缸盖下平面的平面度误差

3）用塞尺测出直尺与气缸盖下平面间的间隙值，其值即为在该方位上的气缸盖平面度误差。若平面度误差超过许用极限，可用细油石或砂纸将缸盖打磨平。如果翘曲过大，可进行磨削，但磨削量一般不得超过 0.25mm，以免发动机压缩比变得过高。

2.4　燃油、电控系统检修

2.4.1　燃油供给系统组成及工作原理

汽油机燃料供给系统的作用是根据发动机各种不同工况的要求，配制出一定数量和浓度的可燃混合气，供入气缸，并在发动机做功完毕后将废气排出。

汽油机燃料供给系统由燃油供给系统、进排气系统、电子控制系统组成，如图 2-41 所示。

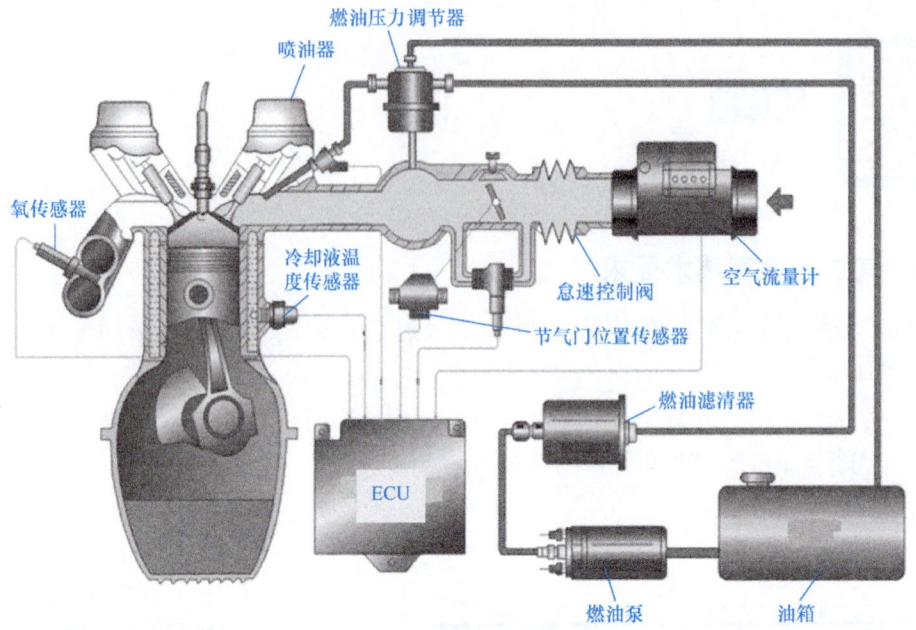

图 2-41　汽油机燃料供给系统

1. 燃油供给系统

燃油供给系统用来向气缸供给燃烧所需的燃油。它主要由燃油滤清器、喷油器、燃油压力调节器等组成,如图 2-42 所示。燃油供给系统相关零件的介绍见表 2-10。

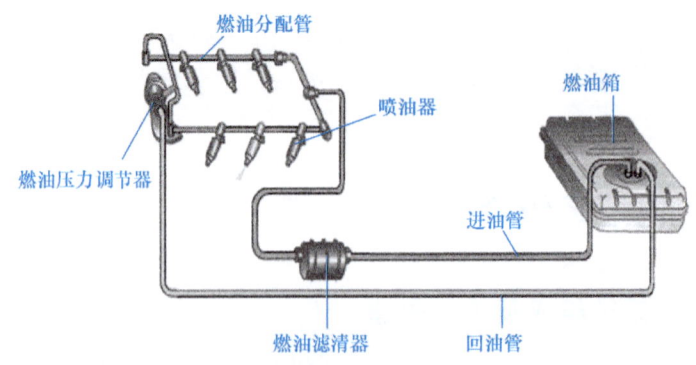

图 2-42　燃油供给系统

表 2-10 燃油供给系统相关零件的介绍

名称	图示	说明
电动燃油泵	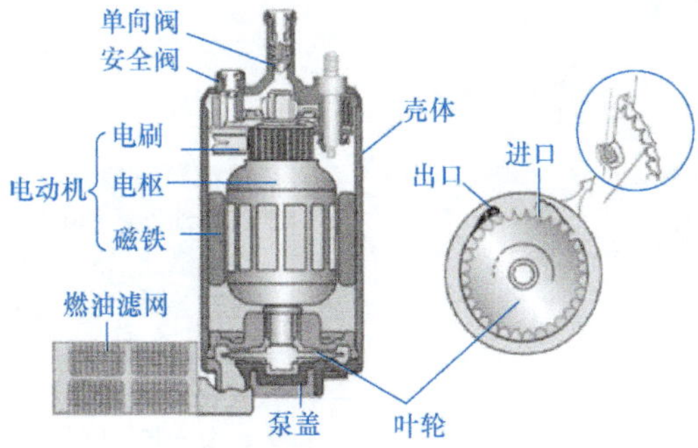 涡轮式电动燃油泵（单向阀、安全阀、壳体、电刷、电枢、磁铁、电动机、燃油滤网、泵盖、叶轮、出口、进口） 滚柱式电动燃油泵（单向阀、滚柱、转子、出口、进口、安全阀）	电动燃油泵分内置式和外置式，其作用是给电控燃油喷射系统提供具有一定压力的燃油。内置式燃油泵安装在油箱中，外置式燃油泵串接在油箱外部的输油管路中。目前常用的是涡轮式和滚柱式电动燃油泵
燃油压力调节器	（燃油压力调节器结构图） 燃油压力调节器、卡箍、燃油导轨、O形圈、喷油器	燃油压力调节器的主要作用是使系统油压随进气歧管处压力的变化而变化，使系统的绝对油压和进气歧管压力的差值保持恒定，不随发动机工况的变化而变化 燃油压力调节器一般位于分配油管（燃油导轨）的一端，它可调节燃油压力在 250~300kPa 的范围内

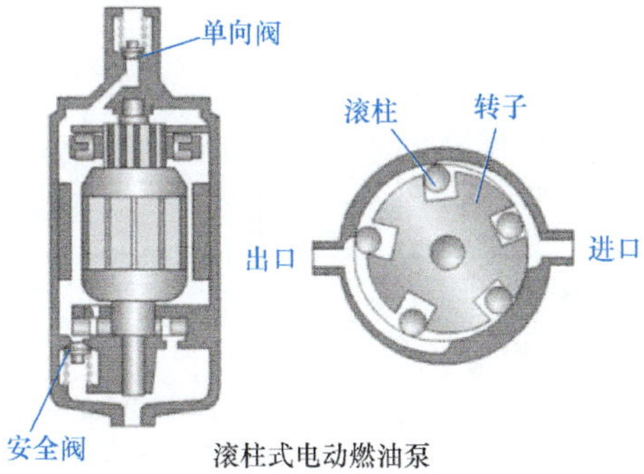

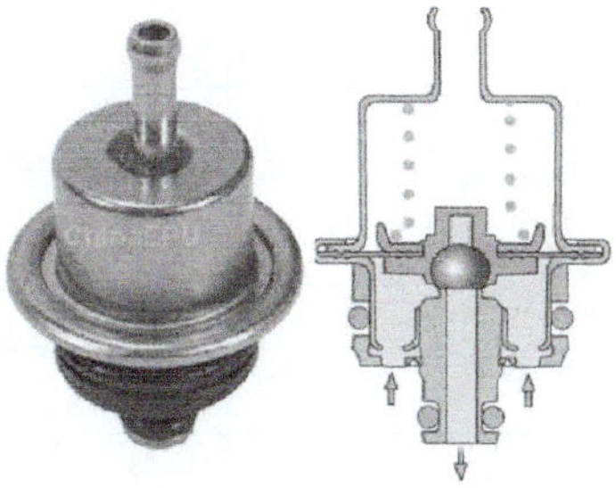

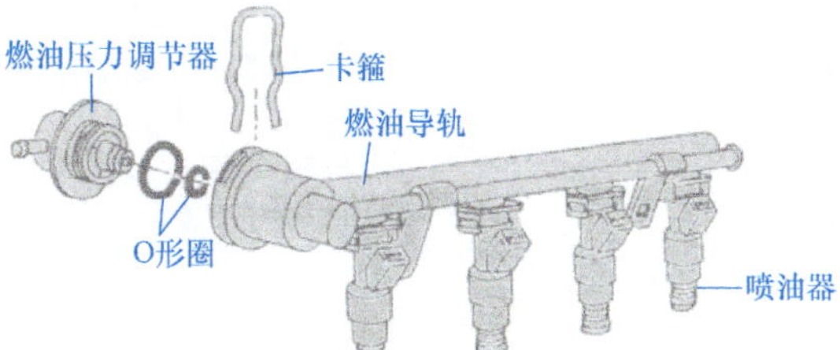

（续）

名称	图示	说明
喷油器		喷油器一般分为轴针式喷油器和球阀式喷油器两种类型。喷油器实际上是一个电磁阀，由针阀与衔铁制成一个整体，当 ECU 发出脉冲信号时，衔铁与针阀一起被吸起，一定压力的燃油从喷口喷出，当电磁线圈断电时，磁力消失，衔铁与针阀在弹簧的弹力作用下回位关闭喷口，电子控制单元输出的脉冲时间长，阀口打开时间长，喷油器喷油量大，反之喷油量小
冷起动喷油器		其作用是在低温下起动发动机，附加喷入一定的燃油，使混合气加浓易于冷车起动
燃油滤清器		燃油滤清器的作用是除去燃油中的水分和杂质，使燃油能达到发动机工作的需要 注意：安装时有方向性
燃油压力缓冲器		燃油压力缓冲器安装在燃油泵或燃油导轨上。其作用是消除由于泵油或喷油产生的压力脉动，抑制噪声；保持油压，以利于下次起动

2. 进排气系统

进气系统的作用是尽可能多、尽可能均匀地向各缸供给可燃混合气或纯空气。进气系统由空气滤清器和进气歧管等组成。空气经空气滤清器过滤后,流过空气流量计,由进气道进入进气歧管,与喷油器喷出的燃油混合形成可燃混合气,经进气门进入气缸。对于柴油机来说,空气经空气滤清器过滤后,进入进气歧管,经进气门进入气缸。

排气系统的作用是尽可能多地把燃烧后的废气排出气缸。排气系统主要由排气管和消声器等组成。

图 2-43 所示为进排气系统的组成,相关零件的介绍见表 2-11。

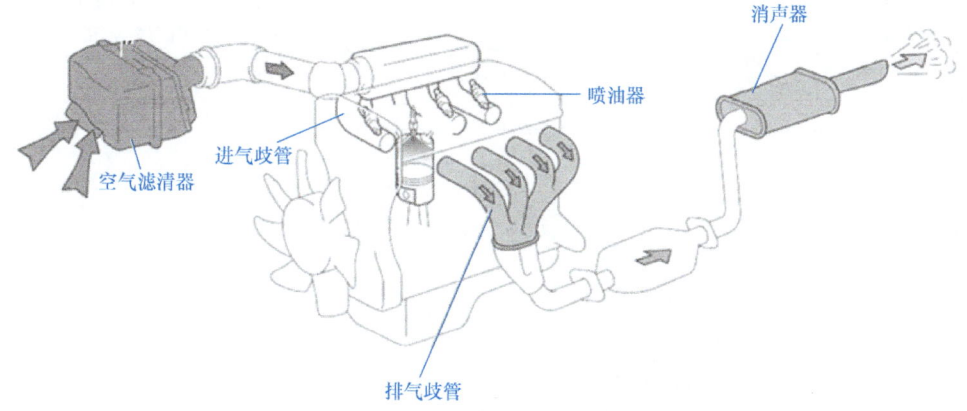

图 2-43 进排气系统的组成

表 2-11 进排气系统相关零件的介绍

名称		图示	说明
进气系统	空气滤清器		空气滤清器的作用是清除流向发动机的空气中所含的尘土和砂粒。现代轿车常用干式纸质滤芯空气滤清器

（续）

名称		图示	说明
进气系统	进气歧管	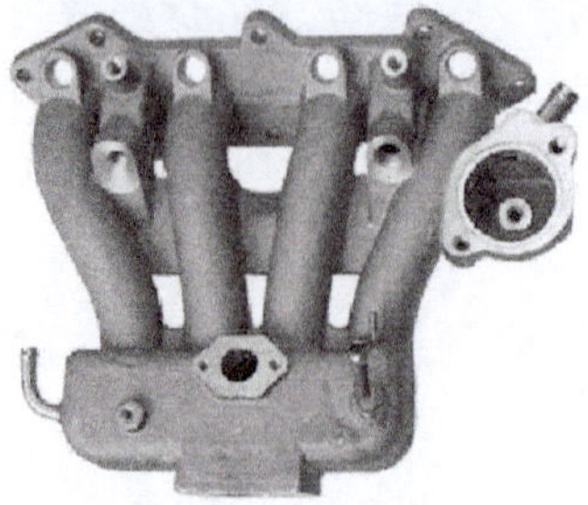	进气歧管的作用是将可燃混合气送至发动机的各个气缸。进、排气管两者可铸成一体，也可分别铸出，用双头螺柱固定在气缸体上或气缸盖上，为防止漏气，其接合面装有石棉衬垫
	进气导流管	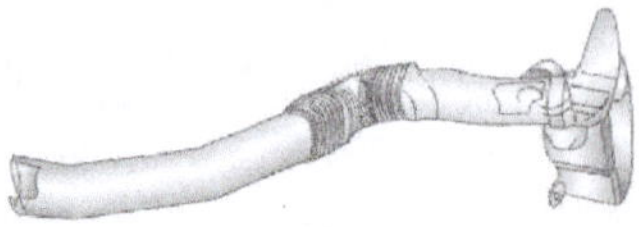	主要是增强发动机的谐振进气效果，保证空气在导流管内有一定的流速。因此，进气导流管只能做得很长
排气系统	排气歧管	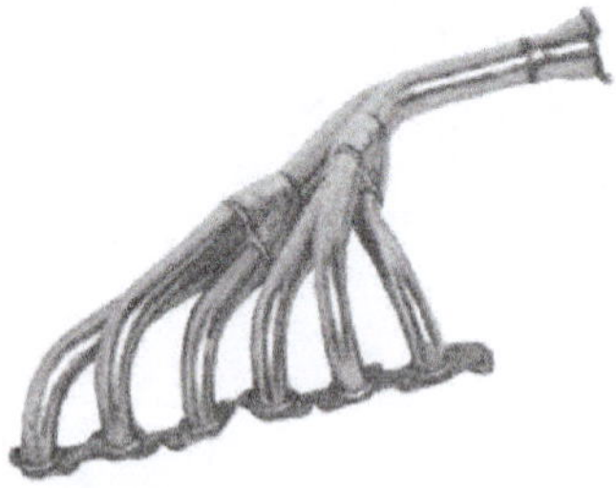	排气歧管的功用是汇集各气缸燃烧后的废气，经排气管消声器排出
	消声器	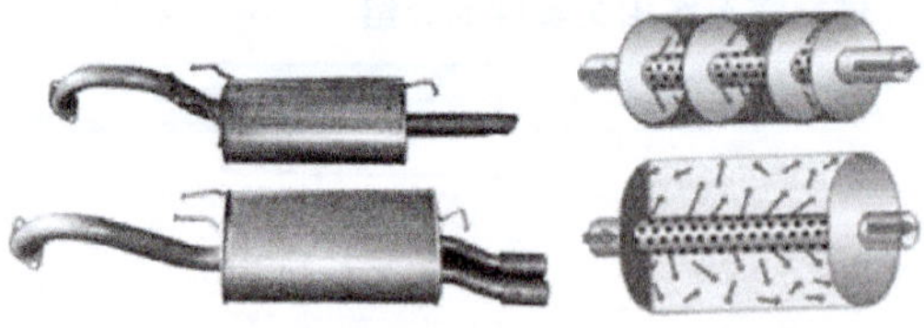 外部结构　　内部结构	消声器通过逐渐降低排气压力和衰减排气压力的脉动，使排气能量耗散殆尽，达到降低排气噪声的目的
	催化转换器	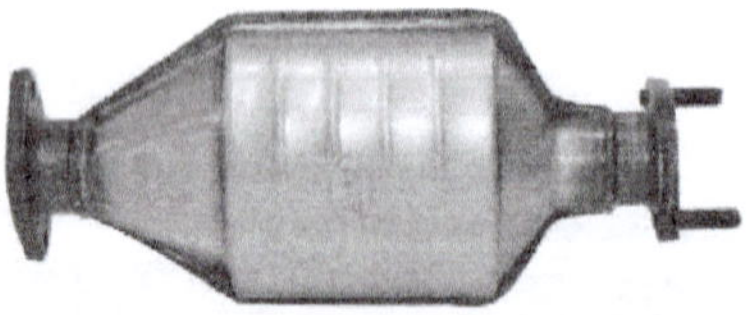	催化转换器是利用催化剂的作用将排气中的 CO、HC 和 NO_x 转换为对人体无害的气体的一种排气净化装置。金属铂、钯或铑均可作为催化剂

3. 电子控制系统

电子控制系统主要由传感器、电子控制单元（ECU）和执行器件组成，如图 2-44 所示。

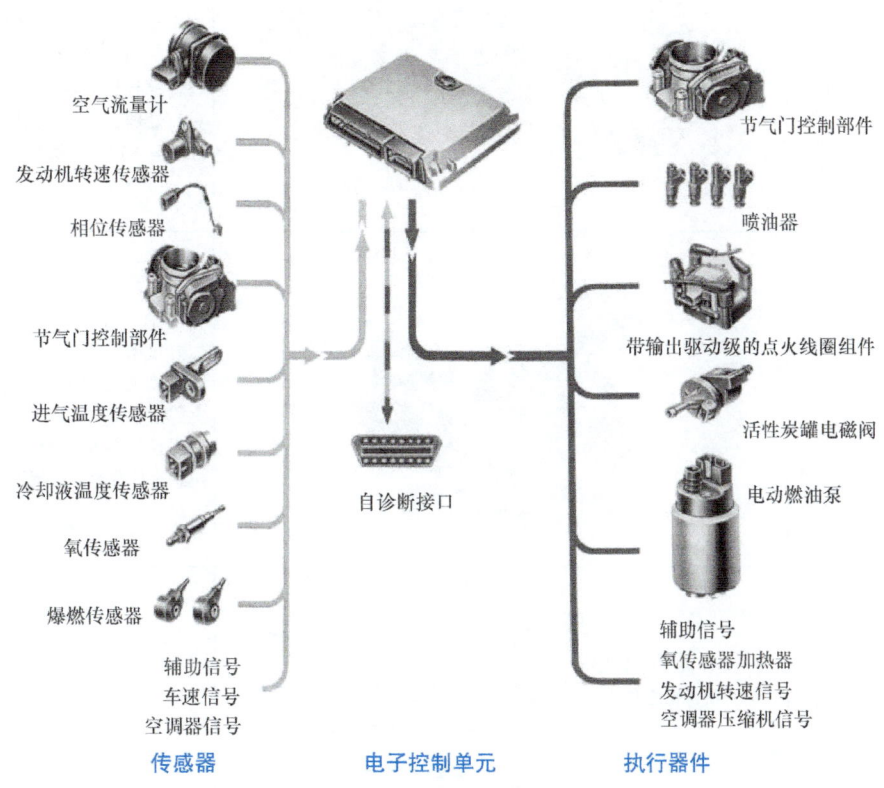

图 2-44　电子控制系统

发动机电子控制系统是将发动机的运行工况信息，如进气量、节气门位置、冷却液温度、进气温度信息等和汽车的运行状况信息（如车速），通过传感器转换成电信号并输送给电子控制单元，电子控制单元对这些电信号进行实时计算、分析等处理后，确定出最佳控制方案并向各有关执行元件发出控制指令信号，控制喷油量、点火时刻等，从而控制发动机在各种工况下都处于最佳工作状态。同时，电子控制单元还具备系统范围内的故障自诊断功能和后备控制（系统）功能，使某些元件出现故障时仍能保证发动机正常工作并通过故障指示灯告知驾驶人和用故障码对故障进行记录。电子控制系统相关零件的介绍见表 2-12。

表 2-12 电子控制系统相关零件的介绍

名称		图示	说明
电子控制单元		 ECU外形 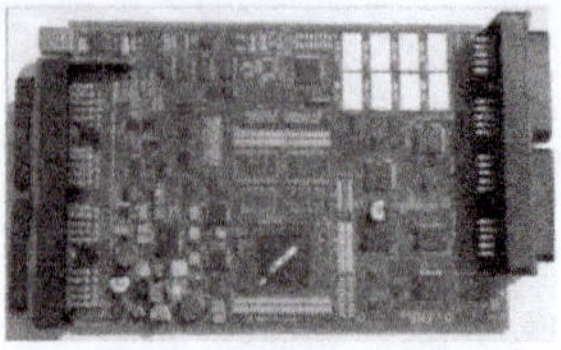　　ECU内部结构	电子控制单元（ECU）的作用是根据自身存储的程序对发动机各传感器输入的各种信息进行运算、处理、判断，然后输出指令，控制有关执行器动作
节气门体			驾驶人通过加速踏板控制节气门开度改变发动机的进气量，进行发动机的功率调节。节气门体上除安装节气门外，还安装了节气门位置传感器和用于控制发动机怠速的怠速空气阀等部件
传感器	空气流量计	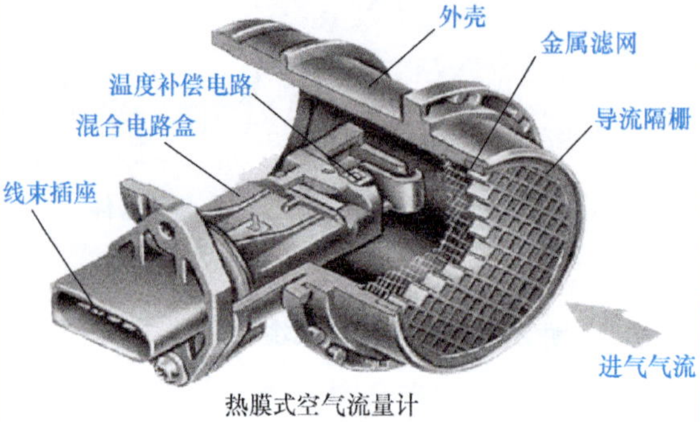 热膜式空气流量计 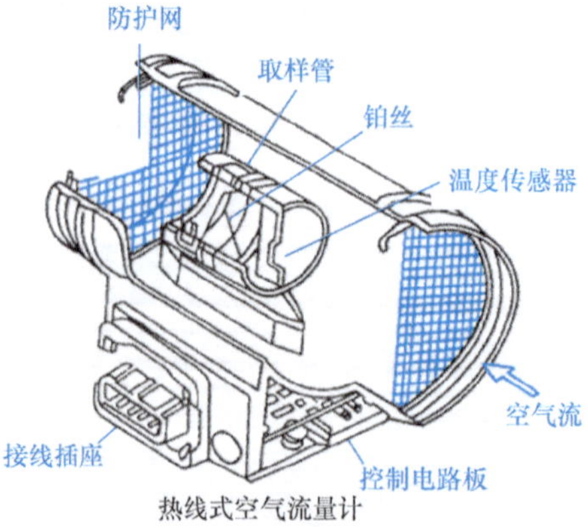 热线式空气流量计	空气流量计的作用是直接测量吸入进气管的空气流量。电控汽油喷射系统较常见的空气流量计为热膜式和热线式。它们能测出空气质量流量，避免了海拔（压力）引起的误差，测量精度高

（续）

名称	图示	说明
传感器 进气压力传感器		其作用是测量进气歧管内的绝对压力，并将其转变为电压信号输送到发动机ECU。测量方法属于间接测量法
节气门位置传感器		其作用是把节气门的位置或开度转换成电信号，传输给电子控制单元，作为电子控制单元判定发动机运行工况的依据，实现不同节气门开度下的喷油量控制
进气温度传感器	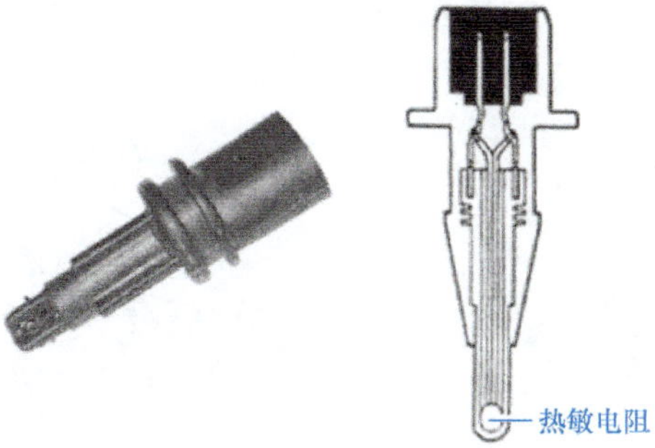	其作用是检测进气温度，作为燃油喷射和点火正时的修正信号。内部是一个热敏电阻，通常安装在空气滤清器之后的进气软管上或空气流量计上
氧传感器	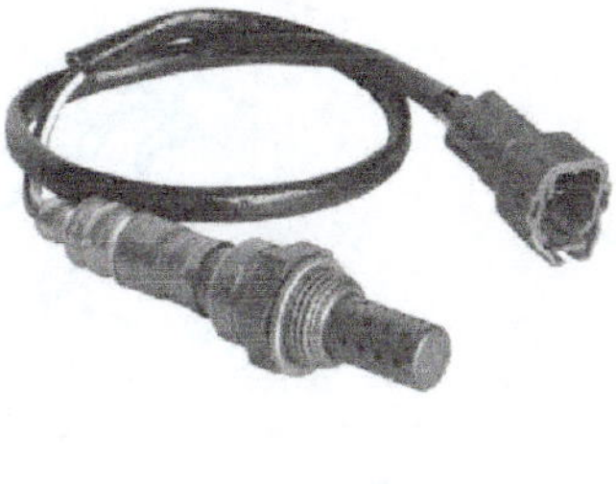	其作用是测定发动机废气中的氧含量，使ECU对燃料系统进行调控，控制空燃比。其分为氧化锆式和氧化钛式两种，其中应用最多的是氧化锆式氧传感器 氧传感器安装在排气歧管前或排气管内

2.4.2 传感器、执行器工作原理、检测方法和注意事项

链接 5

传感器、执行器工作原理、检测方法

2.4.3 点火系统电路检测方法及技术要求

1. 点火系统检测注意事项

1）拆、接点火系统导线时，应先断开点火开关。

2）在点火系统有故障或怀疑有故障，而又必须拖动汽车时，应先拆开点火控制器的插接件。

3）为防止无线电干扰，应使用电阻为 1kΩ 的高压导线、电阻为 1~5kΩ 的火花塞插头和电阻为 1kΩ 的分火头。

4）使用带快速充电设备的起动辅助装置起动时，电压不得超过 16.5V，使用时间不超过 1min。

2. 点火线圈的检查

检查时，应拆除点火线圈上的所有连线或拔下点火线圈的线束插接器，用万用表电阻档检测点火线圈一次绕组、二次绕组的电阻，如图 2-45、图 2-46 所示。若电阻不符合要求，则必须更换点火线圈。

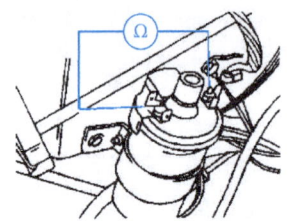
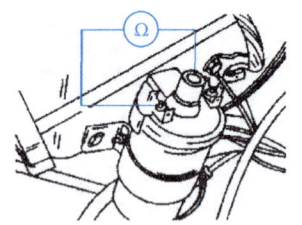

a) 一次绕组　　　　　　b) 二次绕组

图 2-45　开磁路点火线圈的检查

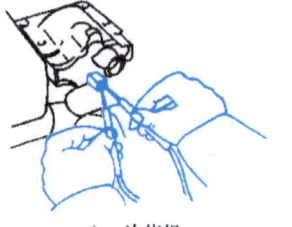
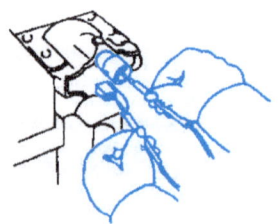

a) 一次绕组　　　　　　b) 二次绕组

图 2-46　闭磁路点火线圈的检查

3. 电子点火系统高压回路部件的检查

用万用表欧姆档测量高压回路部件的电阻，若部件的阻值不在规定范围之内，应予以更换。

（1）分火头电阻的检查　检查分火头电阻，如图2-47所示。分火头电阻应为（1±0.4）kΩ。

（2）火花塞插头电阻的检查　检查火花塞插头电阻，如图2-48所示。火花塞插头电阻应为（1±0.4）kΩ。

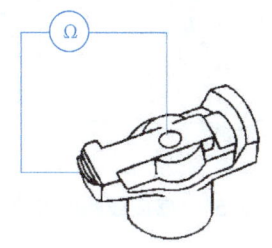

图2-47　分火头电阻的检查

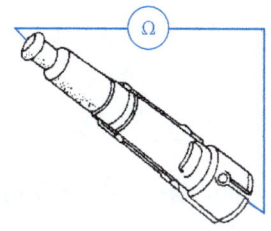

图2-48　火花塞插头电阻的检查

（3）高压导线电阻的检查　检查高压导线电阻，如图2-49所示。中央高压导线电阻应为0~2.8kΩ，高压分线电阻应为0.6~7.4kΩ；阻尼高压线每根电阻不应大于25kΩ。

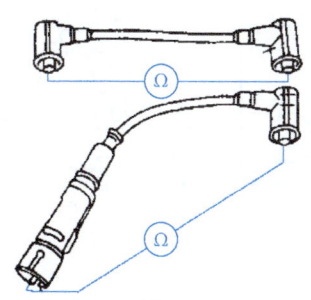

图2-49　高压导线电阻的检查

4. 点火信号传感器的检查

（1）磁感应式信号传感器的检查

1）信号传感器间隙的检查。

①拆下蓄电池的负极导线。

②拆下分电器盖。

③用非磁性的黄铜塞尺测量信号转子和感应线圈凸起部分之间的间隙，如图2-50所示。当信号转子凸齿与传感器铁心对齐时，间隙一般为0.2~0.4mm。

④ 若间隙不正常，则松开铁心总成的两调整螺钉 A、B，并以 A 为支点，稍微移动螺钉 B，加以调整，直至符合所规定的标准值为止。

2）信号传感器感应线圈电阻的检查。拆下线束插接器，用万用表电阻档测量感应线圈的电阻，如图 2-51 所示。各厂的信号传感器感应线圈的标准电阻有所不同，应查阅相关的维修手册。若不符，应予以更换。

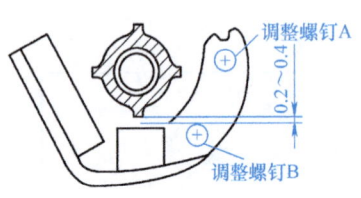

图 2-50　信号传感器间隙的检查

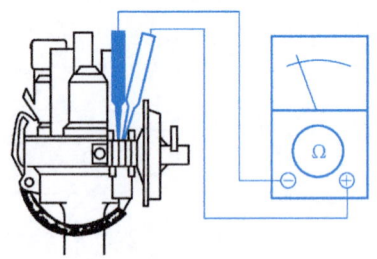

图 2-51　感应线圈电阻的检查

3）信号传感器输出信号的检查。信号传感器在工作时能产生交流信号电压，在检查时，可用万用表（0~10V）交流电压档测量，两表笔分别接在分电器感应线圈两接线柱上，如图 2-52 所示。用手快速转动分电器轴，观察信号电压是否符合规定值（一般为 1~1.5V）。若万用表读数过低，甚至无读数指示，说明信号传感器有故障，应检查或者更换。

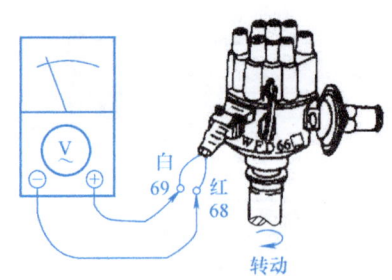

图 2-52　信号传感器输出信号的检查

（2）霍尔式信号传感器的检查　检查时，点火线圈、点火控制器及连接导线应正常。

1）霍尔信号电压的检查。打开点火开关，转动分电器转子，用万用表电压档检测霍尔式信号传感器"绿白"与"棕白"线端或点火控制器 3、6 端子上的电压，如图 2-53 所示。当叶片离开气隙时，电压表读数应小于 0.4V；当叶片进入气隙时，电压表读数应大于 9V。否则，说明传感器已损坏。

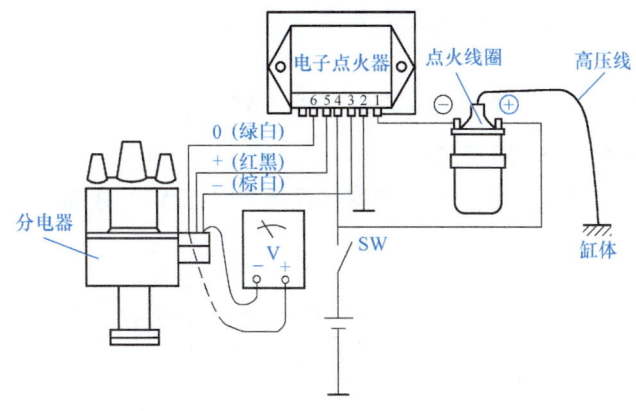

图 2-53 霍尔信号电压的检查

2）模拟信号法。打开分电器盖，转动曲轴，使分电器触发叶片不在气隙中。接通点火开关，用螺钉旋具或钢片在霍尔式传感器的气隙中轻轻地插入和拔出，模拟触发叶轮叶片在气隙中的动作。

若此时跳火器跳火，说明霍尔式传感器、点火控制器、点火线圈及连接导线性能良好；若不跳火，在点火线圈、点火控制器及连接导线良好的前提下，说明霍尔式传感器有故障或损坏，应更换。

5. 电子点火器的检测

（1）磁感应式电子点火器的检测

1）拆下分电器线束连接器。

2）将 1.5V 的干电池接在电子点火器 2、3 端子之间。

3）打开点火开关（时间不超过 5s），用万用表测量点火线圈负极接线柱与搭铁之间的电压，应为 1~2V，如图 2-54a 所示；或拔下中央高压线，装上跳火器，此时跳火器应不跳火。

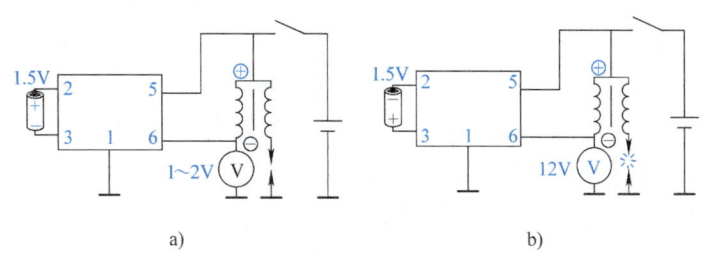

图 2-54 磁感式电子点火器的检测

4）将干电池立刻反接（时间不超过 5s），用万用表测量点火线圈负极接线柱与搭铁之间的电压，应为 12V 左右，如图 2-54b 所示。装上跳火器，此时跳火器应跳火。

5）若所测值与上述不符，则说明电子点火器有故障，应予以更换。

（2）霍尔式电子点火器的检测

1）电压测量法。霍尔式电子点火器各端子的连接线路图如图 2-55 所示。

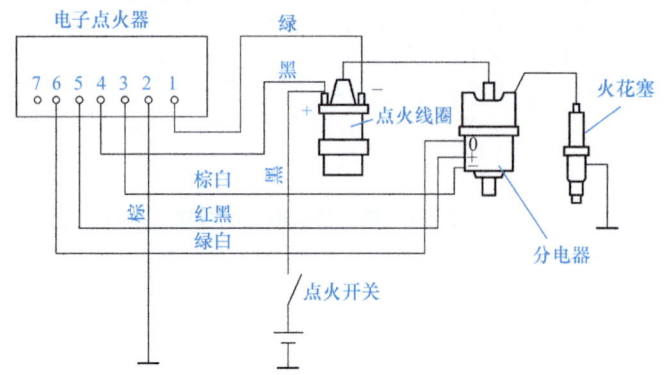

图 2-55　霍尔式电子点火器各端子的连接线路图

① 检测 1 号端子电压。接通点火开关，当无点火信号输入时，1 号端子电压应为 12V。若点火线圈正极接线柱有 12V 电压，而 1 号端子上电压低或无电压，说明点火线圈一次绕组或电子点火器 1 号端子与点火线圈负极接线柱之间或线路的插头处有故障。

当输入点火信号时，1 号端子电压应在 0~12V 之间跳变。若该端子电压在信号输入时没有变化，则说明电子点火器已损坏，应予以更换。

② 检查 2 号端子电压。电子点火器内部电路通过 2 号端子搭铁，该端子与搭铁之间的电压不超过 0.5V。

③ 检查 3 号端子电压。3 号端子是点火控制器的"-"端，它与 2 号端子相通，对地电压也不应大于 0.5V。

④ 检查 4 号端子电压。4 号端子是电子点火器的电源端子。接通点火开关时，4 号端子应有 12V 电压，否则说明 4 号端子与点火线圈正极接线柱之间的线路或线路的插头处有故障。

⑤ 检查 5 号端子电压。5 号端子是电子点火器输出的霍尔式传感器电源端子，其电压应在 10V 左右。若电压低或无电压，说明电子点火器发生故障，应更换。

2）模拟信号法。拔下分电器上的线束插接器，拔出分电器盖上的中央高压线，装上跳火器。接通点火开关，将插接器插头上的"绿白"色线反复搭铁，如图 2-56 所示。

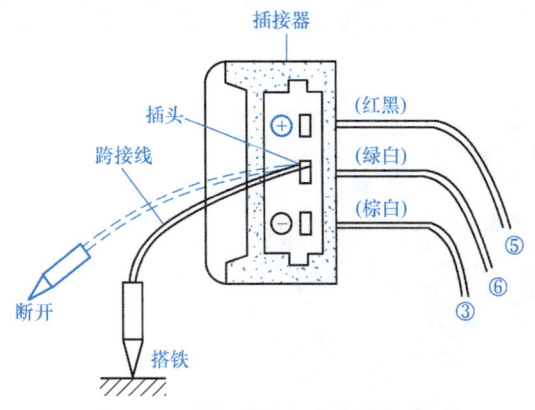

图 2-56 霍尔式电子点火器的检测

若跳火器跳火，说明电子点火器正常；反之则说明电子点火器有故障，应予以更换。

2.5 润滑和冷却系统检修

2.5.1 润滑系统组成与工作原理

1. 润滑系统组成

润滑系统具有润滑、清洗、冷却、密封和防锈蚀作用，主要由集滤器、机油泵、机油滤清器、限压阀、旁通阀、机油压力传感器和主油道等组成。润滑系统的组成如图 2-57 所示，相关零件的介绍见表 2-13。

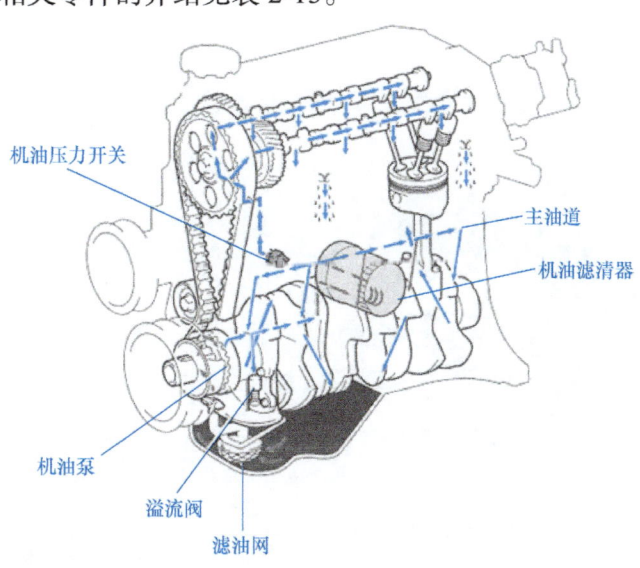

图 2-57 润滑系统的组成

表 2-13　润滑系统相关零件的介绍

名称	图示	说明
机油泵	 外啮合式机油泵 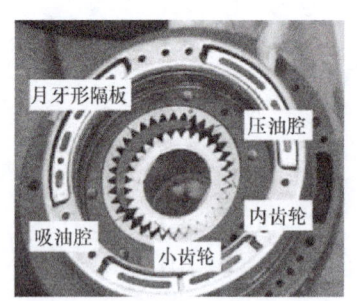 内啮合式机油泵 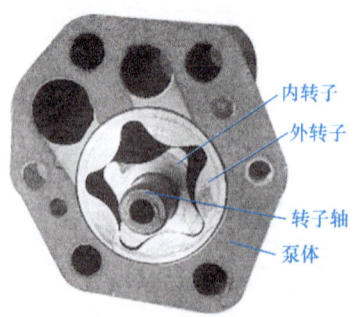 转子式机油泵	机油泵的作用是将一定压力和足够数量的机油压送到各润滑表面，并保证机油在系统内的正常循环流动 　　机油泵根据结构形式的不同分为齿轮式机油泵和转子式机油泵两种。齿轮式机油泵又分为外啮合式机油泵和内啮合式机油泵两种，一般将前者称为齿轮式机油泵

（续）

名称	图示	说明
机油滤清器		机油滤清器的作用是滤除机油中的金属磨屑、机械杂质、胶质、水和机油中的氧化物，保持机油的清洁及良好的润滑性能，保证润滑系统正常工作
集滤器	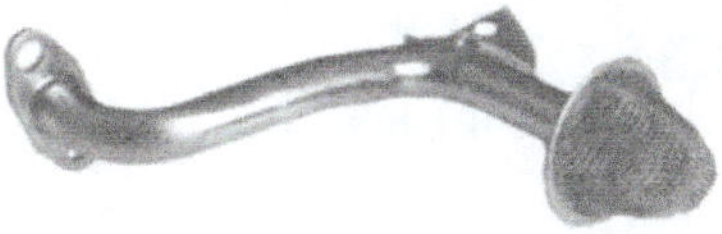	集滤器一般是滤网式，装在机油泵的前面，防止粒度大的杂质进入机油泵
机油压力传感器		其作用是检测机油压力，在压力不足的情况下发出报警信号。机油压力不足时仪表盘上的机油灯会亮
机油散热器	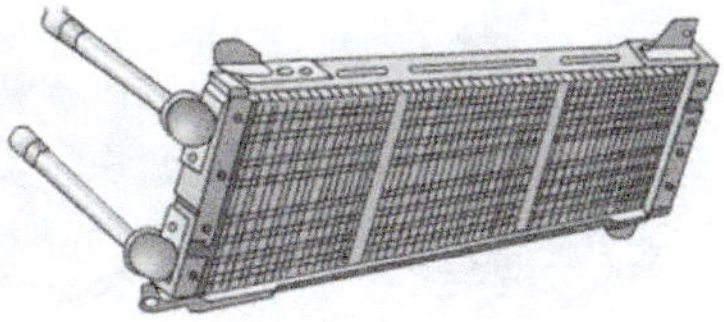	机油散热器一般安装在冷却液散热器的前面，与主油道并联。机油泵工作时，一方面将机油供给主油道，另一方面经限压阀、机油散热器开关、进油管进入机油散热器内，冷却后从出油管流回油底壳，如此循环流动

2. 润滑系统油路

典型润滑系统油路见表 2-14。

表 2-14 典型润滑系统油路

名称	图示	说明
中型汽油机润滑油路	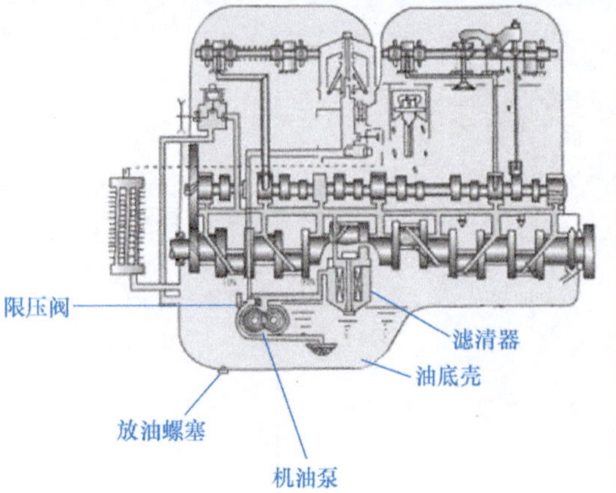 EQ6100Q 型发动机油路	油路为：油底壳机油→集滤器→机油泵→细滤器 (10%)→油底壳→粗滤器 (90%)→主油道→曲轴主轴承 发动机曲轴的主轴承、连杆轴承、凸轮轴轴承、摇臂孔、空气压缩机、正时齿轮和机油泵驱动轴等采用压力润滑，活塞、活塞环、活塞销、气缸壁、气门、挺柱和凸轮等采用飞溅润滑
轿车汽油机润滑油路	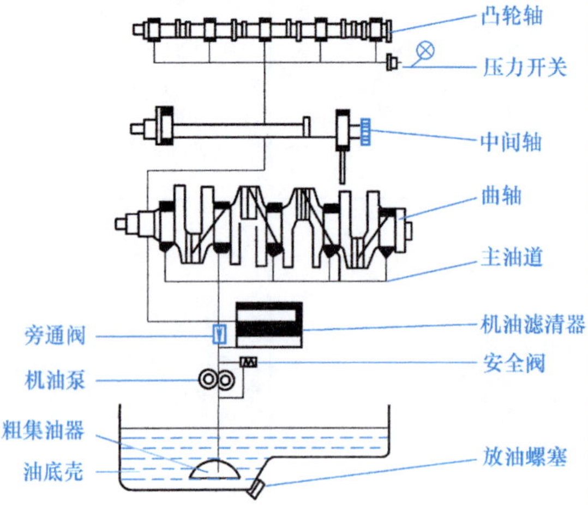 桑塔纳系列轿车	机油分三路送出：第一路经主油道后分为两支：一支送入曲轴主轴承分油道，润滑主轴承、连杆大端轴承、连杆小端轴承后回到油底壳；另一支则进入中间轴的轴承（AJR 型发动机无中间轴）后流回油底壳；第二路从主油道进入凸轮轴的轴承后再润滑气门机构，然后流回油底壳；第三路，在主油道油压太高或流量太大的情况下，机油冲开安全阀，分流回油底壳
柴油机润滑油路	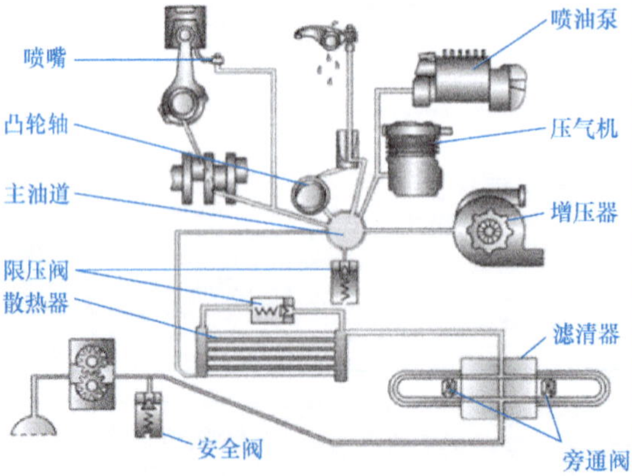	油底壳中的机油经集滤器、机油泵、机油滤清器、机油散热器进入主油道。主油道中的机油通过各支油道分别流向增压器 (若柴油机为自然吸气式则无增压器)、压气机、喷油泵，经推杆到摇臂轴、凸轮轴轴颈、曲轴主轴颈和连杆轴颈等处进行压力润滑

2.5.2 机油压力检测技术要求

1. 检测机油压力

1）断开机油压力开关插接器，用套筒扳手拆下机油压力开关，如图2-58所示。

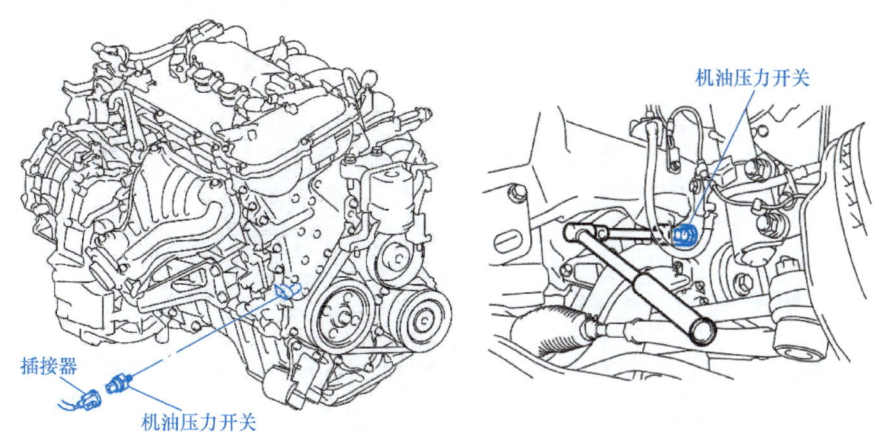

图 2-58　拆下机油压力开关

2）安装机油压力表。

3）起动发动机，暖机后，检测机油压力（图2-59）。

1ZR-FE发动机机油压力值：怠速时压力≥25kPa；发动机转速为3000r/min时压力在150~550kPa之间。

2. 机油压力检测注意事项

1）拆卸机油压力开关时，避免机油从机油压力开关口喷出。

2）机油压力表必须安装到位，防止发动机起动后机油喷射。

3）安装机油压力开关，在机油压力开关的2或3个螺纹上涂抹黏合剂，如图2-60所示。

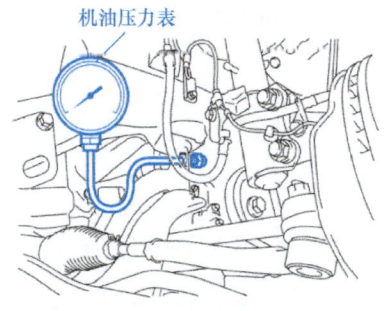

图 2-59　检测机油压力

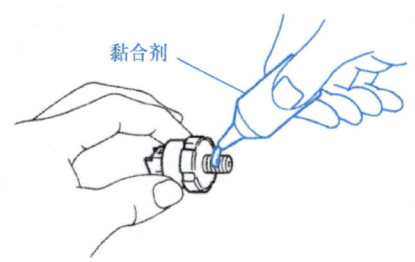

图 2-60　涂抹黏合剂

2.5.3 冷却系统组成与工作原理

1. 冷却系统的组成

冷却系统的作用是将受热零件吸收的部分热量及时散发出去，保证发动机在最适宜的温度状态下工作。冷却系统由散热器、水泵、散热风扇、水套和温度调节装置等组成，如图2-61所示。冷却系统相关零件的介绍见表2-15。

图2-61 冷却系统的组成

表2-15 冷却系统相关零件的介绍

名称	图示	说明
散热器	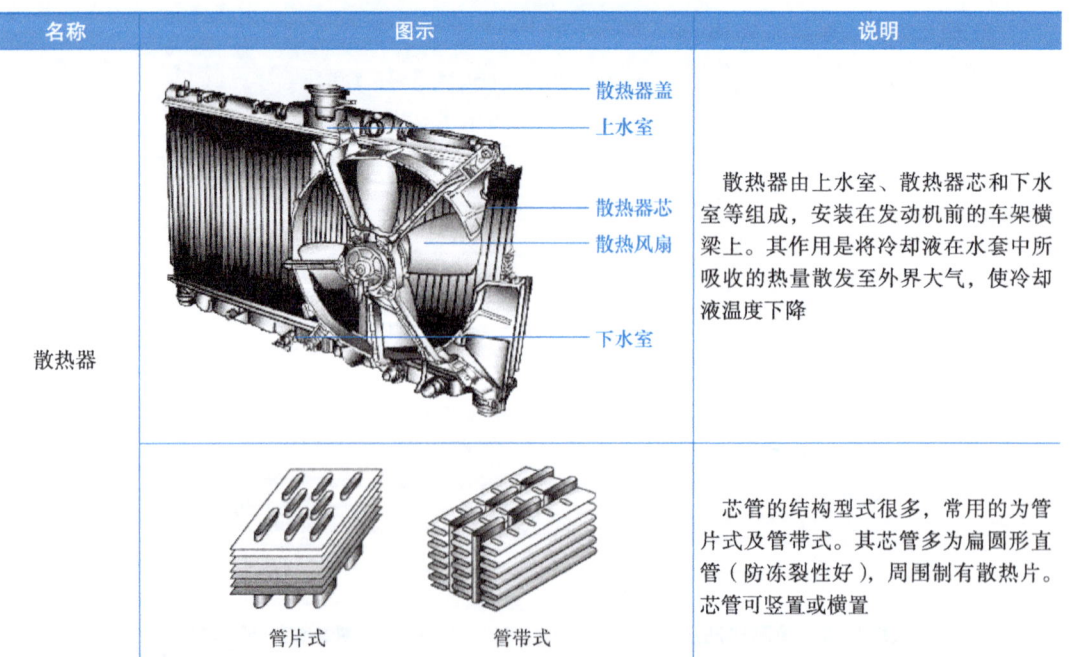	散热器由上水室、散热器芯和下水室等组成，安装在发动机前的车架横梁上。其作用是将冷却液在水套中所吸收的热量散发至外界大气，使冷却液温度下降
	管片式　管带式	芯管的结构型式很多，常用的为管片式及管带式。其芯管多为扁圆形直管（防冻裂性好），周围制有散热片。芯管可竖置或横置

（续）

名称	图示	说明
水泵	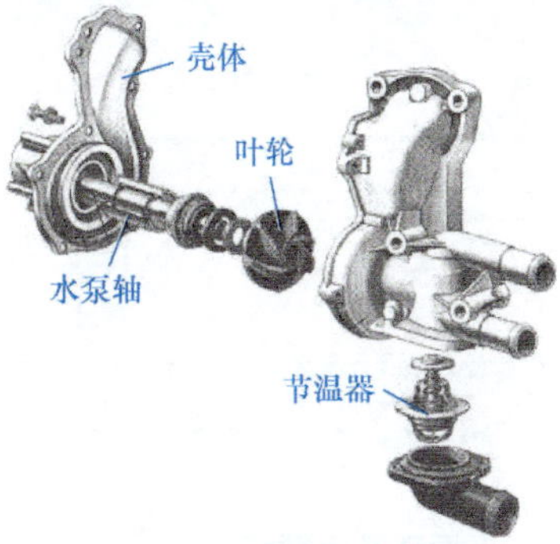	汽车上广泛使用离心式水泵。它具有结构紧凑、泵液量大，以及因故障而停止工作时，不妨碍冷却液在冷却系统内部自然循环等优点
散热风扇		散热风扇用来提高流经散热器的空气流速和风量，增强散热器的散热能力。汽车上常使用的散热风扇为轴流式散热风扇
节温器		节温器的作用是根据发动机负荷大小和冷却液温度的高低自动改变冷却液的循环流动路线，从而控制通过散热器冷却液的流量。目前多数发动机采用蜡式节温器

2. 冷却线路

小循环：冷却液经水泵→水套→节温器后不经散热器，而直接由水泵压入水套的循环，其液流路线短，散热强度小，称为小循环。

大循环：冷却液经水泵→水套→节温器→散热器，又经水泵压入水套的循环，其液流路线长，散热强度大，称为大循环。

小循环及大循环如图 2-62 所示。

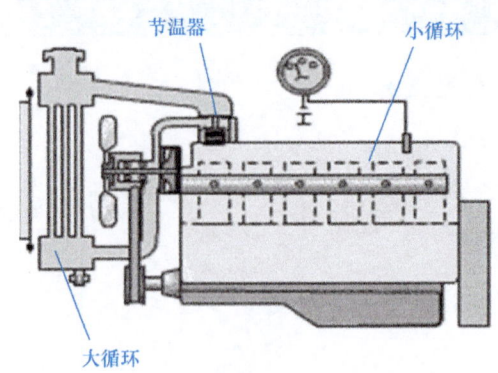

图 2-62　小循环及大循环

2.5.4　散热风扇检测技术要求

1. 散热风扇电动机检测（图 2-63）

1）蓄电池连接到散热风扇电动机插接器上时，电动机运转平稳。

2）将电流表连接到散热风扇电动机的 M（+）、M（-）线上。

3）测量电动机运转时的电流：在 20℃、12V 时卡罗拉轿车为 7.9~10.9A。若不符合规定，更换电动机。

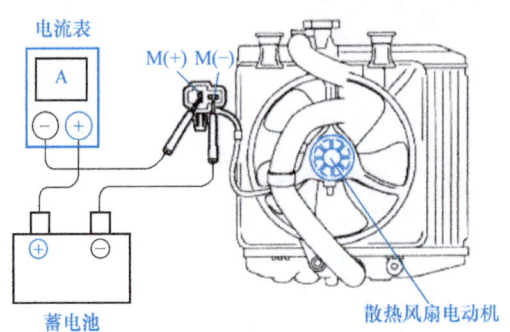

图 2-63　检测散热风扇电动机

2. 散热风扇继电器检测

1）从发动机继电器盒上拆下散热风扇继电器。

2）根据要求使用万用表测量电阻。若不符合要求，更换散热风扇继电器。

3. 温控开关检测（图 2-64）

把温控开关拆下并放入水中，万用表选为电阻档，把两触针分别触及温控开关的接线端及外壳，改变水的温度，观察万用表指针的动态。水温度达到（92±0.5）℃时，散热器温控开关导通，万用表指针表示接通；水温度降至（87±0.5）℃时，万用表指针表示断开。

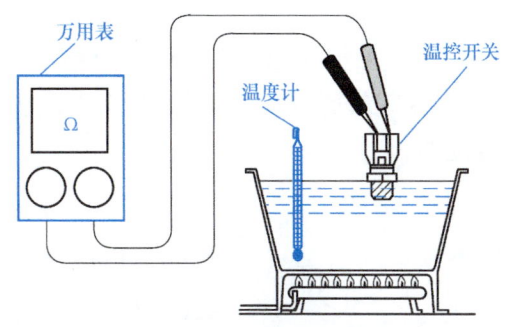

图 2-64 检测温控开关

2.6 进（排）气系统检修

2.6.1 增压器组成与工作原理

增压系统是利用排气的能量，对空气进行压缩后进入气缸，从而提高发动机的动力性、经济性。高速废气从排气门出来，推动排气涡轮快速转动，排气涡轮通过轴又带动进气压气机快速转动，被加压后的新鲜气体进入气缸，如图 2-65 所示。

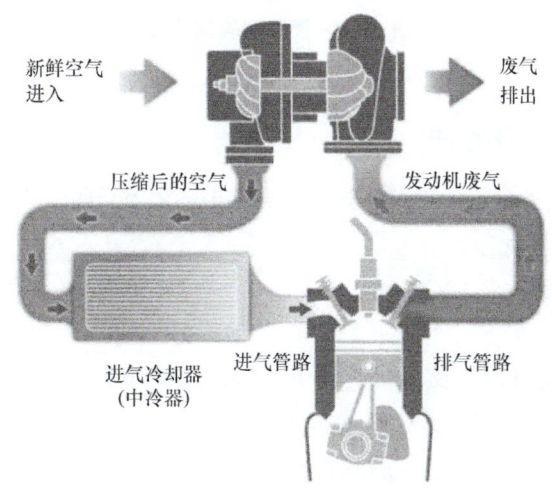

图 2-65 废气涡轮增压系统的工作原理

废气涡轮增压器由离心式压气机、径流式涡轮机、中间体三部分组成，如图 2-66 所示。增压器轴由两个浮动轴承支承在中间体上。中间体内有润滑、冷却轴承的油道及防止机油漏入压气机或涡轮机中的密封装置。全浮动轴承与转子轴和中间壳之间均有间隙，当转子轴高速旋转时，具有一定压力的润滑油充满这两个间隙，对其进行润滑和冷却。浮动轴承在内外两层油膜中随转子轴同向旋转，转速比转子轴低约30%。

中冷器用来将增压后的空气进行冷却，提高增压效果。

为了防止增压过高，设有废气旁通阀。增压过程中压力过大会导致过分爆燃或发动机损坏，甚至毁掉发动机。

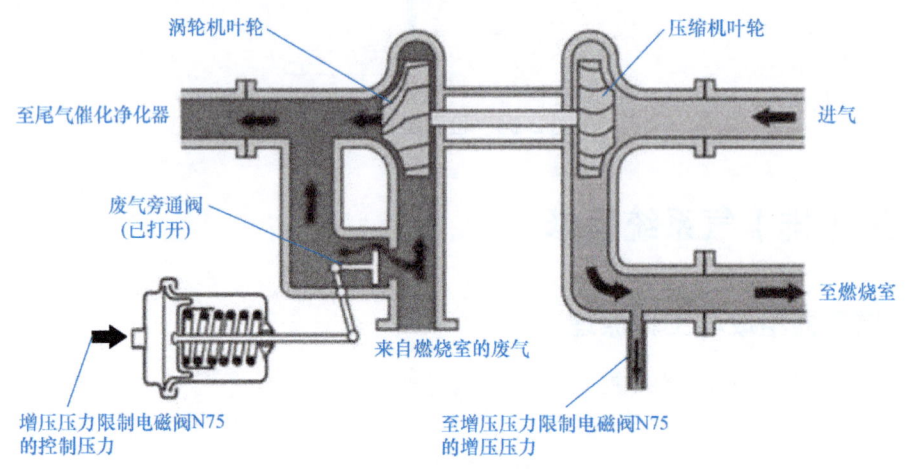

图 2-66　废气涡轮增压器

2.6.2　排气背压的检测方法

在检测排气背压之前，应当首先确认点火正时和配气相位正确、气门间隙正确、进气系统无泄漏和堵塞现象。

1. 利用气压表检测

1）拆下氧传感器。

2）在该处接上气压表，该表的度量范围为 0~30kPa。

3）起动发动机，并使发动机温度达到 85℃ 以上。

4）将发动机转速加速到 2500r/min。

5）读取气压表的读数，即为排气管的背压。其值应在 13.8kPa 以下才正常，否则说明排气系统存在堵塞。

2. 利用废气分析仪检测

将废气分析仪的探头插入排气管口，读取废气中的 HC 值。然后将发动机转速加速到 2500r/min，再读取 HC 值，若 HC 值升高，则表示排气阻力过大。

2.7 技能训练

技能训练一　检测气缸压力和漏气量

1. 实训要求

1）掌握气缸压力的检测方法。

2）查阅维修手册，判断气缸压缩压力是否符合技术标准。

2. 主要实训器材

1）实训轿车 1 辆。

2）气缸压力表 1 个。

3）火花塞扳手 1 个。

4）维修手册（与考试车型相同）。

5）常用修理工具 1 套。

3. 操作步骤

1）发动机正常运转，使冷却液温度达 75℃以上。

2）停机后，拆下空气滤清器，用压缩空气吹净火花塞或喷油器周围的灰尘和脏物，然后卸下全部火花塞或喷油器（图 2-67），并按气缸次序放置。节气门和阻风门置于全开位置。

说明：对于汽油机，还应把分电器中央电极高压线拔下并可靠搭铁，以防止电击和着火。

3）用起动机转动曲轴 3~5s（不少于四个压缩行程），发动机转速保持在 150~180r/min（柴油机为 500r/min），待压力表头指针指示并保持最大压力后停止转动。取下气缸压力表，记下读数，按下单向阀使压力表指针回零。按上述方法依次测量各缸，每缸测量次数不少于两次。就车检测柴油机气缸压力时，应使用螺纹接头的气缸压力表，如图 2-68 所示。

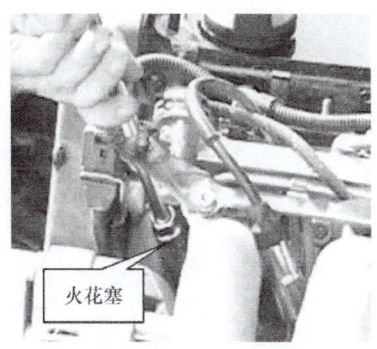

图 2-67　拆卸火花塞

图 2-68　测量压力

4）诊断参数标准。气缸压缩压力标准值由制造厂提供。大修竣工发动机的气缸压力应符合原设计规定，每缸压力与各缸平均压力的差，汽油机不超过8%，柴油机不超过10%。

5）结果分析。若测量结果高于原设计规定，并不一定是气缸密封性好，要结合使用和维修情况进行分析。这种情况有可能是燃烧室内积炭过多、气缸衬垫过薄或缸体与缸盖接合平面经多次修理加工过甚造成的。若测量结果低于原设计规定，可向该缸火花塞或喷油器孔内注入适量机油（20mL），然后用气缸压力表重测气缸压力并记录。

① 如果第二次测出的压力比第一次高，接近标准压力，表明是气缸、活塞环、活塞磨损过大或活塞环对口、卡死、断裂及缸壁拉伤等原因造成气缸不密封。

② 如果第二次测出的压力与第一次略同，即仍比标准压力低，表明是进、排气门或气缸衬垫不密封。

③ 两次检测结果均表明某相邻两缸压力都相当低，说明是两缸相邻处的气缸衬垫烧损窜气。

说明：用气缸压力表测量气缸压力，必须把火花塞拆下，一缸一缸地进行，费时费力，且测量误差较大。这种方法的测量结果不但与气缸内各处的密封程度有关，而且还与曲轴的转速有关。研究表明，只有当曲轴转速超过1500 r/min以后，压缩压力才变化不大。但在低速范围内，即使较小的转速差也能引起压缩压力测量值的较大变化。所以，在检测气缸压力时，准确地监控曲轴的转速，是减小测量误差，获得正确测量结果的重要保证。

技能训练二 检测进气歧管真空度

1. 实训要求

1）掌握进气歧管真空度的检测方法。

2）查阅手册，判断进气歧管的压力是否符合技术标准。

2. 主要实训器材

1）轿车1辆（或发动机台架）。

2）真空表1个。

3）发动机转速表1个。

4）常用维修工具1套。

5）维修手册。

3. 操作步骤

1）将真空表接在节气门的后方	
2）汽油机在正常状态下，按规定的怠速值无负荷运转	
3）拆下空气滤清器，查看真空表的读数和指示状态	
4）根据技术数据，判断所测发动机的技术状况	

发动机密封性能状态说明：

1）怠速时，表针应稳定在 64~71kPa 之间（摆幅的大小、摆速的快慢与密封性、空燃比及点火性能有关）。

若怀疑某缸工作不良，可采用单缸断火法诊断，进气管真空度（Δp_x）的跌落值应越大越好，它是判断各缸工作好坏的指标（点火、喷油、密封）。

2）迅速开闭节气门，若表针在 6.7~84.6kPa 之间灵敏摆动，说明 Δp_x 对节气门开度变化的随动性较好，意味着各部位在各工况的密封性均较好。

若密封性不好,怠速时 Δp_x 低于正常值,且明显不稳;迅速打开节气门时,表针会跌落到零,关闭后也会不到 84.6kPa 处。

为了验证各缸密封性的好坏,应将真空表换接在机油尺处,曲轴箱内的压力应为负值。若为正值,说明密封性不好,或 PCV 通风阀堵塞。

技能训练三　检测汽油机燃油压力

1. 实训要求

1)掌握燃油泵工作原理。

2)能够正确检测燃油压力。

2. 主要实训器材

1)实训轿车 1 台。

2)燃油压力表 1 个。

3)专用油管接头 1 套。

4)维修手册。

5)常用修理工具 1 套。

3. 操作步骤

1)释放燃油压力,在进油管接头下垫一块毛巾或棉纱,小心松开进油管接头,让流出的燃油被毛巾或棉纱吸掉,如图 2-69 所示。

2)将燃油压力表串接在进油管中,如图 2-70 所示。

3)起动发动机,让燃油泵运转。

4)打开燃油压力表开关,观察燃油压力:

① 若油压过高,应检查油压调节器、燃油泵。

② 若油压过低,应检查油管有无弯折或堵塞,燃油泵、油压调节器工作是否正常,燃油滤清器是否堵塞。

5)燃油泵停止运转 10min 后,保持油压不低于 150kPa。

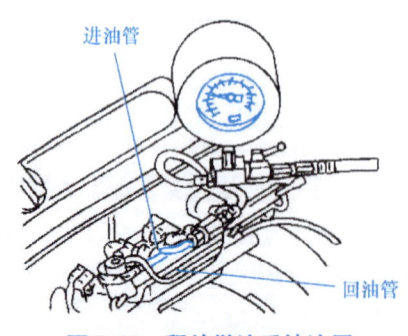

图 2-69　释放燃油系统油压

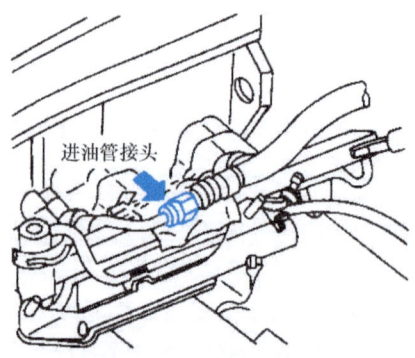

图 2-70　燃油压力表安装

技能训练四　拆装、检测气缸体、气缸盖

1. 实训要求
1）正确拆装气缸盖。
2）正确检测气缸体、气缸盖。

2. 主要实训器材
1）发动机台架1台。
2）常用维修工具1套。
3）直尺1把。
4）塞尺1把。
5）平台。

3. 操作步骤
（1）拆卸气缸盖

1）拆下正时带后护罩	
2）拆下凸轮轴正时齿轮后护罩	
3）拆下气门室罩盖压条螺母，拧下机油加注口盖，取下气门室罩盖压条，最后取下气门室罩盖	

（续）

4）取出气门室罩盖密封垫	
5）拆卸气缸盖螺栓 **说明**：按照右图编号 1~10 的顺序依次分 2~3 次拧下气缸盖螺栓。如果螺栓不按正确顺序拆除，有可能损坏气缸盖	 
6）依次用套筒或吸棒取出缸盖螺栓 **注意**：每个螺栓对应的位置不要搞错	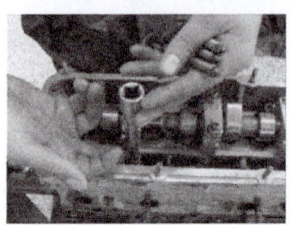
7）拆下气缸盖 **注意**：若气缸盖粘住，可用木锤轻击气缸盖四周使其松动，不准用螺钉旋具或撬棒插入缝口硬撬，以免损坏气缸盖垫和刮伤缸体、缸盖平面	
8）取下气缸垫	

（2）检测气缸套

1）校表。将外径千分尺校准到被测气缸的标准尺寸，将量缸表校准到外径千分尺尺寸，转动表盘，指针调零并记住小指针指示的毫米数

2）将量缸表在磨损最大部位的横断面上测量，然后旋转90°再次测量，两读数差值的1/2即为该气缸的圆度误差

3）用同样方法将量缸表下移至气缸中部和距气缸下边沿10mm左右处进行测量

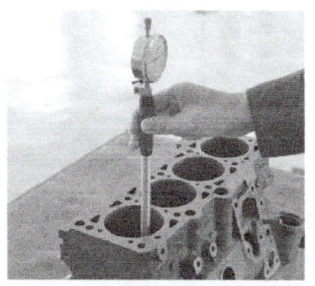

4）三处测量尺寸最大与最小读数差值的1/2，即为此气缸的圆柱度误差

5）确定修理尺寸。
- 修理尺寸 = 气缸最大磨损直径 + 镗磨余量。
- 镗磨余量一般取 0.10~0.20mm。

（3）检测气缸盖

1）将所测气缸盖倒放在检测平台上

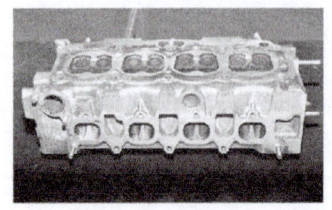

2）将直尺或刀口形直尺沿一条对角线贴靠在缸盖下平面上，在直尺或刀口形直尺与缸盖下平面间的缝隙处插入塞尺，所测数值即为缸盖的下平面度

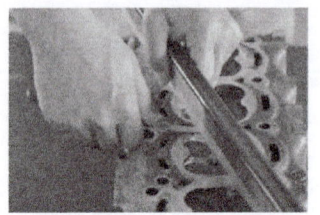

3）同样，将直尺或刀口形直尺沿另一条对角线贴靠在缸盖下平面上，在直尺或刀口形直尺与缸盖下平面间的缝隙处插入塞尺进行测量

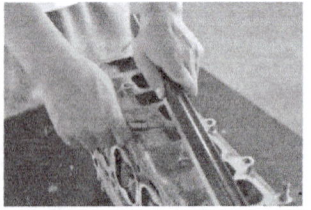

4）将所测缸盖侧放在检测平台上，用同样方法检测侧平面度

（4）气缸盖的安装

① 全面清洁气缸盖下平面和缸体上平面及气缸垫。

② 在气缸垫两面涂上一层薄机油或石墨脂，装于气缸体上。铸铁缸盖的气缸垫翻边应朝上；铝合金缸盖的气缸垫翻边应朝下。

③ 装上气缸盖。

注意：每个缸盖的第1、3火花塞孔下部各有一个定位孔要与缸体上的定位环对准。同时气缸垫也是以这两个定位环定位的，以保证缸孔、水道、油道孔、螺栓孔均能准确的对准。

④ 将缸盖螺栓的螺纹部位涂少量机油，旋入螺孔。

⑤ 用原厂规定的力矩分 2~3 次逐渐拧紧螺栓。螺栓拧紧顺序如图 2-71 所示。

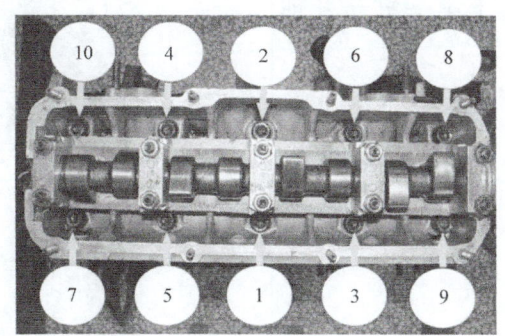

图 2-71　缸盖螺栓拧紧顺序

技能训练五　拆装、检测活塞、活塞环

1. 实训要求

1）掌握活塞连杆组的结构。

2）正确拆装活塞连杆组。

3）能够检测活塞、活塞环。

2. 主要实训器材

1）1 台发动机气缸体台架。

2）常用修理工具 1 套。

3）活塞环钳 1 把。

4）活塞环箍 1 只。

5）塞尺 1 把。

3. 操作步骤

（1）拆卸

1）将第一缸活塞转至下止点的位置	
2）均匀分 2~3 次拆下第一缸连杆轴承盖上的螺栓	
3）取下轴承盖	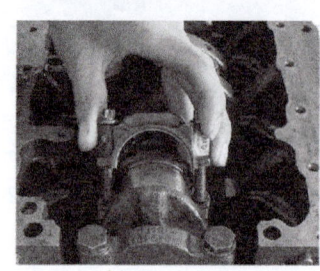
4）取出活塞连杆组	
5）将取下的活塞连杆组重新组合起来，做上第一缸的标记 **注意**：连杆与轴承盖的方向	

（续）

6）拆下其余的活塞连杆组，每组活塞必须做好记号，以防装复时顺序弄乱	
7）用活塞环拆装钳拆下活塞环	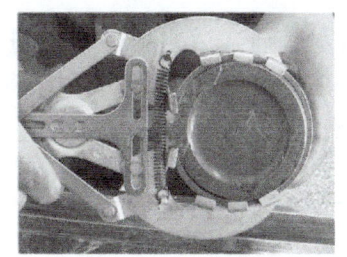
8）用尖嘴钳拆下活塞销卡环	
9）取出活塞销	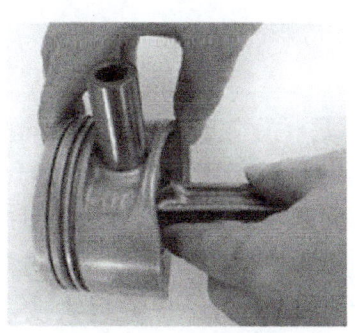

（2）活塞环的检查

1）活塞环端隙的检验。将活塞环放在气缸内，用活塞顶将活塞环推正	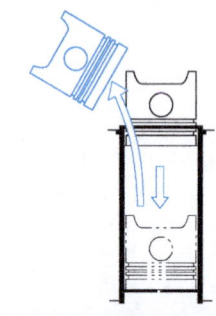
2）用塞尺插入活塞环开口处进行测量，其间隙值应符合要求	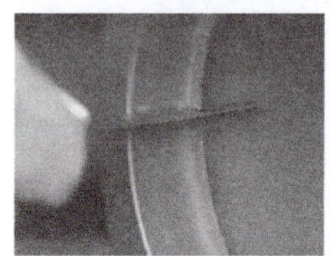
3）活塞环边隙的检查。检查时，将环放在环槽内。使活塞环围绕槽转动一圈，环在环槽内应能自由转动，即无阻滞现象	
4）用塞尺测量边隙，应符合要求	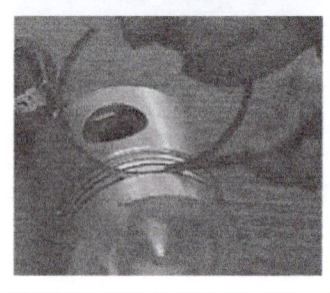
5）活塞环背隙的检查。将活塞环放入环槽内，活塞环的宽度应低于活塞环槽岸；用深度游标卡尺测量时，环槽深度与环的宽度之差即为环的背隙，一般为0~0.35mm。背隙过大或过小，都应重新选配	

（3）活塞的检查

1）检查活塞裙部的磨损	
2）在与活塞销垂直的方向，用外径千分尺测量活塞裙部直径。根据活塞修理尺寸级别选配活塞	

（4）安装

1）将活塞置于水中加热到70~80℃取出，擦拭干净。在座孔和活塞销上涂上薄薄一层机油，用大拇指把活塞销推入座孔，并迅速通过连杆小头衬套孔，直至另一侧销座孔的锁环槽边	
2）装上活塞销两边的锁环。有磨损台阶的锁环应予以更换	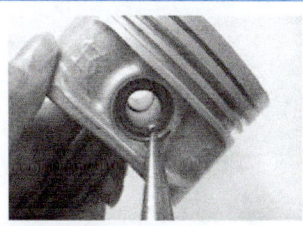
3）安装活塞环	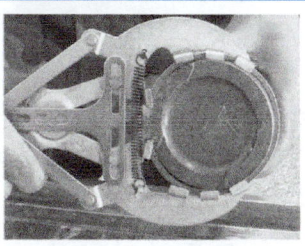

技能训练六　拆装、检测曲轴飞轮组

1. 实训要求

1）掌握曲轴飞轮组的结构。

2）正确拆装、检测曲轴飞轮组。

2. 主要实训器材

1）发动机（翻转台架）1 台。

2）常用维修工具 1 套。

3）平台。

4）V 形块 1 对。

5）千分尺 1 把。

6）百分表及磁力表座 1 套。

7）维修手册。

8）抹布。

3. 操作步骤

（1）操作前准备工作

准备好所需的工具、物品等。检查拆装台架完整情况、是否安全固定	

（2）拆卸飞轮

1）按规定拆卸飞轮	
2）用右图所示的方法单方向固定曲轴，防止拆卸飞轮螺栓时，曲轴旋转	

（续）

3）对角分 2~3 次拧下飞轮上的 6 个固定螺栓，取下飞轮	
（3）拆卸曲轴	
1）对角分 2~3 次拧下曲轴后油封凸缘的 6 个固定螺栓。用橡胶锤轻击并取下曲轴后油封凸缘	
2）拆曲轴主轴承盖	
3）按右图所示的顺序分 2~3 次均匀拆下主轴承盖 10 个固定螺栓	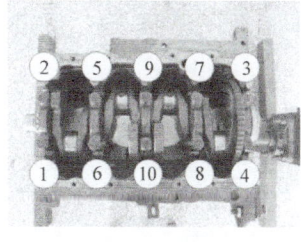
4）取下轴承盖	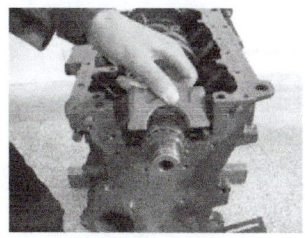

（续）

5）取下带止推片的第三道轴承盖	
6）把下轴承和主轴承盖放在一起	
7）抬出曲轴	
8）取下曲轴上轴瓦	

（4）曲轴的检测

1）曲轴裂纹的检测

曲轴取出经清洗后，首先检查主轴颈各连杆轴颈表面有无毛糙、疤痕和凹槽，然后检查有无裂纹

目视检查曲轴裂纹。曲轴裂纹多发生在曲柄臂与轴颈之间的过渡圆角处，以及油孔处，前者是横向裂纹，危害极大，若有裂纹应更换曲轴；后者是轴向裂纹，必要时也应更换曲轴

2）曲轴弯曲的检测。将曲轴放在检验平板的V形块上，将百分表测头垂直地触及中间一道主轴颈，转动曲轴，此时百分表指针所示的最大摆差（径向圆跳动误差）即为曲轴主轴颈的同轴度误差。一般要求轿车的同轴度误差不大于0.06mm，否则予以校正。低于此限，一般可结合磨削轴颈予以修正，无法修磨校正时应予以报废

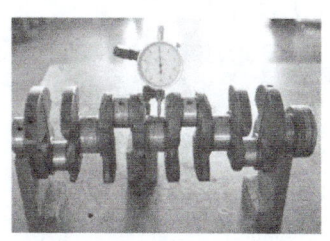

3）曲轴扭转的检测。检测曲轴扭转变形时，仍采用上述设备，将曲轴置于检验平板的V形块上，将第一、第六缸连杆轴颈转到水平位置上，用百分表测量两轴颈至平板的距离，求得同一方位上两高度差 ΔA，即可求得曲轴扭转变形的扭转角 θ

$$\theta = 360\Delta A/(2\pi R) \approx 57\Delta A/R$$

式中　R——曲柄半径

4）曲轴轴颈磨损的检测。曲轴轴颈的磨损通常都用外径千分尺来测量。每个轴颈测量两个截面，每个截面测量3~4个点的直径。将每次测量的直径记录下来，最后计算出曲轴各轴的圆度误差和圆柱度误差，计算方法与测量气缸的相同

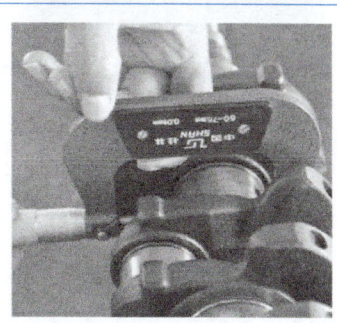

技能训练七　拆装、检测凸轮轴

1. 实训要求

1）正确拆装凸轮轴。

2）检查凸轮轴的弯曲变形。

3）检查凸轮轴轴颈和凸轮的磨损。

4）检查凸轮轴的裂纹及其他损伤。

2. 主要实训器材

1）气缸盖组件。

2）气门弹簧拆装钳 1 把。

3）外径千分尺 1 把。

4）百分表 1 只。

5）V 形块 1 对。

6）常用维修工具 1 套。

3. 操作步骤

（1）分解气缸盖

1）将气缸盖总成平放在工作台上	
2）拆下凸轮轴正时齿轮	
3）从凸轮轴上取下半圆键	

（续）

4）拆卸凸轮轴轴承盖 **提示**：先交替对角松开第1、3、5号凸轮轴轴承盖，然后交替对角松开第2、4号轴承盖	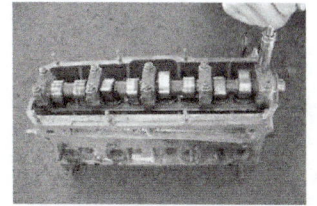
5）取出凸轮轴和凸轮轴油封	
6）取出各缸的液力挺柱 **提示**：拆卸时将液力挺柱做上标记，液力挺柱不可互换	
7）用气门弹簧拆装钳将气门弹簧座压下，取出气门锁片和气门弹簧	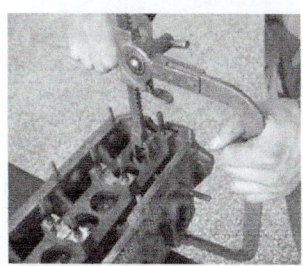
8）取出各缸的进、排气门 **提示**：拆卸时必须将气门做上标记，气门不可互换	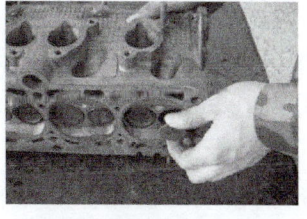
9）用气门油封钳取出气门油封	

(续)

10）用专用工具取出气门导管	
（2）检测凸轮轴	
1）凸轮磨损的检测。用外径千分尺测量凸轮的全高与凸轮基圆直径的差值来确定凸轮的磨损程度。凸轮磨损超过规定值时应换用新件	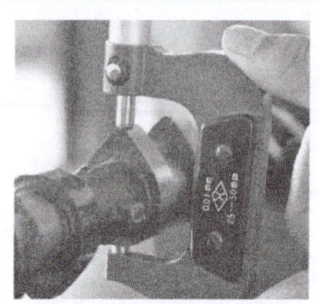 
2）凸轮轴弯曲变形的检测。将凸轮轴放在平台的V形块上，以两端轴颈为支点。将百分表测头抵在中间的轴颈上，并缓慢转动凸轮轴一周，若百分表摆差超过0.10mm，应采用冷压法校正，校正后的弯曲度应不大于0.03mm	
3）凸轮轴轴颈的检测。凸轮轴轴颈磨损的检测。用外径千分尺测量轴颈的圆度及圆柱度误差，若超过规定值，应按修理尺寸磨削轴颈，即缩小轴颈尺寸，配用相应修理尺寸的凸轮轴轴承	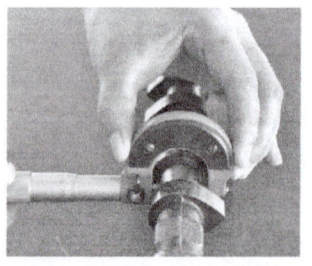

（续）

4）凸轮轴其他损伤的检修。
● 凸轮轴上驱动分电器及机油泵的传动齿轮的磨损不应超过规定值，否则，应换用新件
● 凸轮轴上偏心轮表面磨损不应超过规定值，否则换用新件
● 正时齿轮键与键槽磨损不应超过规定值，否则应换新键
● 凸轮轴装正时齿轮固定螺母的螺纹损坏时，若多于两牙，可堆焊修复、重新车螺纹或换用新件

技能训练八　检测电动燃油泵

1. 实训要求
1）检查电动燃油泵的电压。
2）检查电动燃油泵的电阻。

2. 主要实训器材
1）电控汽车1辆。
2）万用表1只。
3）常用维修工具1套。
4）发光二极管1只。

3. 操作步骤

1）将点火开关接通，不起动发动机，用手触摸电动燃油泵，应能感到2s的转动	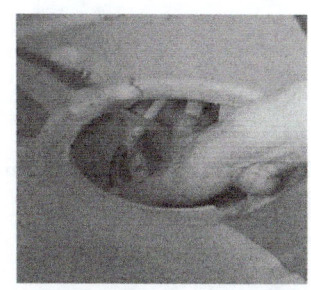
2）燃油泵不转动，应检查中央线路板上的燃油泵熔丝	

（续）

3）熔丝正常，将发光二极管测试灯的一端接地，另一端接熔丝插座。短暂起动发动机，测试灯应闪亮。若试灯不亮，应检查线路	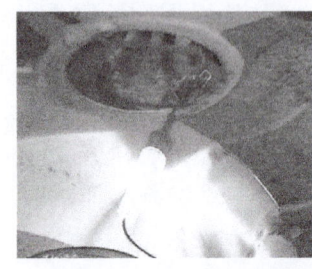
4）熔丝和线路无故障时，应检查继电器	
5）检查时，关闭点火开关，取下燃油泵继电器，继电器内部电路和插脚编号印在外壳上，检查时用万用表电阻档测量30和87插脚间的电阻，阻值应为无穷大	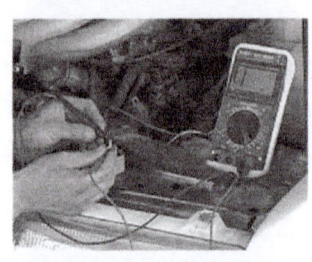
6）将12V直流电压接在85和86插脚上，此时应听到继电器"咔哒"的吸合声	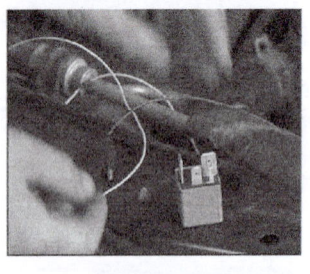
7）用万用表检测30和87插脚间的电阻，阻值应接近0Ω，否则更换继电器	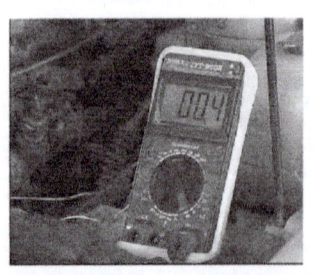

（续）

8）熔丝或继电器无故障时，检测燃油泵的供电。检测时关闭点火开关，拔下燃油泵插座，用万用表电压档测量插座两插孔间的电压，电压应高于11V	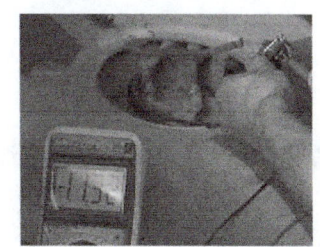
9）供电电压正常时，检查燃油泵电动机绕组电阻，用万用表测量油泵插座上两端子间的电阻值，阻值应为5~10Ω。若电阻为无穷大，则绕组断路。若电阻为零，电动机内部有短路故障。这两种故障均应更换燃油泵	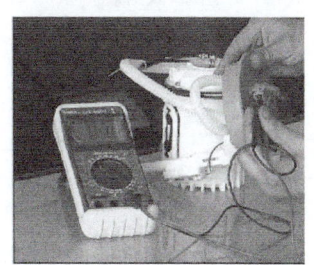

技能训练九　检测汽油机喷油器

1. 实训要求
1）能够检查喷油器的工作情况。
2）能够检测喷油器线圈的电阻。
3）能够识别喷油器的质量好坏。

2. 主要实训器材
1）丰田皇冠3.0型轿车1辆。
2）数字万用表，跨接导线。
3）常用拆装工具1套，一字槽螺钉旋具和十字槽螺钉旋具各1把。
4）超声波清洗机。

3. 操作步骤

1）检测喷油器时，起动发动机，怠速运转，用手触摸喷油器，应有脉动的振动感觉	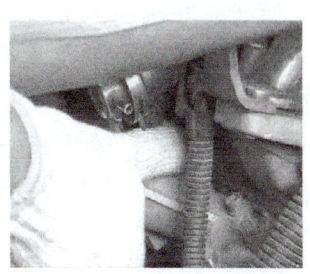

（续）

2）用螺钉旋具或听诊器与喷油器接触，应能感到有节奏的工作振动；否则表明喷油器工作不正常。应对喷油器和输入信号进行检查	
3）检测喷油器电磁线圈时，将发动机熄火，拔下喷油器线束插头，用万用表电阻档测量接线的电阻值，20℃时，阻值应为 12~16Ω，否则应更换喷油器	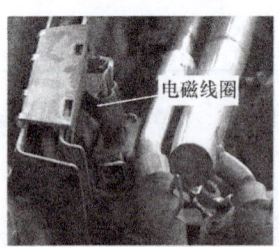 
4）检测喷油器的信号时，将发光二极管接到喷油器导线插头上，起动发动机，试灯应闪烁。若不亮或不闪烁，则控制电路有故障，可检查喷油器至ECU的线路和ECU输出信号是否有故障，也可用示波器检测波形，对控制电路进行检查	

(续)

5）检测喷油器的喷油量。检测时用导线分别将喷油器与蓄电池相连接，并用量杯测量一定时间内的喷油量，一般为50~70mL/15s，每个喷油器应重复测量2~3次。相互间的喷油量差值应小于10%。否则对喷油器进行清洗或更换	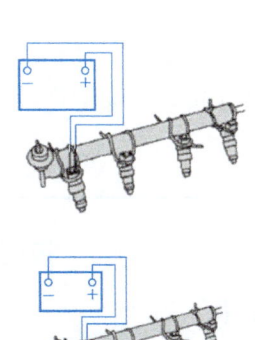
6）清洗喷油器时，用超声波清洗仪清洗喷油器，取下喷油器，连接供电插头	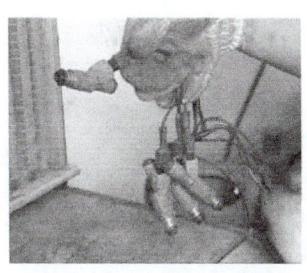
7）将喷油器放入清洗器中	

(续)

8）打开清洗机开关，开始清洗，清洗过程需要 10min，通常清洗 2 遍	

技能训练十　拆装增压器

1. 实训要求

1）掌握增压器的结构及工作原理。
2）按正确的方法拆装增压器。

2. 主要实训器材

1）大众 1.8T 轿车 1 辆。
2）常用维修工具 1 套。

3. 操作步骤

1）举升车辆，拆下下部发动机护板，排除冷却液 2）松开右图中箭头指示的空气导流管软管卡箍，拔下空气导流管并转到旁边	
3）拧出前消声器固定螺栓，松开右图中箭头所示的螺栓连接，并将夹套向后推，将前消声器略微降低并错开，然后用扎带和排气管固定在一起	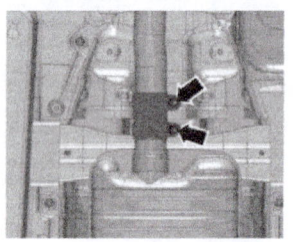
4）从车下拧下螺母 2，此步骤不拧下螺母 1	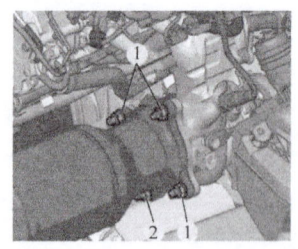

（续）

5）拧出机油回流管固定螺栓1，将支架的紧固螺栓2拧松两圈，不要取下

注意： 步骤1至步骤5均在车辆举升的情况下进行

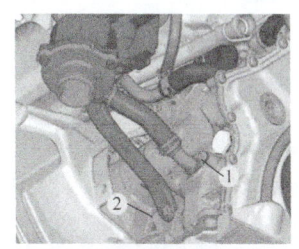

6）降下车辆，拆下发动机舱盖，断开蓄电池负极连接导线，拆卸空气滤清器壳体

7）从支架上取出并脱开氧传感器的插接器

8）将曲轴箱排气管的紧固螺栓从废气涡轮增压器上拧出

9）断开增压压力调节器、涡轮增压器循环空气阀的插接器

10）在发动机舱内拧出右图所示的螺母1，并向后推三元催化器

11）拆卸前氧传感器处的排气管隔热板紧固螺栓，并将隔热板取下

12）拧出冷却液回流管路紧固螺栓1并取下；拧出进油管路螺栓2，并取下进油管。最后拧出并取下箭头所指示的螺母

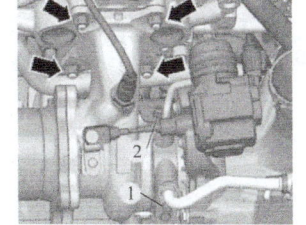

13）将右图冷却液管路的紧固螺栓1松开，并拔下冷却液进液管路2，沿图中箭头所示的方向将涡轮增压器拔离双头螺柱，并向上取出涡轮增压器

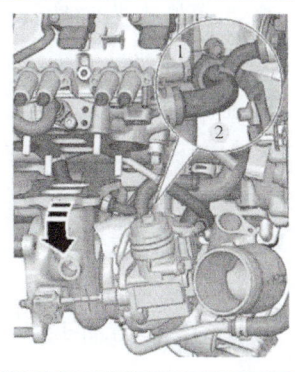

复习思考题

1. 气缸压力表分几种?
2. 如何分析气缸压力表测得的结果?
3. 汽油车尾气排放检测方法有几种?
4. 柴油车尾气排放检测方法有几种?
5. 汽车故障诊断仪的功能是什么?
6. 汽车故障诊断仪的操作基本分为几个步骤?
7. 故障码常见的显示方式有哪些?
8. 故障码的读取方法有几种?
9. 曲柄连杆机构由几部分组成?
10. 气缸体的作用是什么?
11. 气缸套分为几种?
12. 曲轴箱有几种结构型式?
13. 气缸体裂纹的检测方法是什么?
14. 量缸的具体方法是什么?
15. 活塞分为几部分?
16. 如何检查活塞油膜间隙?
17. 什么是活塞环的"三隙"?
18. 如何检查活塞环端隙?
19. 如何检查活塞环侧隙?
20. 连杆的作用是什么?
21. 连杆由几部分组成?
22. 如何检验连杆变形?
23. 连杆变形的修理技术标准是多少?
24. 曲轴的作用是什么?
25. 飞轮的作用是什么?
26. 如何检查曲轴裂纹?
27. 飞轮齿常见的损伤及原因是什么?
28. 配气机构有几种形式?
29. 配气机构由几部分组成?
30. 气门的锥角是多少?
31. 什么是配气相位?
32. 什么是气门间隙?
33. 气门间隙逐缸调整法的要领是什么?

34. 气门间隙两遍调整法的要领是什么？
35. 燃油供给系统由几部分组成？
36. 电子控制系统由几部分组成？
37. 燃油供给系统由几部分组成？
38. 空气供给系统由几部分组成？
39. 电控点火系统分几种类型？
40. 如何控制排放污染物？
41. 电控系统检修应注意哪些事项？
42. 点火系统检修应注意哪些事项？
43. 润滑系统由几部分组成？
44. 润滑系统的工作原理是什么？
45. 冷却系统由几部分组成？
46. 冷却系统的工作原理是什么？
47. 散热风扇的作用是什么？
48. 散热风扇的控制装置有哪些？
49. 增压器由几部分组成？
50. 如何检测气缸压力和漏气量？
51. 如何检测进气歧管真空度？
52. 如何检测汽油机燃油压力？
53. 如何检测气缸体及气缸套？
54. 如何检测活塞、活塞环及活塞销？
55. 如何检测连杆及轴承？
56. 如何检测曲轴主轴径与连杆轴径？
57. 如何检测凸轮轴？
58. 如何检测气缸盖？
59. 如何检测电动燃油泵？
60. 如何检测汽油机喷油器？

Chapter 3

项目 3
底盘检修

3.1 传动系统检修

3.1.1 传动系统组成与工作原理

1. 传动系统的分类及组成（表3-1）

表3-1 传动系统的分类及组成

名称	图示	说明
机械式传动系统	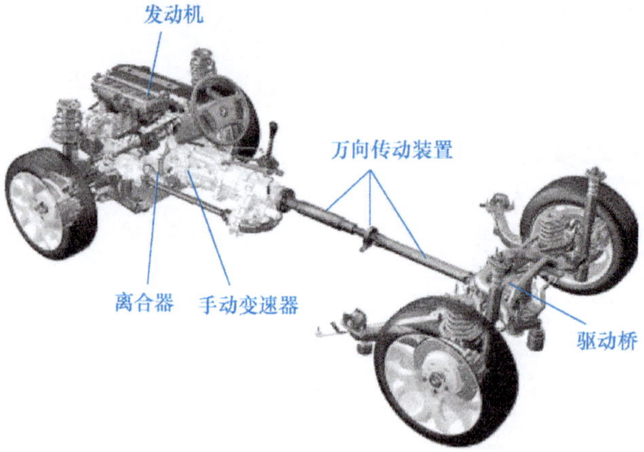 （发动机、万向传动装置、离合器、手动变速器、驱动桥）	机械式传动系统主要由离合器、手动变速器、万向传动装置和驱动桥组成。其中，万向传动装置由万向节和传动轴组成，驱动桥由主减速器和差速器组成
液力机械式传动系统	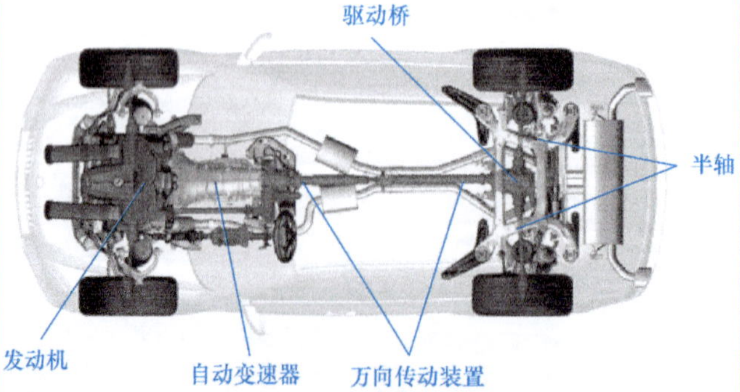 （驱动桥、半轴、发动机、自动变速器、万向传动装置）	液力机械式传动系统主要由液力变矩器、自动变速器、万向传动装置和驱动桥组成

2. 传动系统的布置型式（表3-2）

表3-2　传动系统的布置型式

名称	图示	说明
发动机前置后轮驱动	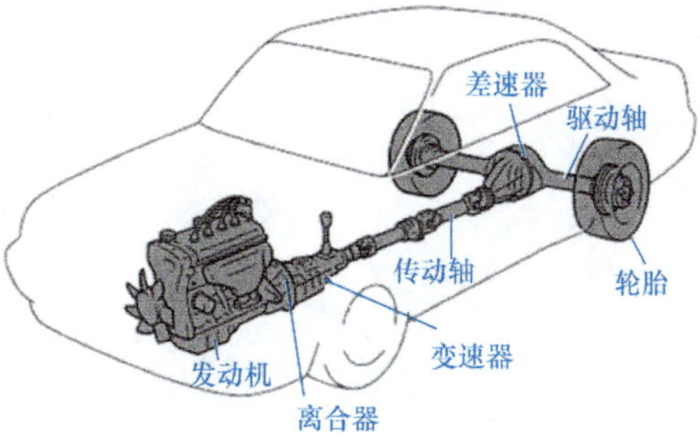	发动机布置在汽车前部，动力经过离合器、变速器、万向传动装置、后驱动桥，最后传到后驱动车轮，使汽车行驶。这是一种传统的布置型式，应用广泛
发动机前置前轮驱动	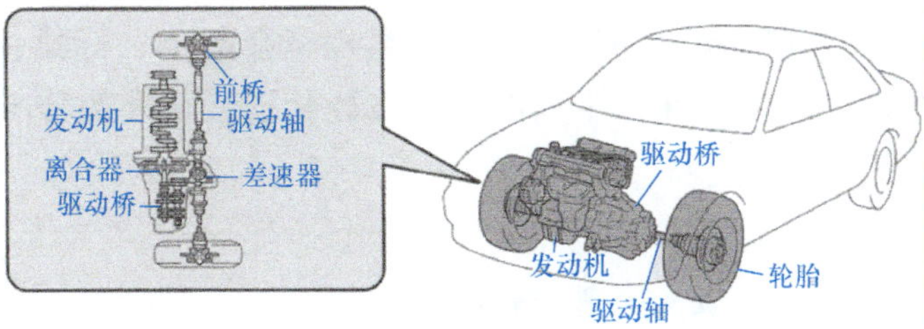	发动机布置在汽车前部，动力经过离合器、变速器、前驱动桥，最后传到前驱动车轮。这种布置型式在变速器与驱动桥之间省去了万向传动装置，使结构简单紧凑，整车质量小，高速时操纵稳定性好
发动机后置后轮驱动	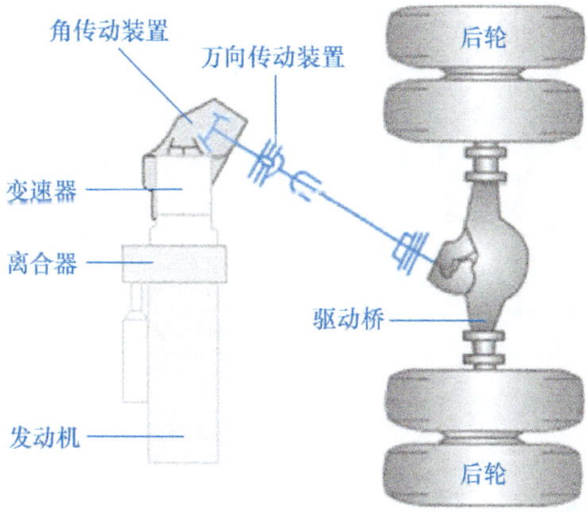	发动机布置在汽车后部，动力经过离合器、变速器、角传动装置、万向传动装置、后驱动桥，最后传到后驱动车轮，使汽车行驶。这种布置型式便于车身内部的布置，一般用于大型客车

（续）

名称	图示	说明
发动机前置全轮驱动	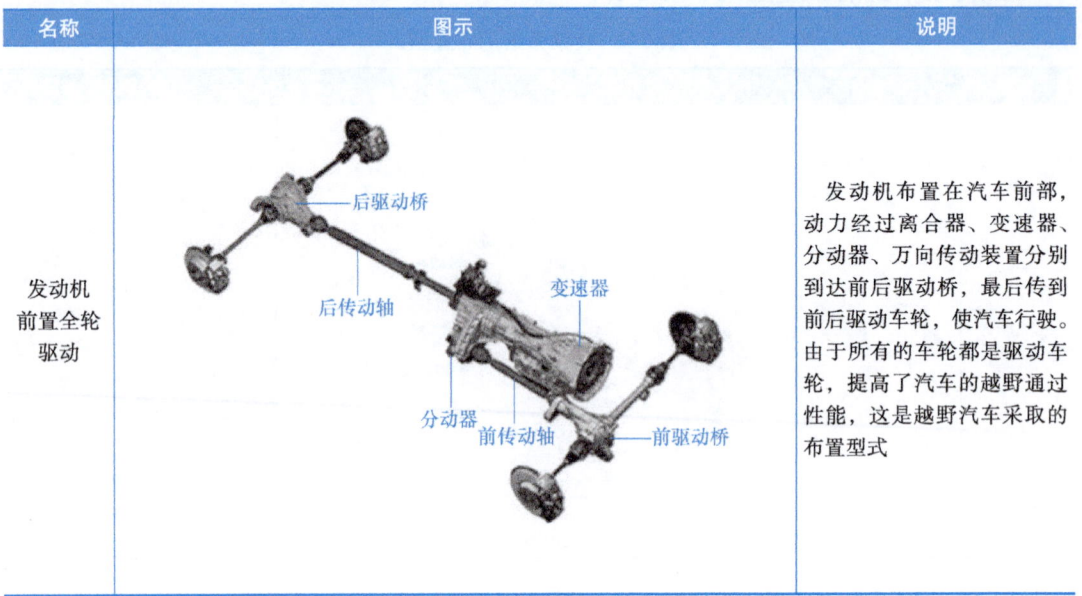	发动机布置在汽车前部，动力经过离合器、变速器、分动器、万向传动装置分别到达前后驱动桥，最后传到前后驱动车轮，使汽车行驶。由于所有的车轮都是驱动车轮，提高了汽车的越野通过性能，这是越野汽车采取的布置型式

3. 离合器

离合器主要用来接合或切断动力的传递，以满足汽车在起步、行驶、制动等情况时的需要。其安装在发动机的后面，主动部分与飞轮相连，从动部分与变速器相连，由驾驶人通过脚踩离合器踏板来操纵。

（1）离合器的分类（表 3-3）

表 3-3　离合器的分类

名称	图示	说明
膜片弹簧离合器		膜片弹簧离合器主要由从动盘、压盘、离合器盖、膜片弹簧及操纵机构等组成。离合器盖通过螺栓固定在发动机飞轮上，与飞轮一起转动。其中，膜片弹簧本身兼具压紧弹簧和分离杠杆的作用

（续）

名称	图示	说明
螺旋弹簧离合器	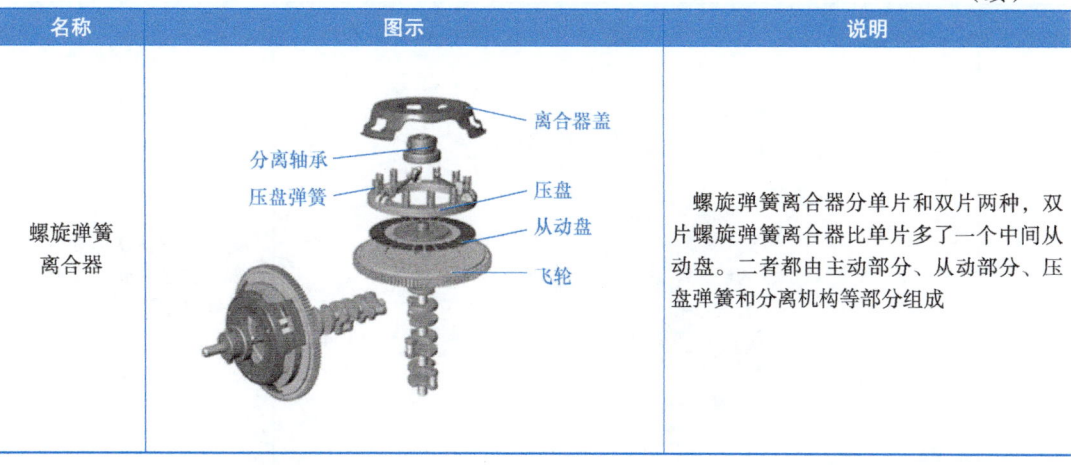	螺旋弹簧离合器分单片和双片两种，双片螺旋弹簧离合器比单片多了一个中间从动盘。二者都由主动部分、从动部分、压盘弹簧和分离机构等部分组成

（2）膜片弹簧离合器的结构　膜片弹簧离合器主要由主动部分、从动部分、压紧机构和操纵机构等部分组成，如图 3-1 所示，各部分介绍见表 3-4。

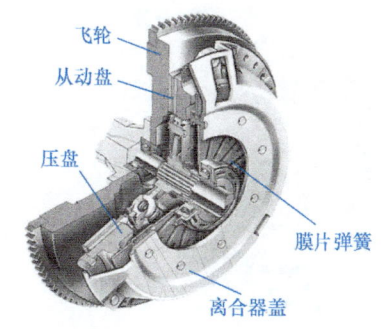

图 3-1　膜片弹簧离合器

表 3-4　膜片弹簧离合器各部分介绍

名称	图示	说明
主动部分		离合器的主动部分包括飞轮、离合器盖、压盘等，它们与发动机曲轴连在一起，并始终与曲轴一起转动

（续）

名称	图示	说明
从动部分	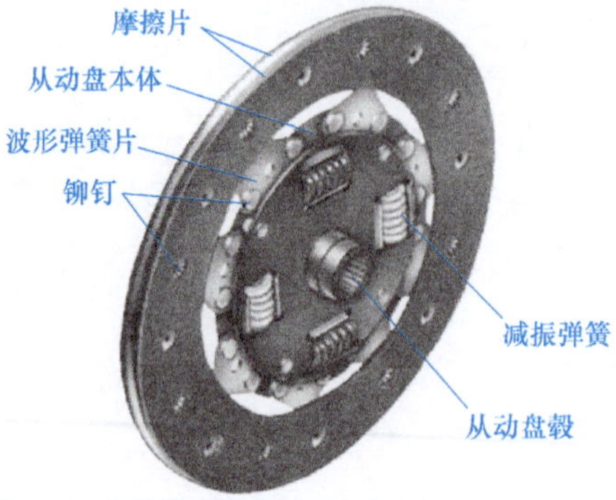	离合器的从动部分由减振弹簧、花键轴套、波形弹簧片、摩擦片等组成
压紧机构		离合器的压紧机构主要为膜片弹簧，以离合器盖为依托，将压盘压向飞轮，从而将从动盘压紧
操纵机构	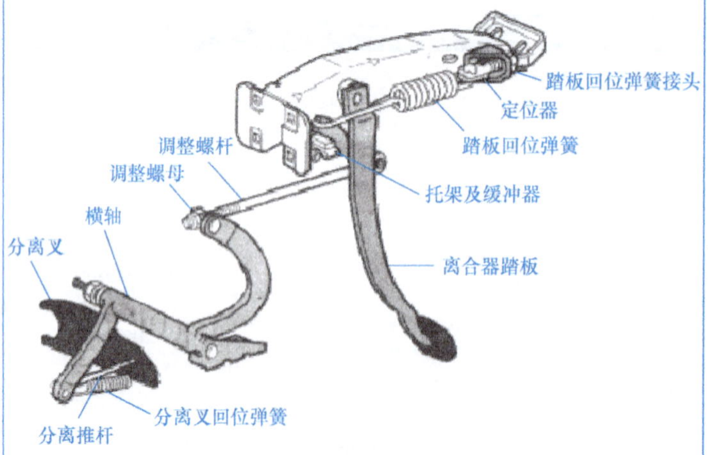 杆系传动操纵机构	杆系传动操纵机构结构简单，工作可靠，广泛应用于各型汽车上

（续）

名称	图示	说明
操纵机构	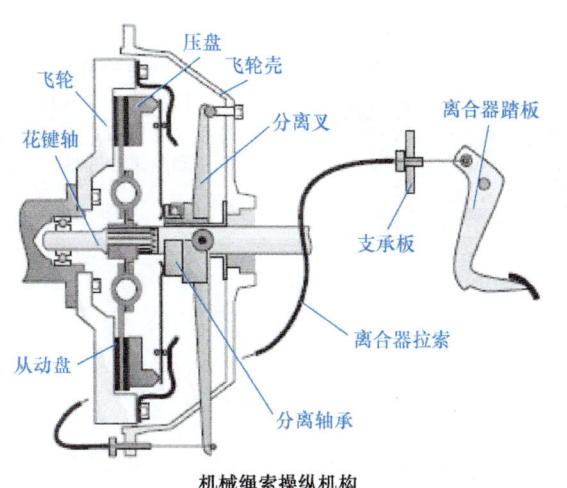 机械绳索操纵机构	机械绳索操纵机构的拉索一端连于踏板组件，另一端连于离合器分离叉的外端，此端上有螺纹，配有调整螺母和锁定螺母，可实现离合器踏板的自由行程调整
	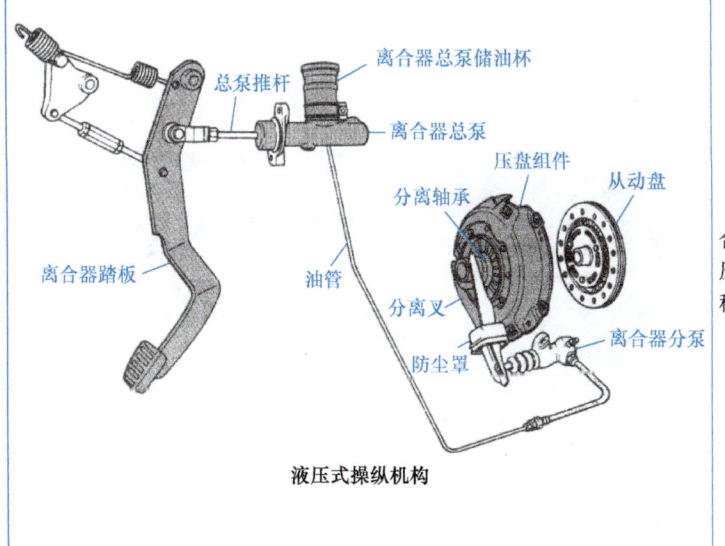 液压式操纵机构	液压式操纵机构主要由离合器主缸（也称为总泵）、液压管路和离合器工作缸（也称为分泵）组成

4. 变速器

（1）变速器的分类（表3-5）

表 3-5　变速器的分类

名称	图示	说明
手动变速器（MT）		手动变速器也称为手动档，即必须用手拨动变速杆才能改变变速器内的齿轮啮合位置，改变传动比，从而达到变速的目的
自动变速器（AT）	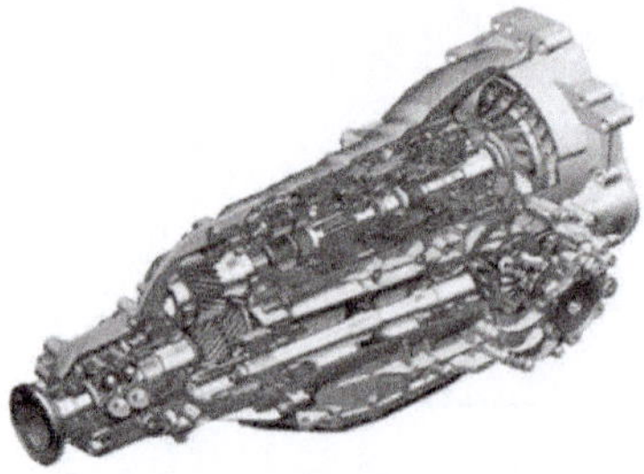	自动变速器利用行星齿轮机构进行变速，它能根据加速踏板开度和车速变化，自动地进行变速
手动/自动变速器		此类变速器在其档位上设有"+""-"选择档位。在D档时，可自由降档（-）或加档（+），如同手动档一样
无级变速器（CVT）	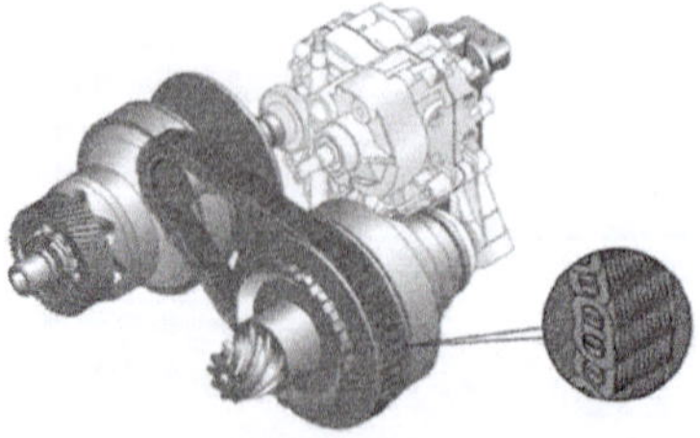	无级变速器是用两个滑轮和一个钢带来变速的，其传动比可以随意变化，没有换档的突跳感觉

（2）手动变速器的分类（表3-6）

表3-6 手动变速器的分类

名称	图示	说明
二轴式变速器	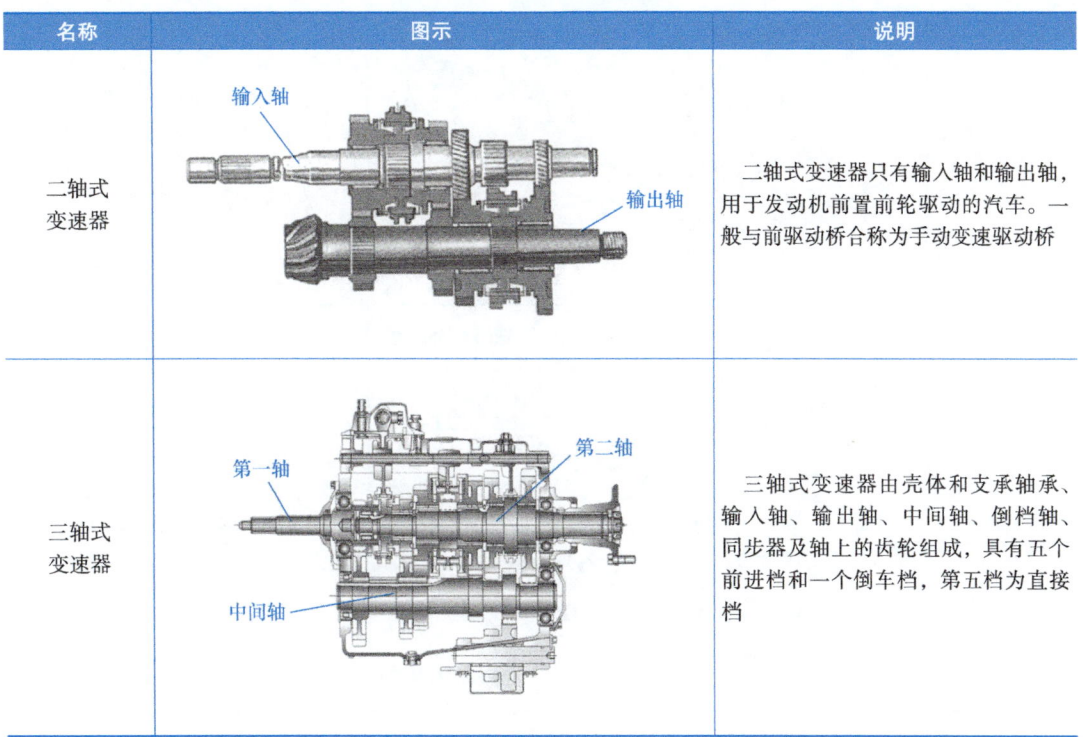	二轴式变速器只有输入轴和输出轴，用于发动机前置前轮驱动的汽车。一般与前驱动桥合称为手动变速驱动桥
三轴式变速器		三轴式变速器由壳体和支承轴承、输入轴、输出轴、中间轴、倒档轴、同步器及轴上的齿轮组成，具有五个前进档和一个倒车档，第五档为直接档

（3）手动变速器的组成　手动变速器由变速传动机构和变速操纵机构组成，如图3-2所示。

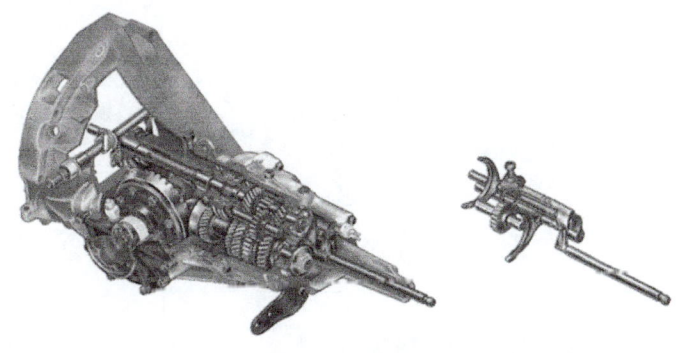

a）变速传动机构　　　　　　b）变速操纵机构

图3-2　手动变速器的组成

5. 万向传动装置

万向传动装置一般由两个万向节和一根传动轴组成，当传动距离较远时，还需采用分段式传动轴，在中部加装中间支承。万向传动装置的组成部件见表3-7。

表 3-7 万向传动装置的组成部件

名称	图示	说明
十字轴式刚性万向节	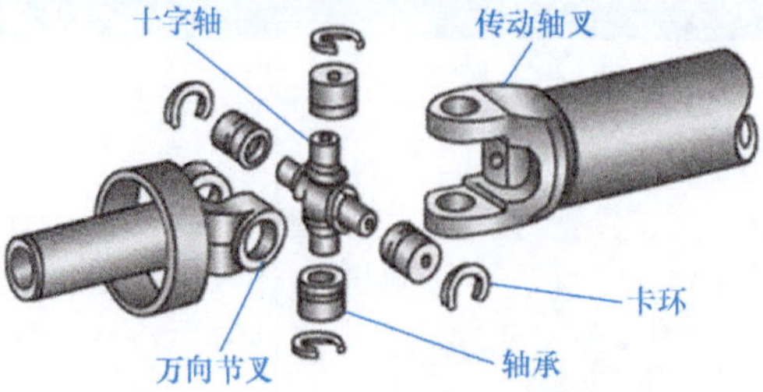	十字轴式刚性万向节又称不等速万向节，它允许相邻两轴的最大交角为15°~20°，在汽车上应用最广。两个万向节叉分别与主、从动轴相连
球笼式等速万向节	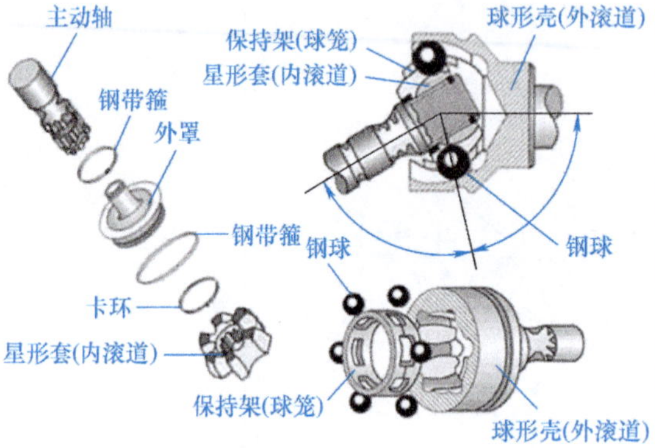	球笼式等速万向节由六个钢球、星形套、球形壳和保持架等组成
球叉式等速万向节	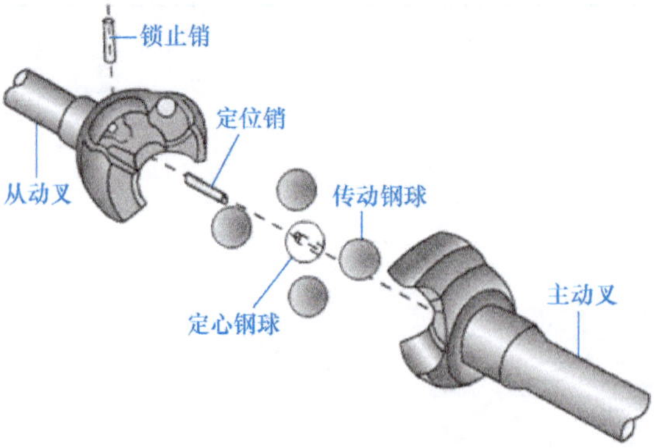	球叉式等速万向节由主动叉、从动叉、四个传动钢球、定心钢球、定位销、锁止销组成
传动轴及中间支承	 	在有一定距离的两部件之间采用万向传动装置传递动力时，一般需要在万向节之间安装传动轴。有些汽车没有传动轴，由变速器输出轴直接驱动左右半轴。有些汽车的传动轴是两段式的，在连接处装有中间轴承，这种类型的传动轴可有效避免因共振造成的破坏

6. 驱动桥

驱动桥的作用是降速增扭，改变动力传递方向，允许左右驱动轮以不同的转速旋转。驱动桥是传动系统的最后一个总成，它由主减速器、差速器、半轴和驱动桥壳等组成，见表3-8。

表3-8 驱动桥的组成

名称		图示	说明
主减速器	单级主减速器	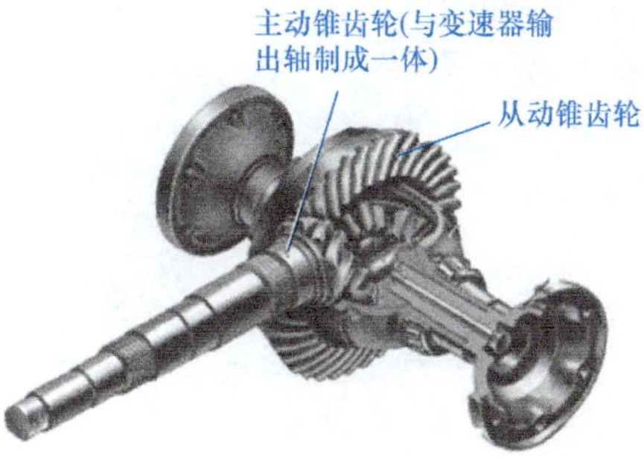 主动锥齿轮(与变速器输出轴制成一体) 从动锥齿轮	单级主减速器主要应用于中型以下货车及轿车 当发动机横向布置时，主减速器采用一对斜齿圆柱齿轮传动；当发动机纵向布置时，主减速器采用一对锥齿轮传动
	双级主减速器	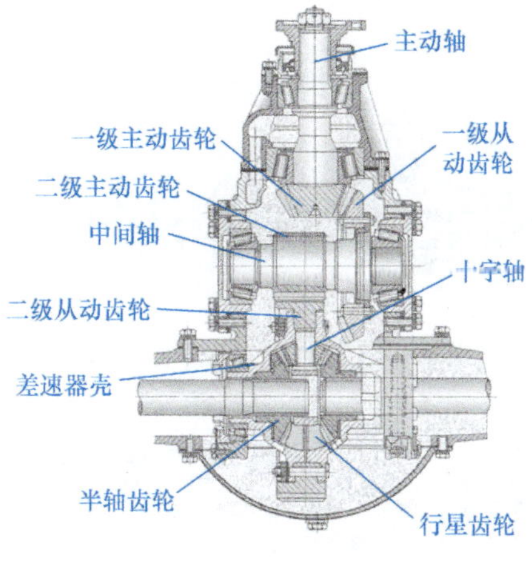 主动轴 一级主动齿轮　一级从动齿轮 二级主动齿轮 中间轴 十字轴 二级从动齿轮 差速器壳 半轴齿轮　行星齿轮	一些中型或重型汽车采用双级主减速器，第一级为锥齿轮传动，第二级为圆柱斜齿轮传动

（续）

名称	图示	说明
差速器	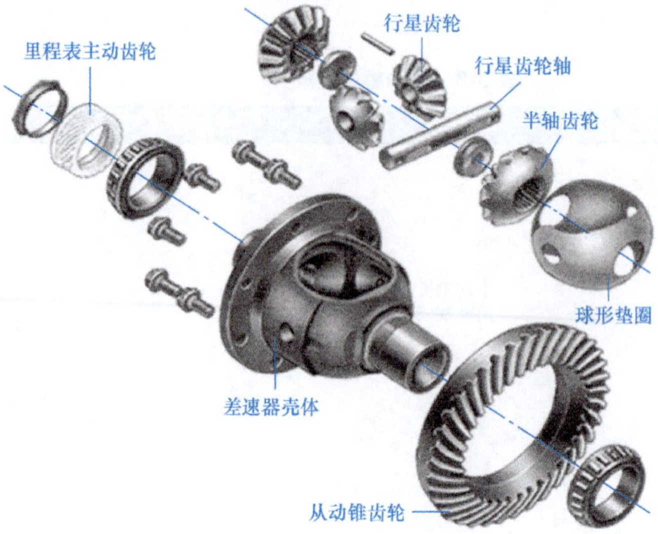	差速器的作用是将主减速器传来的动力传给左、右两半轴，并在必要时允许左、右半轴以不同转速旋转 汽车上普遍采用行星齿轮式差速器。它主要由差速器壳、行星齿轮架、行星齿轮、半轴齿轮等组成
半轴	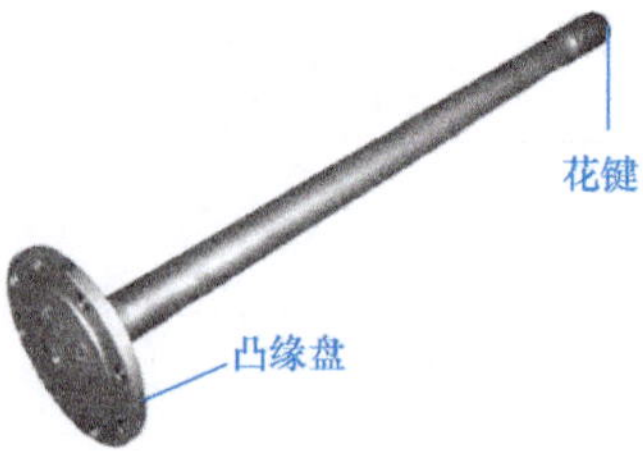	半轴用来将差速器半轴齿轮的输出转矩传到驱动轮或轮边减速器上
驱动桥壳	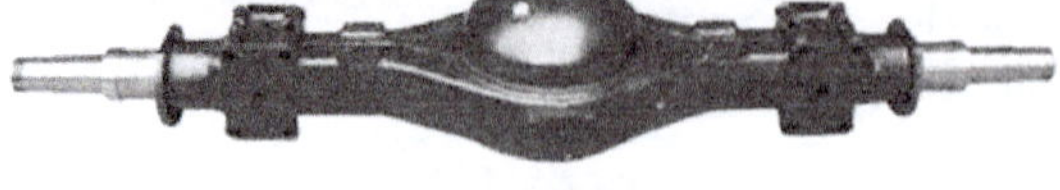 整体式驱动桥壳 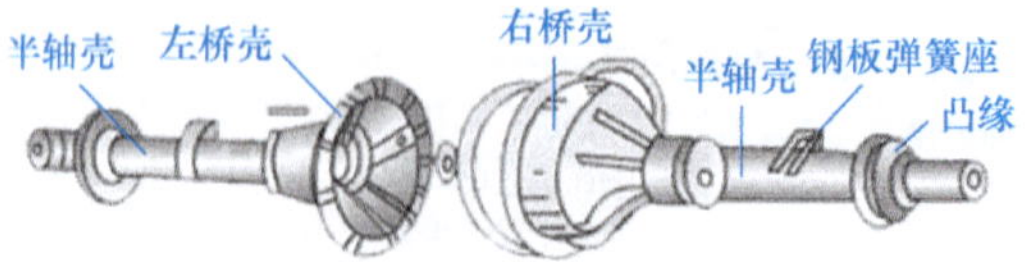 分段式驱动桥壳	驱动桥壳一般由主减速器壳和半轴套管组成。其内部用来安装主减速器、差速器和半轴等；其外部通过悬架与车架相连，两端安装制动底板并连接车轮，承受悬架和车轮传来的各种作用力和力矩。驱动桥壳分为整体式驱动桥壳和分段式驱动桥壳

3.1.2 离合器总成拆装技术要求

1）从飞轮上拆下离合器时，应仔细检查离合器盖及平衡垫片原有的记号，若没有记号，应打上记号再开始拆卸。

2）分解离合器时，为了防止离合器盖的变形及零件弹出，应在台虎钳或专用工装上分解。

3）分解离合器前，应该预先在离合器盖及压盘上做出装配的标记，以防止破坏离合器本身的平衡。

4）将拆下来的零件分类按顺序排好，并清洗干净，以防止错乱。

5）检查分离轴承及分离套筒，清洗并润滑。

6）检查从动盘，应特别注意从动盘毂铆钉及减振器的磨损，若损坏应更换从动盘总成。

7）注意安装时从动盘带减振弹簧凸出的一面朝向压盘。

8）离合器从动盘摩擦片不能有油污。

9）在安装前要检查从动盘毂花键与输入轴花键的配合情况，正常情况下运动自由，但不卡滞，不能有明显的松旷感。

10）离合器装配时，应注意零件间的相互次序，不能错装。离合器压盘装配完后，有条件的最好进行动平衡试验。

11）确定各部无疑后，将离合器安装到飞轮上，安装顺序和拆卸顺序相反。

3.1.3 手动变速器总成拆装技术要求

1）安装新变速器时，必须加足润滑油，加油量和润滑技术要求见各车技术要求。安装时，确保定位销正确定位。

2）更换纸基密封垫，更换O形密封环。安装前，轻轻地用油润滑外圆周，并用润滑脂填满油封唇口之间的空间。密封剂要涂抹均匀，不要太厚。

3）不要过分拉伸弹性挡圈，必要时更换。

4）按对角线顺序松开和拧紧固定盖和壳体的螺栓或螺母。

5）更换所有的自锁螺栓和螺母。

6）安装滚针轴承时，将有标志的一面朝向安装工具。

7）安装轴承前，用变速器油润滑所有变速器轴承。

8）同一轴上的一对圆锥滚子轴承一般应同时更换，轴承型号必须相同。

9）按公差范围选用厚度正确的调整垫片。

3.1.4 万向传动装置拆装技术要求

（1）清洗零件　待装零件应彻底清洗，特别是十字轴的油道、轴颈和滚针轴承，最好用清洁的煤油清洗，再用压缩空气吹干。装配时，应防止磕碰，并注意平衡片是否脱落。

（2）核对零件的装配标记　认真核对万向节、伸缩节等处的装配记号。在安装传动轴时，传动轴按记号原位装复；同一传动轴两端的万向节叉应装在同一平面内。

（3）十字轴的安装　十字轴上的加油孔要朝向传动轴，以便加注润滑脂。两偏置油嘴应相隔180°以保持传动轴的平衡。螺栓应按规定的力矩拧紧。

（4）中间支承的安装　将中间支承轴承对正压入中间传动轴的花键凸缘内，安装中间轴承，其轴承盖固定螺栓不可先拧紧。应在装配完毕后，试车走一段，使轴承自动找准中心，再进行旋紧。注意不可拧得过紧，以免将橡胶垫环压坏。

（5）加注润滑脂　用油枪加注汽车所规定的润滑脂。加注时，既要充分又不过量，以从油封刃口处或中间支承的气孔能见到少量润滑脂被挤出为止。

3.1.5　主减速器和差速器总成拆装技术要求

1）拆卸时做好装配记号。

2）拆卸的零件分开放置以防错乱。

3）解体前应对齿轮啮合间隙、轴承轴向间隙做初步检查。

4）安装时，将差速器总成装入主减速器壳内，将轴承外圈套上，再将调整螺母装在主减速器壳螺纹部分，然后将左右轴承盖仔细装上，注意对好螺纹，装上锁片并用螺母紧固(注意左右盖按记号装复，切不可调换位置)。慢慢拧动两端的调整螺母，调整差速器轴承的预紧度至规定值。

5）将已经调整好的主动轴总成装到主减速器壳上。主减速器壳内已装上主动锥齿轮后轴承外圈及滚子总成。装配时，应先用润滑脂涂抹滚子，使其紧贴于轴承外圈。同时轴承座装入时不要偏斜，主动轴总成则可顺利装入。

6）在紧固油封座和轴承座的螺栓时，应选择均匀分布的3或4个螺栓(不装弹簧垫圈)，对角交叉地均匀拧紧。忌用铜棒敲击凸缘端面的方法进行装配。

7）调整主、从动锥齿轮的啮合印迹和啮合间隙至规定值。

8）在差速器轴承盖上装上调整螺母的止动片，用螺栓紧固，并用锁片将螺栓头部锁住，同时将差速器轴承盖紧固螺栓的锁片锁好，再将紧固主动锥齿轮轴承座和油封座的螺栓装上弹簧垫圈拧紧（前文讲到为便于调整，装入时只装了3或4个螺栓，且不带弹簧垫圈）。

9）将从动锥齿轮支承螺栓调整至距从动锥齿轮背面0.3~0.5mm的位置。

10）主减速器装复后应转动自如，无卡滞、无松旷。

3.2 行驶系统检修

3.2.1 行驶系统组成与工作原理

汽车行驶系统的作用是支撑全车的质量并保证汽车正常行驶。行驶系统一般由车架、车桥、车轮和悬架等组成。

1. 车架（表 3-9）

表 3-9 车架

名称	图示	说明
边梁式车架	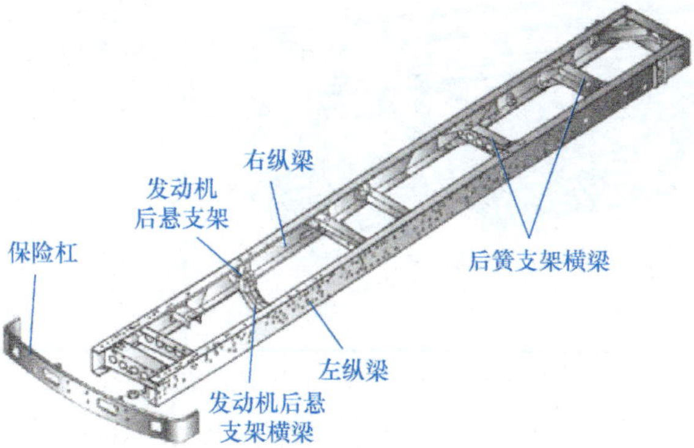	边梁式车架由两根位于两边的纵梁和若干根横梁组成。由于边梁式车架便于安装车身和布置总成，有利于车辆的改装变形和发展多品种，所以被广泛应用
中梁式车架	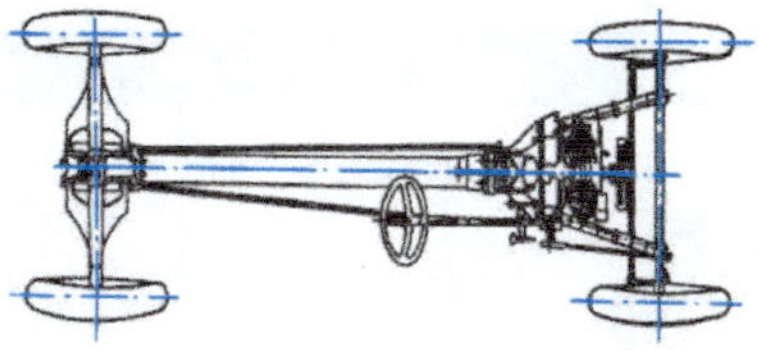	中梁式车架只有一根位于汽车中央的纵梁。纵梁断面为圆形或矩形，其上固定有横向的托架或连接梁，使车架成鱼骨状
综合式车架	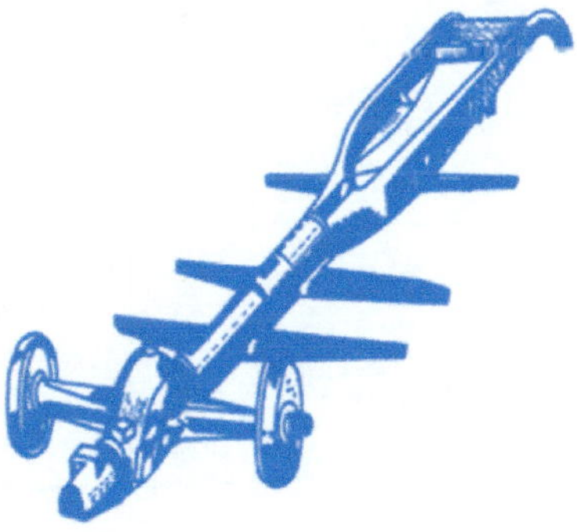	综合式车架前部是边梁式，后部是中梁式。它同时具有中梁式和边梁式车架的特点

（续）

名称	图示	说明
车身代替车架	 轿车车身 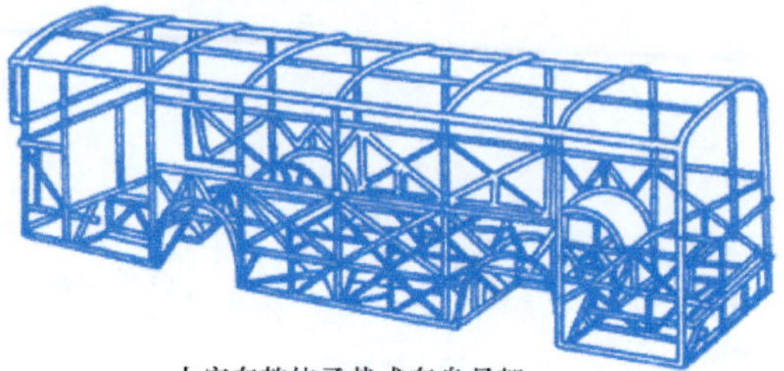 大客车整体承载式车身骨架	大多数轿车和部分大型客车取消了车架，而以车身兼代车架的作用，即将所有部件固定在车身上，所有的力也由车身来承受，这种车身称为承载式车身 承载式车身由于无车架，可以减小整车质量；可以使地板高度降低，使上、下车方便

2. 车桥（表3-10）

车桥通过悬架与车架相连，两端安装车轮，其作用是传递车架与车轮之间的各种力和力矩。车桥一般分为支持桥、转向桥、驱动桥和转向驱动桥四种类型。

表3-10 车桥

名称	图示	说明
支持桥		仅用于连接安装左右车轮，既不产生驱动力，也不实现转向
转向桥	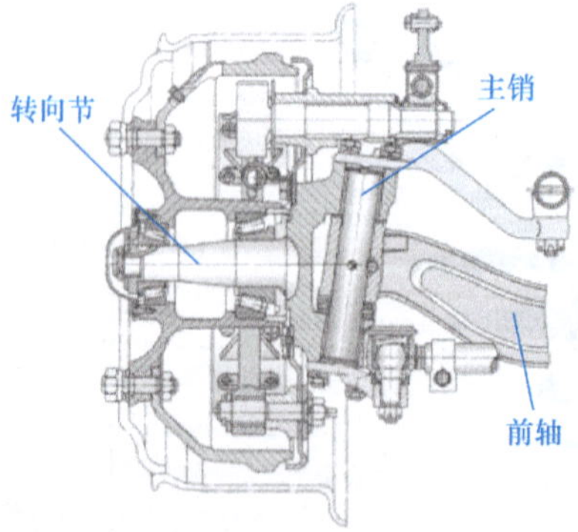	汽车前桥一般是转向桥，能使装在前桥两端的车轮偏转一定的角度，实现汽车转向。转向桥主要由前轴、转向节、主销和轮毂四部分组成

（续）

名称	图示	说明
驱动桥		驱动桥不仅用于承载，而且兼起驱动的作用
转向驱动桥	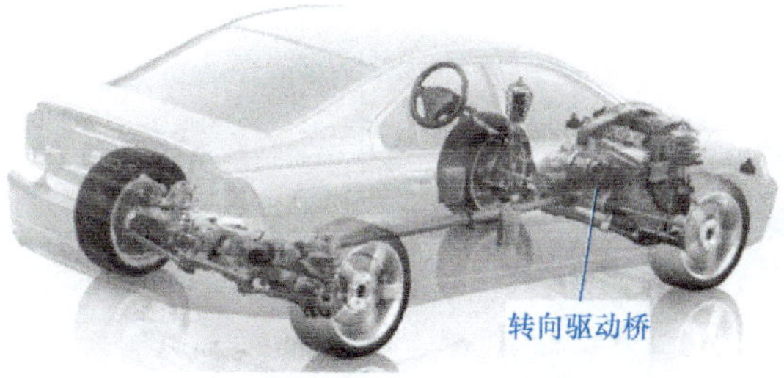 转向驱动桥	转向驱动桥是既能转向又能驱动的车桥。前轮驱动汽车和四驱汽车的前桥为转向驱动桥。现代轿车前桥广泛使用转向驱动桥

3. 悬架

悬架是车架与车桥之间的一切传力连接装置的总称。其作用是把路面作用于车轮上的力传递到车架上，减小汽车振动，以保证汽车的正常行驶。

汽车悬架一般由弹性元件、减振器和导向机构三部分组成。汽车悬架可分为非独立悬架和独立悬架，见表 3-11。

表 3-11　悬架

名称	图示	说明
非独立悬架及主要部件	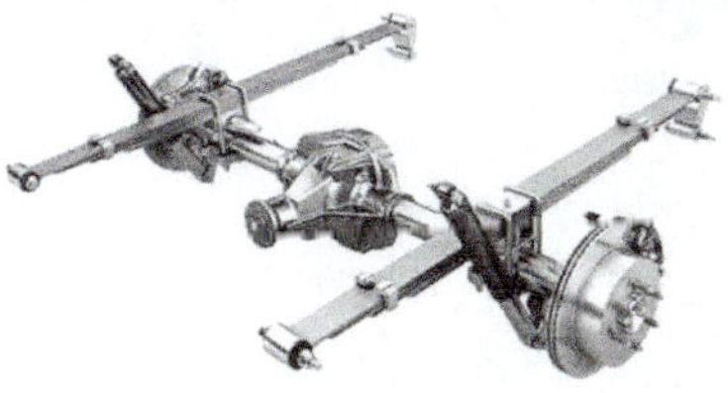	非独立悬架的结构特点是两侧的车轮由一根整体式车桥相连，车轮连同车桥一起通过弹性悬架与车架（或车身）连接。当一侧车轮因道路不平而发生跳动时，必然引起另一侧车轮在汽车横向平面内发生摆动
	 钢板弹簧	非独立悬架的主要部件是钢板弹簧，它由若干片长度不等的合金弹簧片叠加在一起组合成一根近似等强度的梁。非独立悬架主要由主片、副片、弹簧夹、螺栓、套管、螺母等组成

（续）

名称	图示	说明
独立悬架及主要部件		独立悬架的结构特点是车桥做成断开的，每一侧的车轮可以单独地通过弹性悬架与车架（或车身）连接。其优点是两侧车轮可以单独跳动，互不影响
	螺旋弹簧和减振器	独立悬架的主要部件是螺旋弹簧和减振器，用于衰减因冲击而产生的振动

4. 车轮与轮胎

车轮主要由轮辋、轮辐和轮毂组成。轮辋用于安装轮胎，轮辐是介于车轴和轮辋之间的支承部分。车轮与轮胎的组成如图 3-3 所示。

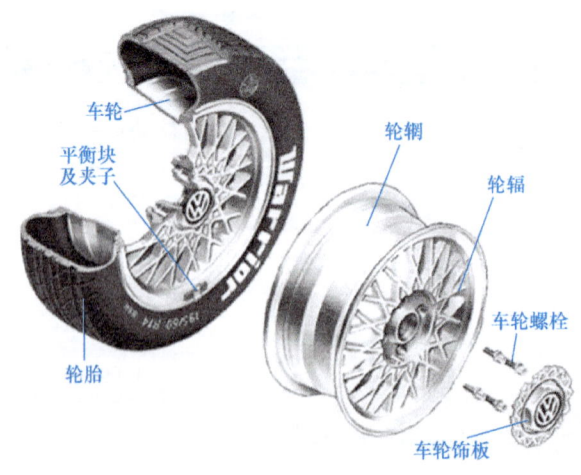

图 3-3　车轮与轮胎的组成

3.2.2 四轮定位仪操作规程

链接 6

四轮定位仪操作规程

3.2.3 车轮定位技术要求

1. 主销后倾角

主销后倾角的存在能产生回正的稳定力矩，保证汽车能稳定地直线行驶。

主销后倾角一般不超过 3°。现代汽车为了提高行驶速度，普遍采用扁平低压胎，轮胎变形增加，引起稳定力矩增加，因此主销后倾角可以减小至接近于零，甚至为负值。

2. 主销内倾角

主销内倾角也具有使车轮自动回正的作用，还能使转向轻便。一般主销内倾角不大于 8°，也有部分汽车较大，如奥迪 100 型轿车为 14.2°。

3. 前轮外倾角

前轮外倾角也具有提高转向操纵的轻便性和车轮工作安全性的作用。现代汽车将外倾角一般设定为 1° 左右，有的接近垂直，有的为负值。

4. 前轮前束

前轮前束具有使车轮回正的作用。前轮前束一般为 0~12mm。也有的汽车与负前轮外倾角相配合，其前束也取负值即负前束（如上海桑塔纳轿车前束为 -3~-1mm）。

3.2.4 车轮动平衡机操作规程

车轮的动平衡试验有离车式和就车式两种方法。常见的为离车式车轮动平衡试验。

链接 7

离车式车轮动平衡机的使用

3.3 转向系统检修

3.3.1 转向系统组成与工作原理

转向系统的作用是改变汽车的行驶方向和保持汽车稳定直线行驶。

1. 机械转向系统

机械转向系统是以人力作为动力来改变和保持汽车的行驶方向。它由转向操纵机构、转向器和转向传动机构三大部分组成。机械转向系统如图3-4所示,相关零件的介绍见表3-12。

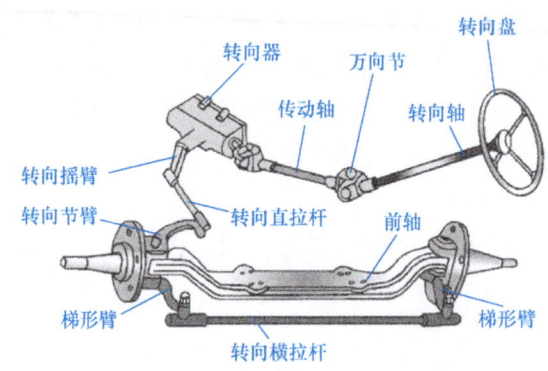

图 3-4 机械转向系统

表 3-12 机械转向系统相关零件的介绍

名称	图示	说明
转向操纵机构		转向操纵机构即驾驶人操纵转向器的工作机构,主要由转向盘、转向轴等组成

（续）

名称	图示	说明
转向器	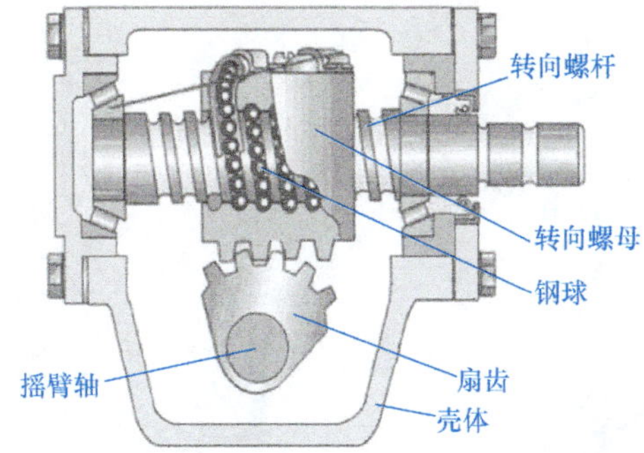 循环球式转向器（转向螺杆、转向螺母、钢球、扇齿、壳体、摇臂轴） 齿轮齿条式转向器（转向器壳体、转向齿条、转向齿轮） 蜗杆曲柄指销式转向器	转向器的作用是将转向盘的转动变为齿条轴的直线运动或转向摇臂的摆动，降低传动速度，增大转向力矩并改变转向力矩的传动方向。常用的转向器有循环球式、齿轮齿条式、蜗杆曲柄指销式等几种

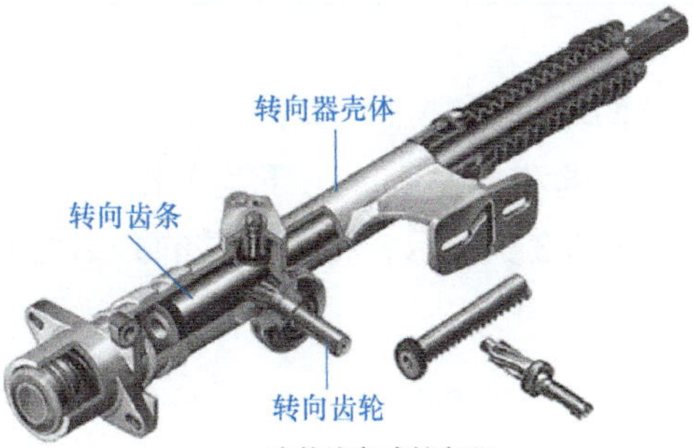

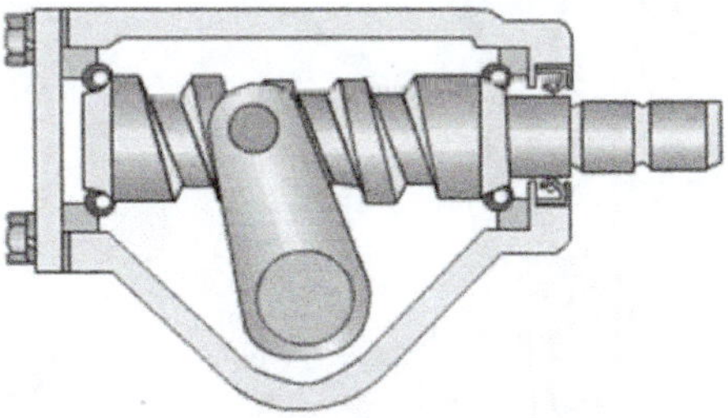

（续）

名称	图示	说明
转向传动机构	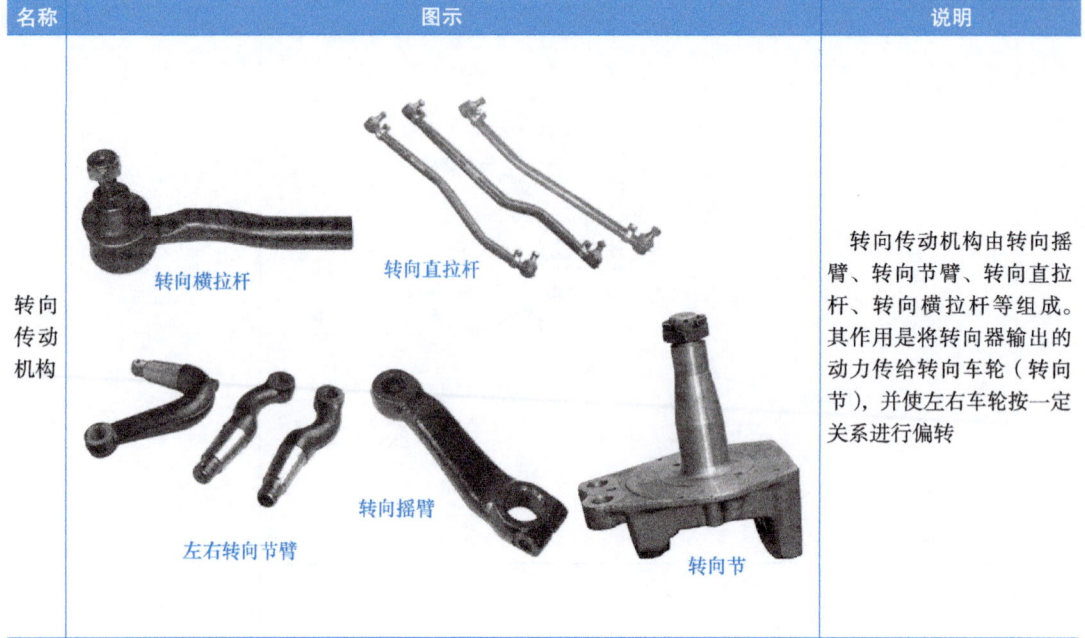	转向传动机构由转向摇臂、转向节臂、转向直拉杆、转向横拉杆等组成。其作用是将转向器输出的动力传给转向车轮（转向节），并使左右车轮按一定关系进行偏转

图中标注：转向横拉杆、转向直拉杆、左右转向节臂、转向摇臂、转向节

2. 液压动力转向系统

液压动力转向系统是在机械转向系统的基础之上，增加了一个液压系统，一般有动力转向泵、V形带轮、油管、储油罐和控制阀。由于其工作可靠、技术成熟，至今仍被广泛应用。液压动力转向系统如图3-5所示，相关零件的介绍见表3-13。

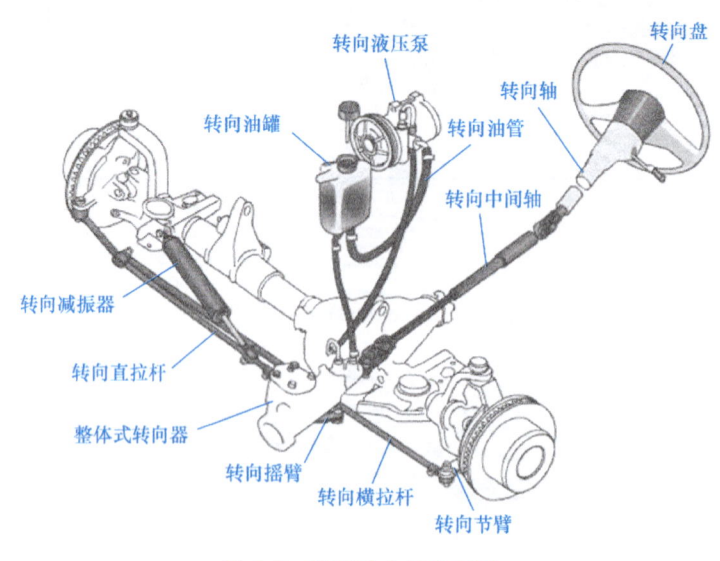

图3-5　液压动力转向系统

表 3-13 液压动力转向系统相关零件的介绍

名称	图示	说明
动力转向器		整体式动力转向器由转阀、齿轮齿条式转向器和转向动力缸组成,转向动力缸的助力直接作用在齿条上,齿条的动力由一端输出
动力转向液压泵		动力转向液压泵是助力转向系统的动力源,大多采用双作用式叶片泵

3.3.2 机械转向器更换技术要求

转向器总成连接部位应紧固可靠,拆装方便,转动部位灵活,转向器总成外表面应光洁、无刮痕、锈蚀及其他缺陷。

3.3.3 液压助力转向系统更换技术要求

1）拆装时不得划伤阀套和阀芯的表面及转子和定子的齿廓。
2）不能损坏进出油口之间的单向阀。
3）为保证质量,弹簧片应使用原厂的产品;阀芯上的 O 形密封圈要使用新的。
4）从阀体内拔出阀芯和阀套时应处于水平位置。
5）进、回油管千万不能装反。
6）安装好的转向器应能灵活转动、无卡滞、无漏油现象。

3.3.4 电动助力转向系统更换技术要求

1）系统的所有插接器必须接触良好。
2）线束不与其他系统共用。
3）控制器不能潮湿、温度过高。

3.4 制动系统检修

3.4.1 制动系统组成与工作原理

汽车制动系统的作用是使行驶中的汽车按照驾驶人的要求进行强制减速、停车,使已停驶的汽车在各种道路条件下（包括在坡道上）稳定驻车，使下坡行驶的汽车速度保持稳定。

制动系统一般由制动器和传动机构两个主要部分组成，相关部件如图3-6所示。

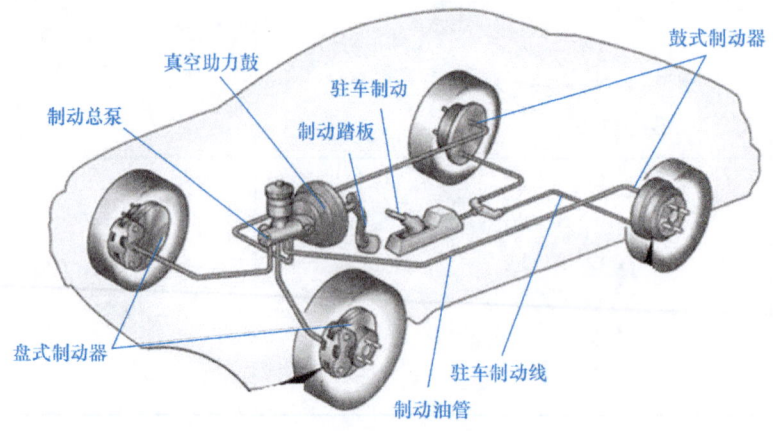

图3-6　制动系统的组成

1. 制动器（表3-14）

表3-14　制动器

名称	图示	说明
鼓式制动器		鼓式制动器由制动蹄片挤压制动鼓的内侧而获得制动力，主要由制动鼓、制动蹄和制动底板以及轮缸或凸轮等组成。鼓式制动器一般用在后轮
盘式制动器		制动盘固定在轮毂上，制动钳固定在转向节上。制动钳横跨在制动盘上，内装有活塞，活塞后面有充满制动液的制动轮缸

2. 传动机构

（1）液压制动传动装置　液压制动传动装置（图3-7）是利用制动液将制动踏板力转换为液压力，通过管路传送到车轮制动器，再将液压力转变为制动蹄张开的推力。

液压制动传动装置由制动踏板、推杆、制动主缸、储油罐、制动轮缸、软管等组成，多用在中、小型汽车。液压制动传动装置相关零件的介绍见表3-15。

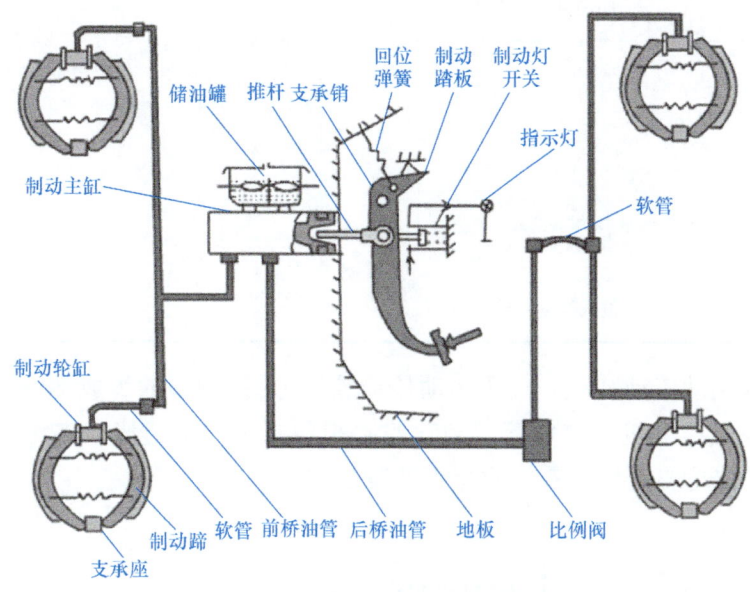

图3-7　液压制动传动装置

表3-15　液压制动传动装置相关零件的介绍

名称	图示	说明
真空助力器		真空助力器的作用是帮助制动踏板对制动主缸产生推力，助力器装在制动踏板与主缸之间
制动主缸		制动主缸又称制动总泵，主要作用是将驾驶人施加在制动踏板上的机械力和真空助力器的力转变成制动油压，并将具有一定压力的制动液经过制动管路送到各个车轮的制动分泵（轮缸），再由车轮制动器变为车轮制动力

（续）

名称	图示	说明
制动轮缸	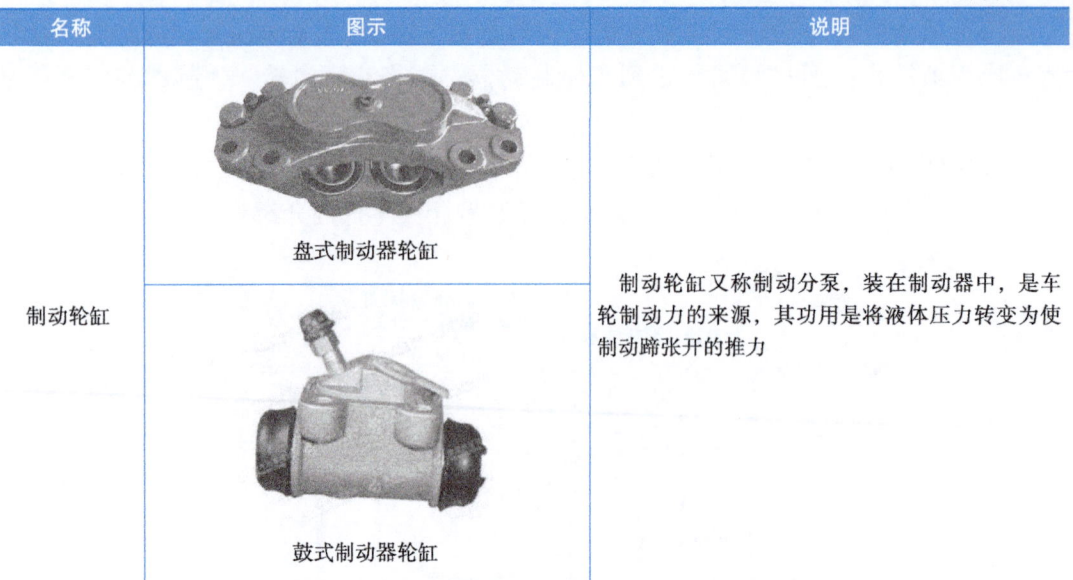 盘式制动器轮缸 鼓式制动器轮缸	制动轮缸又称制动分泵，装在制动器中，是车轮制动力的来源，其功用是将液体压力转变为使制动蹄张开的推力

（2）气压制动传动装置　气压制动传动装置（图3-8）的组成部件较多，管路复杂，基本由空气压缩机、储气筒、制动控制阀和制动气室组成，多用于中、重型汽车。气压制动传动装置相关零件的介绍见表3-16。

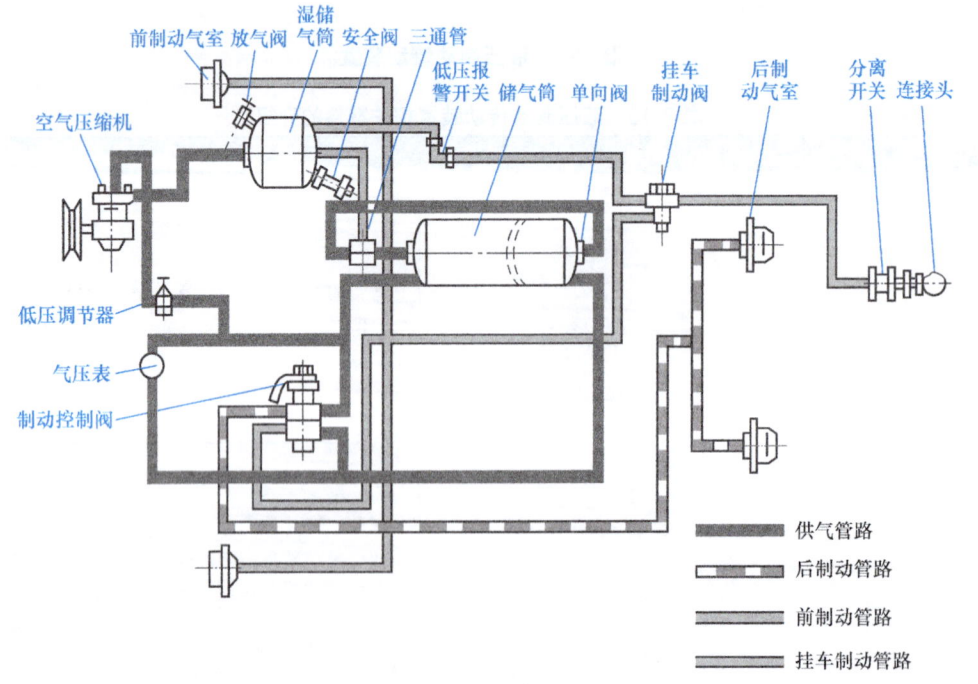

图3-8　气压制动传动装置

表 3-16 气压制动传动装置相关零件的介绍

名称	图示	说明
空气压缩机		空气压缩机的作用是产生高压空气，是整个制动系统的动力源。空气压缩机由发动机通过 V 带驱动
调压阀		调压阀的作用是使储气筒保持在规定的气压范围内，并在超过规定气压后，实现空气压缩机的卸荷空转，以减小发动机的功率消耗
制动控制阀		制动控制阀的作用是控制由储气筒进入制动气室和挂车制动阀的压缩空气量，从而控制制动气室中的工作气压，并有渐进变化的随动作用，以保证制动气室的工作气压与制动踏板行程成正比
制动气室	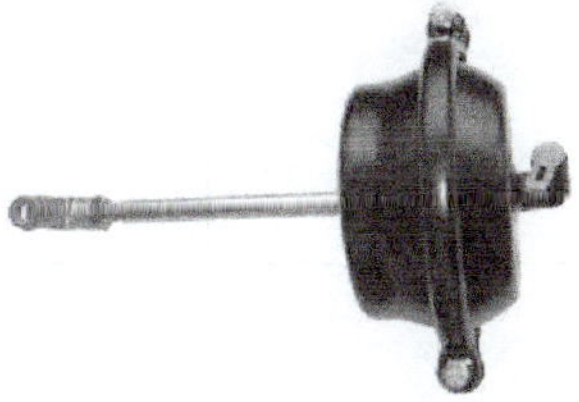	制动气室的作用是将输入的空气压力转换成机械推力，使车轮制动器产生制动力矩

3. 防抱死制动系统（ABS）

汽车防抱死制动系统（图 3-9）在制动过程中可自动调节车轮制动力，防止车轮抱死，以取得最佳制动效果。防抱死制动系统相关零件的介绍及工作过程见表 3-17。

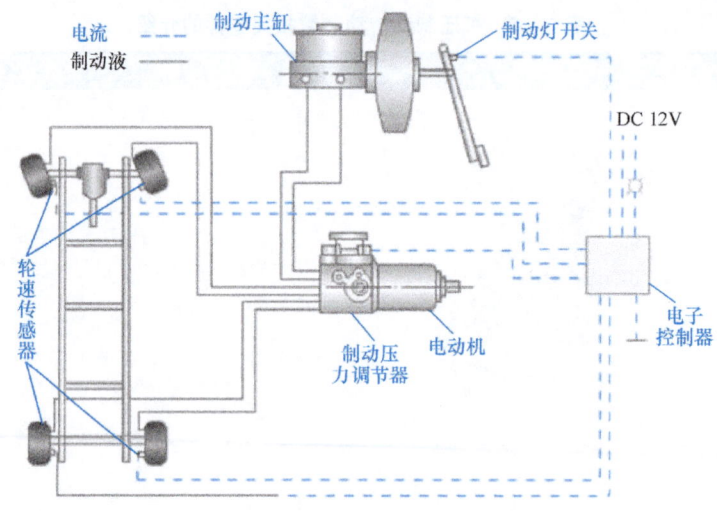

图 3-9 防抱死制动系统

表 3-17 防抱死制动系统相关零件的介绍及工作过程

名称	图示	说明
轮速传感器	 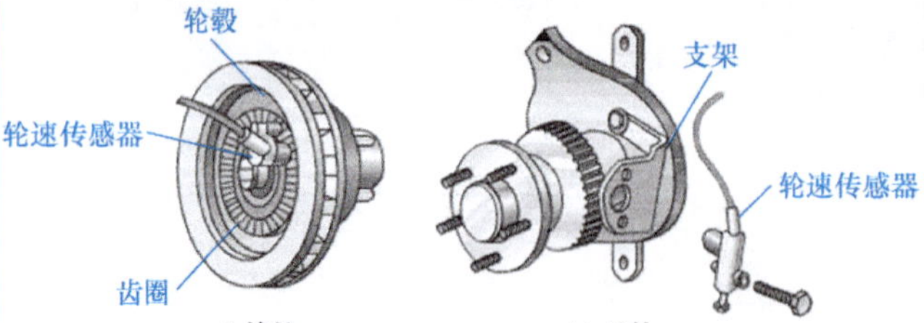 轮速传感器的安装位置 a) 前轮　b) 后轮	轮速传感器用于检测车轮的转速,并将车轮转速信号输入电控单元,电控单元依据此信号通过液压调节器控制各制动缸的制动液压力
制动压力调节器		制动压力调节器的作用是在制动时根据 ABS 电子控制单元的控制指令,自动调节制动轮缸制动压力的大小,防止车轮抱死,并处于理想滑移率的状态

（续）

名称	图示	说明
ABS 工作过程	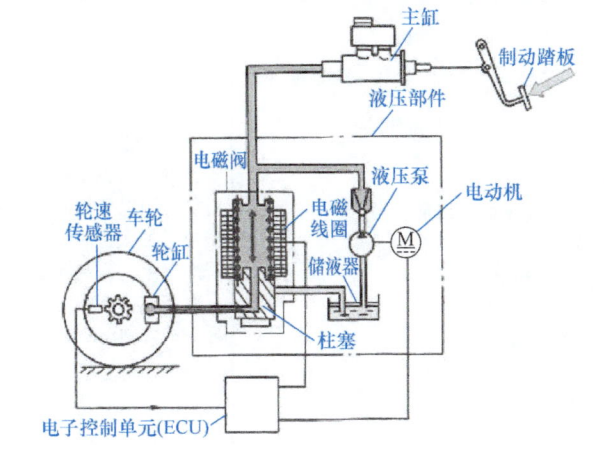	常规制动过程： 在常规制动过程中，ABS 不工作，电磁线圈中无电流通过，电磁阀柱塞在回位弹簧的作用下处于"下端"位置。此时制动主缸与轮缸相通，由制动主缸来的制动液直接进入轮缸，轮缸压力随主缸压力的升高而升高
	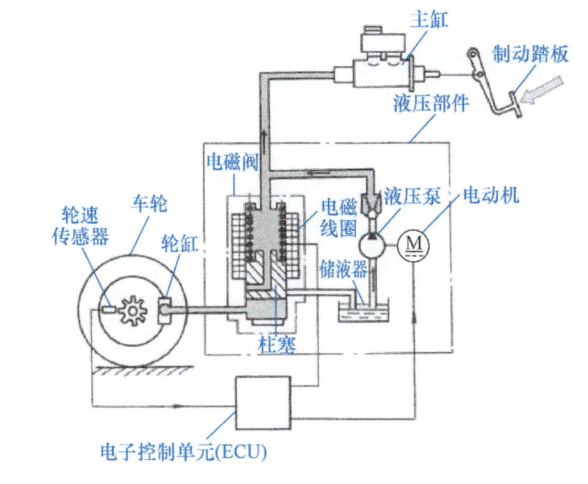	保压过程： 当电子控制单元向电磁线圈输入一个较小的电流时（约为最大电流的 1/2），电磁线圈产生较小的电磁力，使柱塞处于"中间"位置。此时制动主缸、制动轮缸和回油孔相互隔离，轮缸中的制动压力保持一定
	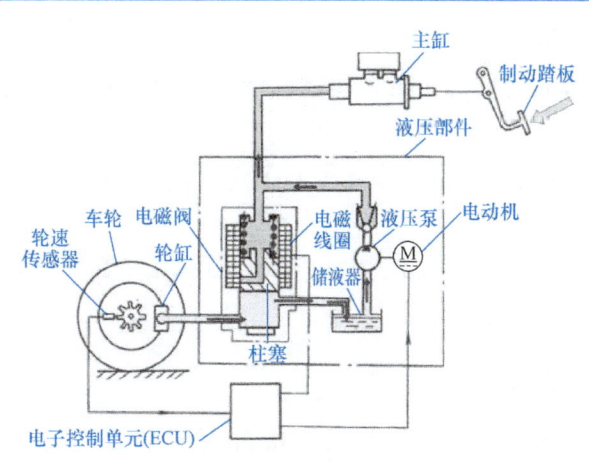	减压过程： 当电子控制单元向电磁线圈输入一个最大电流时，电磁线圈产生更大的电磁力，使柱塞处于"上端"位置。此时电磁阀柱塞将轮缸与回油通道或储液器接通，轮缸中的制动液经电磁阀流入储液器，轮缸压力下降。与此同时，电动机起动，带动液压泵工作，将流回储液器的制动液输送回主缸，为下一个制动周期做好准备

（续）

名称	图示	说明
ABS工作过程	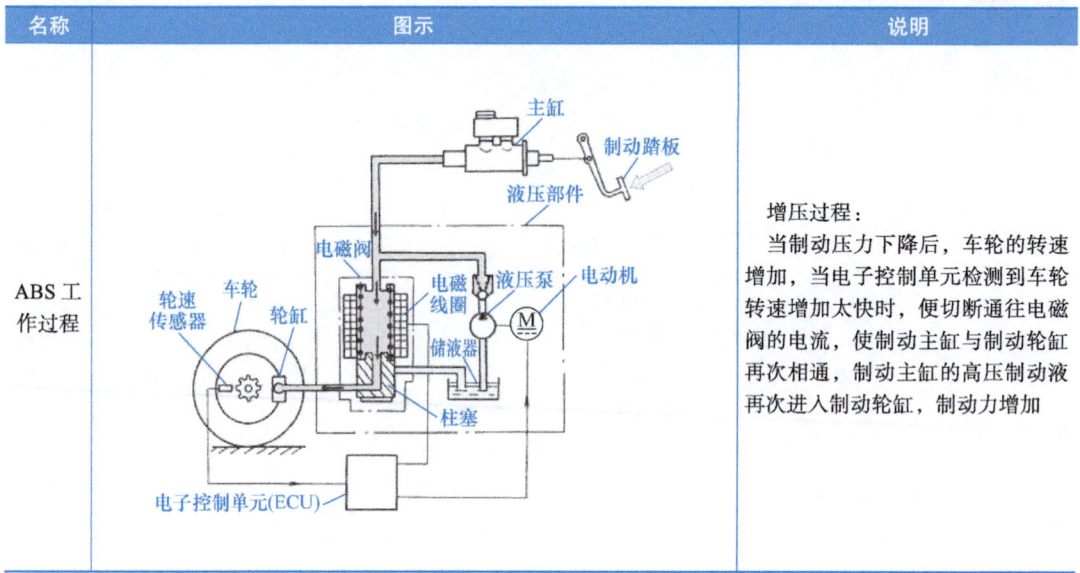	增压过程： 当制动压力下降后，车轮的转速增加，当电子控制单元检测到车轮转速增加太快时，便切断通往电磁阀的电流，使制动主缸与制动轮缸再次相通，制动主缸的高压制动液再次进入制动轮缸，制动力增加

3.4.2 制动主缸和制动助力器检修技术要求

1）液压制动主缸，活塞与缸筒的配合间隙应符合原产品的规定，在一般情况下超过0.12mm，应进行修复或更新换件。

2）主缸、轮缸缸筒和活塞外径公差应符合规定，轮缸缸筒内孔尺寸公差应按规定选取。

3）主缸和轮缸的皮碗、弹簧密封圈应满足要求。如果出现磨损或老化现象，应更换新件。

4）主缸、轮缸的回位弹簧安装位置应正确，其弹性应符合该弹簧的技术要求。

5）零件在装配前应清洗干净，总成内部不允许有杂物存在，主缸补偿孔和加油盖的通气孔必须畅通。

6）主缸、轮缸总成密封性能。

① 当制动液加至储液室最高位置时，在制动过程中主缸总成不得发生渗油、溅油和溢油等现象。

② 按规定的试验方法，在制动回路中建立起最高工作压力，稳定后30s各制动腔压力降不大于0.3MPa。

7）主缸、轮缸总成耐压性能。按规定的试验方法进行试验，各部位无任何泄漏及异常现象。

3.4.3 制动控制阀检修技术要求

1）放在平台上用塞尺检查，制动控制阀壳体接合面的平面度误差应不大于

0.10mm，否则，应用砂布进行修磨。

2）阀门压痕深度超过 0.50mm，各弹簧断裂或弹力明显衰减时，应换用新件。

3）大修解体后，制动控制阀各种橡胶密封圈及膜片均应换用新件。

4）推杆与衬套配合松旷时，应换用新衬套。

3.4.4　鼓（盘）式制动器检修技术要求

1. 鼓式制动器检修技术要求

（1）制动蹄片厚度　用游标卡尺或直尺测量制动蹄片的厚度（图 3-10），标准值为 5mm，使用极限为 2.5mm。其铆钉与摩擦片表面距离不得小于 1mm。在未拆下车轮时，制动蹄摩擦片的厚度可从制动底板上的观察孔目测。

（2）制动鼓

1）检查制动鼓内表面有无烧损、刮痕和凹陷，若不能修磨应更换新件。

2）检查制动鼓内表面直径：用游标卡尺或专用仪器检查内表面直径（图 3-11），标准值为 ϕ180mm，使用极限为 ϕ181mm。

3）检查制动鼓内表面圆度误差：用仪器测量制动鼓内表面的圆度误差，使用极限为 0.03mm，超过极限应更换新件。

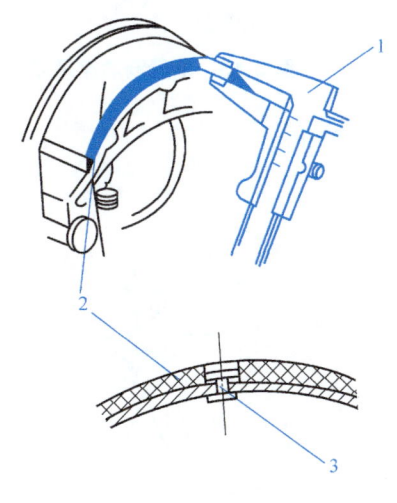

图 3-10　测量制动蹄片厚度

1—游标卡尺　2—制动蹄片　3—铆钉

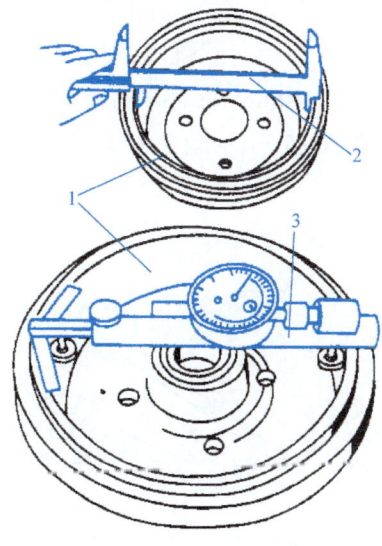

图 3-11　检查制动鼓内表面直径

1—制动鼓　2—游标卡尺　3—专用仪器

（3）鼓蹄接触面积检查　将后制动鼓摩擦衬片表面打磨干净后，靠在后制动鼓上，检查二者的接触面积，应不小于 60%，否则应继续打磨摩擦衬片的表面。

（4）回位弹簧的检查　若弹簧自由长度增加 5%，则应更换新弹簧。

2. 盘式制动器检修技术要求

（1）检查衬块厚度　用直尺测量衬块厚度（图 3-12），标准厚度为 12.0mm，最小厚度为 1.0mm。如果衬块厚度小于最小厚度，更换盘式制动器衬块。换上新的制动衬块后，务必检查前制动盘的磨损。

（2）检查前盘式制动器衬块支承板　确保盘式制动器衬块支承板有足够的弹性，没有变形、裂纹或磨损，并清除所有的锈迹和污垢。若有必要，更换盘式制动器衬块支承板。

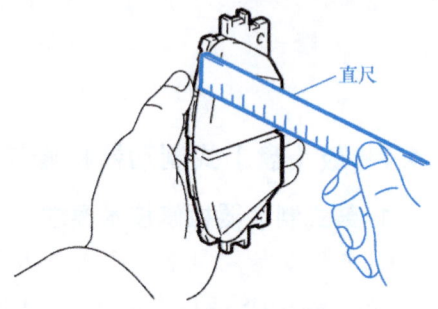

图 3-12　测量衬块厚度

（3）检查制动盘厚度　用千分尺测量制动盘厚度（图 3-13），标准厚度为 22.0mm，最小厚度为 19.0mm。如果制动盘厚度小于最小值，更换前制动盘。

（4）检查制动盘径向圆跳动　用 SST 专用维修工具固定制动盘，并用 2 个螺母紧固制动盘（图 3-14）。检查前桥轮毂轴承的松弛度和前桥轮毂的径向圆跳动，用百分表在距离前制动盘外缘 10mm 的地方测量制动盘的径向圆跳动（图 3-15）。制动盘最大径向圆跳动不得大于 0.05mm。

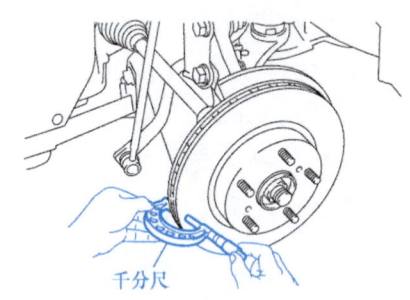

图 3-13　测量制动盘厚度

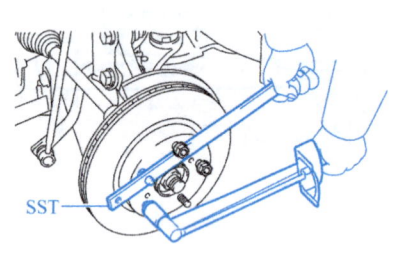

图 3-14　固定制动盘

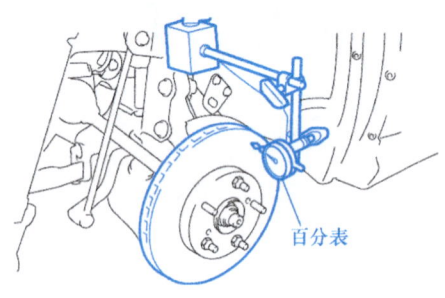

图 3-15　测量径向圆跳动

如果径向圆跳动超过最大值，改变车桥轮毂上制动盘的安装位置以减小径向圆跳动。如果安装位置改变后径向圆跳动仍超过最大值，则研磨制动盘。如果制动盘厚度小于最小值，更换前制动盘。

3.4.5 驻车制动装置检修技术要求

1）检查连接机构有无变形、松旷。

2）驻车制动器的摩擦衬片铆钉距表面 0.5mm 时应更换。

3）驻车制动鼓表面磨损起槽深度超过 0.5mm 时可对鼓进行修磨，其内径加大不超过 4mm。

4）调整拉杆长度。

① 调拉杆上的调整螺母。

② 将调整螺母拧紧，蹄鼓间隙减小；反之，则蹄鼓间隙增大。调整完毕后，将锁紧螺母锁紧。

5）调整摇臂与凸轮的相对位置。

① 将驻车制动杆向前放松至极限位置。

② 将摇臂从凸轮轴上取下，逆时针方向错开一个或数个齿后，再将摇臂装于凸轮轴上，并将夹紧螺栓紧固。

③ 重新调整拉杆上的调整螺母，直到有合适的驻车制动拉杆行程为止。调好后，制动间隙应为 0.2~0.4mm。

④ 驻车制动器调好后，完全放松驻车制动杆时，制动器蹄鼓间隙为 0.2~0.4mm。向后拉驻车制动杆时，应有两"响"的自由行程，从第三"响"时应开始产生制动，第五"响"时汽车应能在规定的坡道上停住。

6）制动器性能的检查。汽车每行驶 12000km 左右时，应对驻车制动器的性能进行检查。驻车制动器应满足以下性能：

① 在空载状态下，驻车制动装置应能保证车辆在坡度为 20%（总质量为整备质量的 1.2 倍以下的车辆为 15%）、轮胎与路面间的附着系数 ≥ 0.7 的坡道上正、反两个方向保持固定不动的时间应 ≥ 5min。

② 拉紧驻车制动器，空车平地用二档应不能起步。

③ 驻车制动杆的工作行程不能超过全行程的 3/4。

④ 放松驻车制动杆，变速器处于空档，支起一个驱动轮，制动鼓应能用手转动且无摩擦声。

3.5 技能训练

技能训练一　拆装离合器总成

1. 实训要求

1）掌握离合器的安装位置及结构。

2）正确拆装离合器总成。

2. 主要实训器材

1）桑塔纳2000GSi型轿车。

2）常用修理工具。

3. 操作步骤

（1）离合器的拆卸

1）首先拆下变速器（详细步骤见变速器的拆卸）	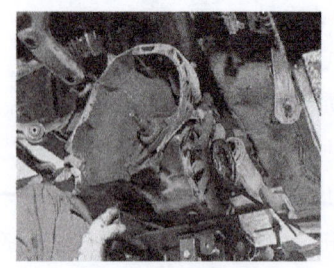
2）用专用工具10-201将飞轮固定	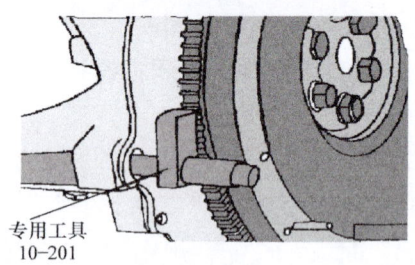专用工具10-201
3）分2~3次，对角旋松离合器与飞轮的连接螺栓	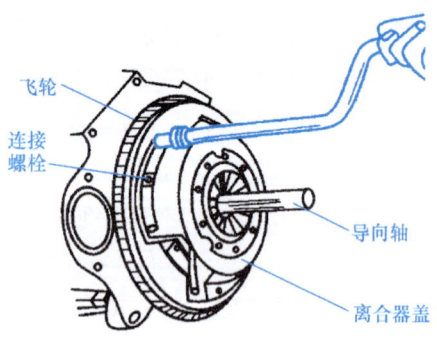飞轮 连接螺栓 导向轴 离合器盖
4）取下离合器从动盘及压盘总成	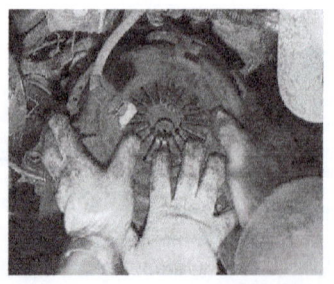

（2）离合器的安装

步骤	图示
1）清洁飞轮表面	
2）清洁、润滑变速器一轴	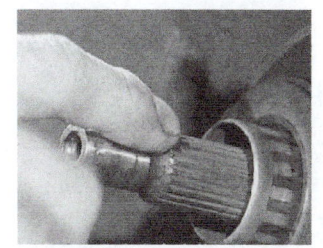
3）检查分离轴承，若发现有卡滞或明显间隙，则应更换分离轴承 **注意**：分离轴承中填充有润滑脂，因此，请勿用油类清洗	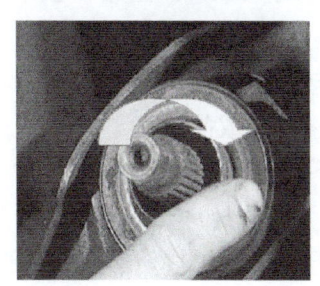
4）装上离合器从动盘，注意从动盘的正反，短毂应朝向飞轮	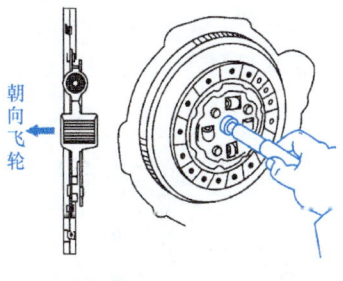
5）用专用工具将离合器从动盘定位在飞轮和压盘的中心	

（续）

6）对角分 2~3 次拧紧离合器的固定螺栓，并以 25N·m 的力矩对角逐渐拧紧	

技能训练二　拆装手动变速器总成

1. 实训要求
1）掌握手动变速器的安装位置及结构。
2）正确拆装手动变速器总成。

2. 主要实训器材
1）桑塔纳 2000GSi 型轿车。
2）常用修理工具。

3. 操作步骤
1）变速器总成的拆卸。
① 拆下蓄电池的搭铁线。
② 拆下离合器拉索，如图 3-16 所示。
③ 举升起汽车。将传动轴（半轴）从变速器上拆下来并支撑好，如图 3-17 所示。
④ 旋松变速操纵机构的内变速杆螺栓，如图 3-18 所示。
⑤ 压出支撑杆球头并将内变速杆与离合块分离，如图 3-19 所示。

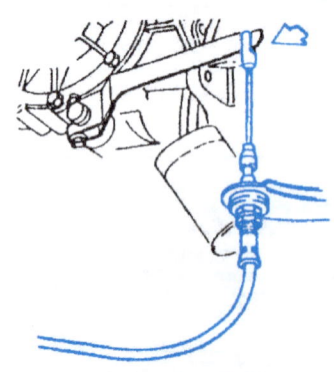
图 3-16　拆下离合器拉索

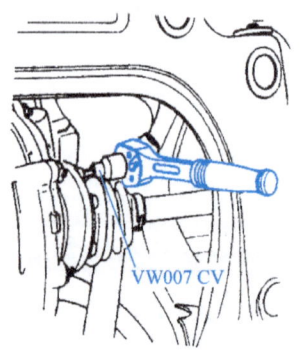
图 3-17　拆卸传动轴

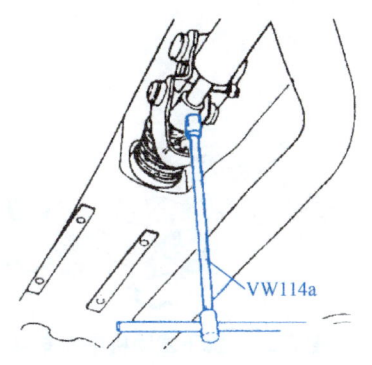

图 3-18　旋松内变速杆螺栓

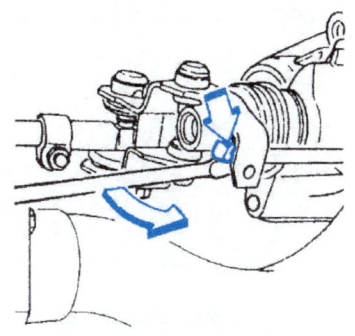

图 3-19　压出支撑杆球头

⑥ 拆下倒档灯开关的接头。

⑦ 拆下车速里程表软轴，如图 3-20 所示。

⑧ 拆下离合器盖板，如图 3-21 所示。

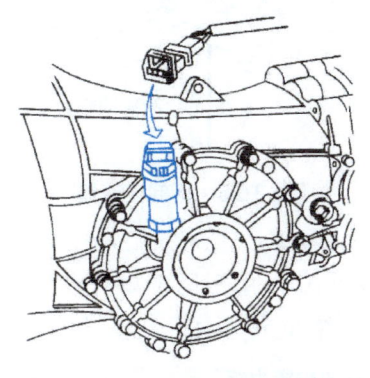

图 3-20　拆下车速里程表软轴

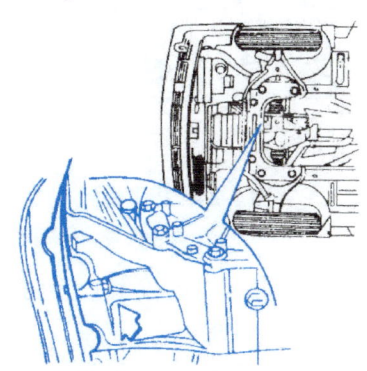

图 3-21　拆下离合器盖板

⑨ 拆下排气管。

⑩ 放下汽车并将发动机固定好，如图 3-22 所示。拆下发动机与变速器上部连接螺栓。

⑪ 举升起汽车。拆下起动机的紧固螺栓。

⑫ 拆下发动机中间支架，如图 3-23 所示。

⑬ 拆下螺栓 1，并旋松螺栓 2，如图 3-24 所示。拆下变速器减振垫和减振垫前支架。

⑭ 拆下发动机与变速器下部连接螺栓，并拆卸变速器，如图 3-25 所示。

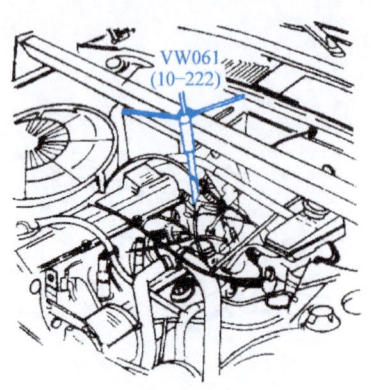

图 3-22 固定发动机

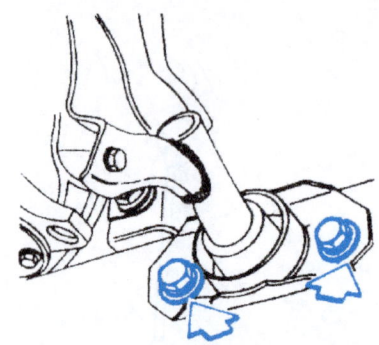

图 3-23 拆下发动机中间支架

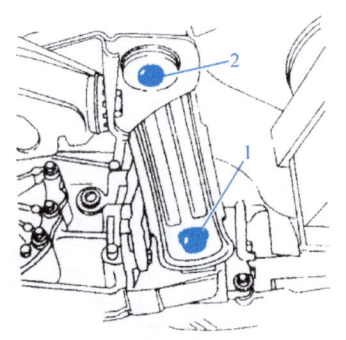

图 3-24 拆下螺栓

1、2—螺栓

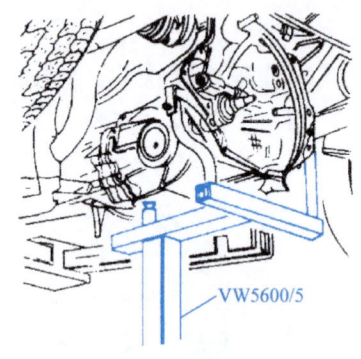

图 3-25 拆卸变速器

2）变速器总成的安装。变速器总成的安装可按拆卸相反的顺序进行，如果需要，调整离合器踏板自由行程。相关的螺栓拧紧力矩见表3-18。

表 3-18 变速器总成相关螺栓的拧紧力矩

部件	拧紧力矩 /N·m
变速器固定在发动机上的螺栓	55
变速器减振垫前支架的固定螺栓	25
减振垫固定在前后支架上的螺栓	20
减振垫固定在车身上的螺栓	110
变速器支架固定在横梁上的螺栓	70
发动机中间支架固定在车身上的螺栓	30
传动轴固定在变速器上的螺栓	40
内变速杆固定螺栓	30

技能训练三　拆装等速万向传动装置

1. 实训要求

1）掌握等速万向传动装置的结构。
2）正确拆装等速万向传动装置。

2. 主要实训器材

1）桑塔纳 2000 轿车 1 辆。
2）常用修理工具 1 套。

3. 操作步骤

（1）拆卸

1）旋松传动轴外万向节与轮毂间的紧固螺母，拆除传动轴内万向节与半轴凸缘的连接螺栓，拆下前轮，用压力装置由外向内压出传动轴总成，如图 3-26 所示。传动轴总成的结构如图 3-27 所示。

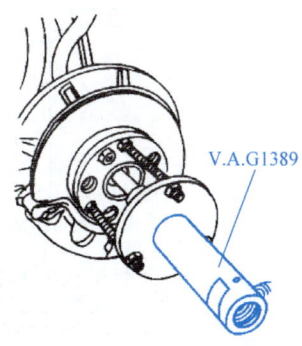

图 3-26　压出传动轴总成

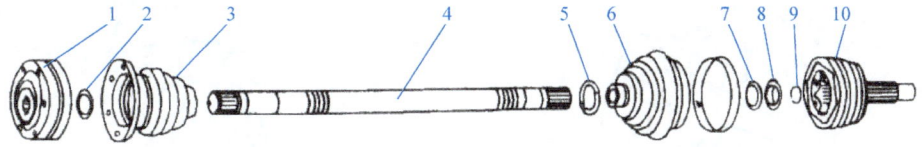

图 3-27　传动轴总成

1—内等速万向节　2、7—锥形座圈　3、6—防尘罩　4—传动轴　5—夹箍　8—隔套
9—卡簧　10—外等速万向节

2）用钢锯锯开防尘套夹箍，如图 3-28 中箭头所示，拆下防尘套。

3）用铜锤或木锤敲击外万向节，使之从传动轴上脱出，如图 3-29 所示。

图 3-28　锯开防尘套夹箍

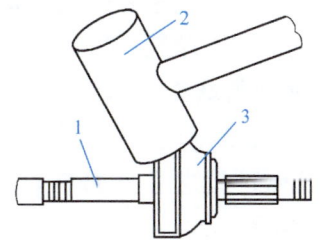

图 3-29　外万向节的拆卸

1—传动轴　2—铜棒（或木锤）　3—外万向节

4）拆下卡簧后用专用工具从传动轴上压下内万向节，如图 3-30 所示。

5）外万向节的拆卸。在外万向节球笼壳、球笼及星形套上做好相对位置标记，然后旋转球笼及星形套，取出钢球，如图 3-31 所示。用力转动球笼，使其两个方孔与球壳对正，从球壳内将球笼及星形套一起取出。将星形套的扇形齿旋至球笼的方孔内，从球笼中取出星形套，如图3-32所示。

6）内万向节的拆卸。转动内万向节星形套和球笼，按图3-33中箭头所示方向将其一起压出球壳，再压出球笼里的钢球，并从球笼中取出星形套。

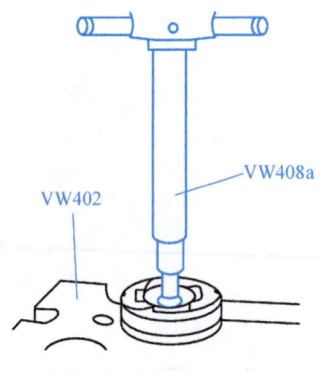

图3-30　压下内万向节

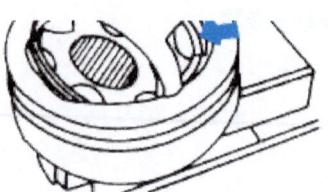

图3-31　旋转球笼及星形套

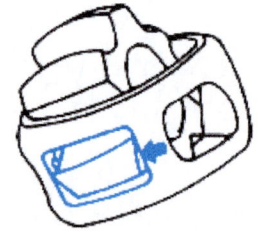

图3-32　取出星形套

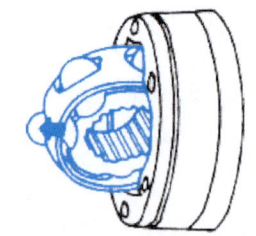

图3-33　内万向节的拆卸

（2）装配

1）内万向节的装配。

① 对准凹槽将星形套嵌入球笼。

② 将钢球压入球笼。

③ 将钢球与球笼的星形套垂直装入壳体，如图3-34a所示，并使球壳上的宽间隔 a 对准星形套上的窄间隔 b，如图3-34b所示。

④ 扭转星形套，使星形套转出球笼，使钢球与壳体中的球槽有足够间隙。

⑤ 用力按压球笼，使装有钢球的星形套完全转入球笼壳内。

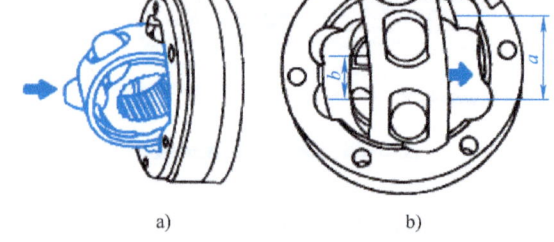

图3-34　内万向节装配

⑥ 用手在轴向范围内来回推动星形套，若移动灵活，则说明该球壳组装正确。

2）组装外万向节。

① 将星形套的扇形齿旋至球笼的方孔内,将星形套装入球笼中。
② 将球笼与星形套一起装入球壳内(使球笼的两个方孔与壳体对直)。
③ 对称交替地压入钢球,并确保星形套在球笼及球壳内的原先位置。
④ 检查星形套与球壳运动是否灵活,若有卡滞,应查明原因,排除故障。
⑤ 将卡簧装入星形套。

3) 加注润滑脂。分别向内、外万向节注入润滑脂。

4) 组装碟形座圈。碟形座圈装于传动轴上,用专用工具压入内万向节,如图 3-35 所示,并装好卡簧。安装时,星形套花键齿有倒角的一端应朝向传动轴。

5) 装防尘套及夹箍。将内、外万向节的防尘套及夹箍装到传动轴上,并安装好外万向节端碟形座圈、隔套圈及卡簧,用橡胶锤将外万向节敲入传动轴上。用专用工具夹紧防尘套夹箍,如图 3-36 所示。安装防尘套时,由于受到挤压,防尘套内会产生一定的真空,使防尘套产生凹陷,使用中很容易损坏,因此在紧固好小径端以后,应向防尘套内稍微充点气,然后再紧固好其大径端。

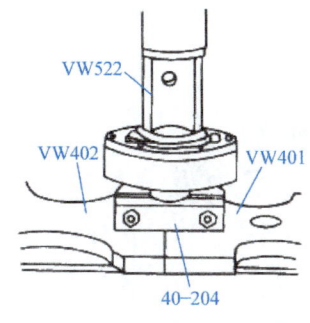

图 3-35 安装内万向节

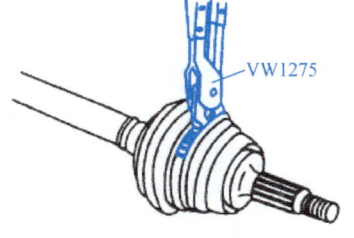

图 3-36 夹紧防尘套夹箍

6) 装传动轴。向车上安装传动轴,先在外万向节球壳的花键上涂抹一圈 5mm 宽的防护剂,如图 3-37 所示。安装时,外万向节与轮毂间紧固螺母的拧紧力矩为 230N·m,内万向节与半轴凸缘间连接螺栓的拧紧力矩为 45N·m。

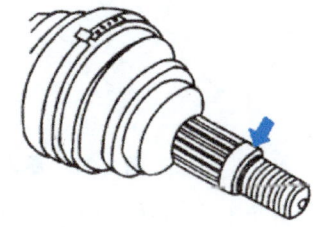

图 3-37 涂抹防护剂

链接 8
拆装万向传动装置

技能训练四　拆装前驱动桥

1. 实训要求

1) 掌握前驱动桥的结构。

2）正确拆装前驱动桥。

2. 主要实训器材

1）桑塔纳 2000 轿车 1 辆。

2）常用修理工具 1 套。

3. 操作步骤

桑塔纳 2000 轿车主减速器和差速器的零件分解图如图 3-38 所示。

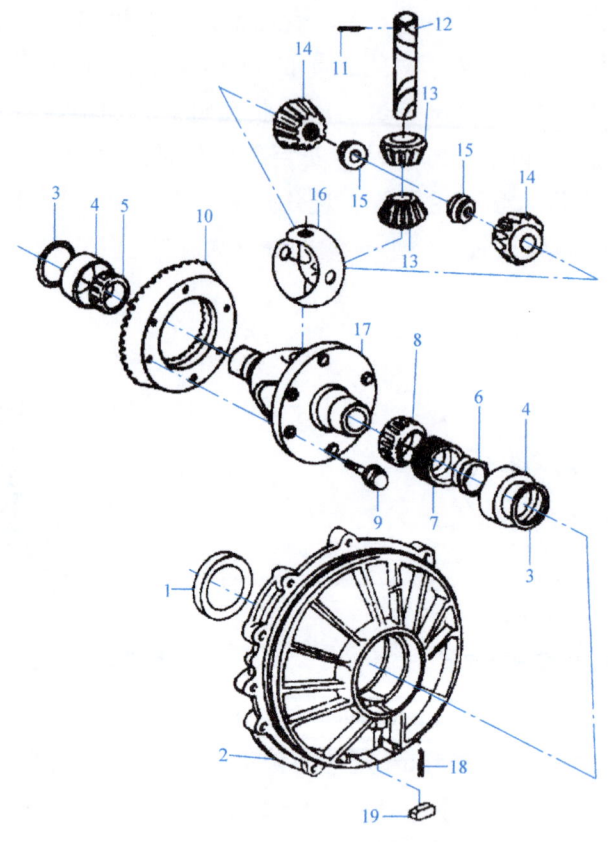

图 3-38　桑塔纳 2000 轿车主减速器和差速器的零件分解图

1—密封圈　2—主减速器盖　3—从动锥齿轮的调整垫片　4—轴承外座圈　5—差速器轴承　6—锁紧套筒　7—车速表主动齿轮　8—差速器轴承　9—螺栓（拧紧力矩 70N·m）　10—从动锥齿轮　11—夹紧销　12—行星齿轮轴　13—行星齿轮　14—半轴齿轮　15—螺纹套　16—复合式止推垫片　17—差速器壳　18—磁铁固定销　19—磁铁

（1）主、从动锥齿轮总成的拆卸

1）拆卸变速器，将其固定在支架上。拆下轴承支座和后盖，取下车速里程表的传感器，如图 3-39 所示。

2）锁住传动轴（半轴），拆卸紧固螺栓，如图 3-40 所示。

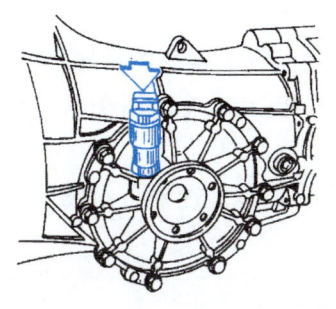

图 3-39 取下车速里程表传感器

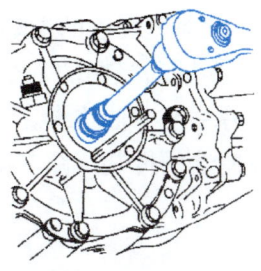

图 3-40 拆卸紧固螺栓

3）取下传动轴。取下车速里程表的主动齿轮导向器和齿轮。拆卸主减速器盖，如图 3-41 所示。

4）从变速器壳体上取下差速器。用铝质的夹具将差速器壳固定在台虎钳上，拆下从动齿轮的紧固螺栓。

注意：从动锥齿轮的紧固螺栓是自动锁紧的，一经拆卸就必须更换。

5）拆卸从动锥齿轮，如图 3-42 所示。

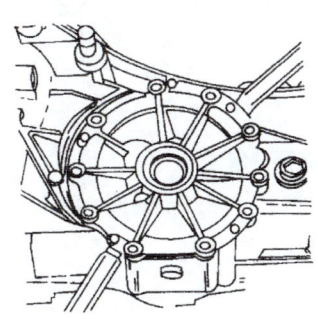

图 3-41 拆卸主减速器盖

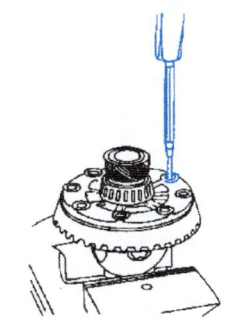

图 3-42 拆卸从动锥齿轮

（2）主、从动锥齿轮总成的安装

1）在变速器输出轴上装上所有齿轮、轴承及同步器，计算输出轴的调整垫片 s_3 的厚度。

2）如图 3-43 所示，将从动锥齿轮加热至 120℃，并将其装在差速器壳上，安装时用两个螺纹销导向。

3）装上新的从动锥齿轮螺栓，并用 70N·m 的力矩交替旋紧。

4）计算从动锥齿轮的调整垫片 s_1 和 s_2 的厚度。把计算好的垫片装在适当的位置上。

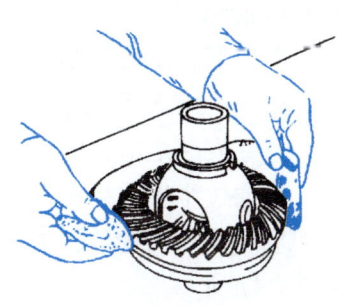

图 3-43 安装从动锥齿轮

5）将轴承支座装在变速器壳体上，并用新的衬垫。装上变速器后盖。

6）将差速器装在变速器壳体上。将主减速器盖装在壳体上，用 25N·m 的力矩旋紧螺栓。

7）装上车速里程表的主动齿轮和导向器。装上车速里程表的传感器。

8）装上半轴凸缘中的一个，用錾子将它锁住，装上螺栓，用 20N·m 的力矩把它旋紧。装另一个半轴凸缘。

（3）差速器的拆装　图 3-44 所示为桑塔纳 2000 轿车差速器分解图。

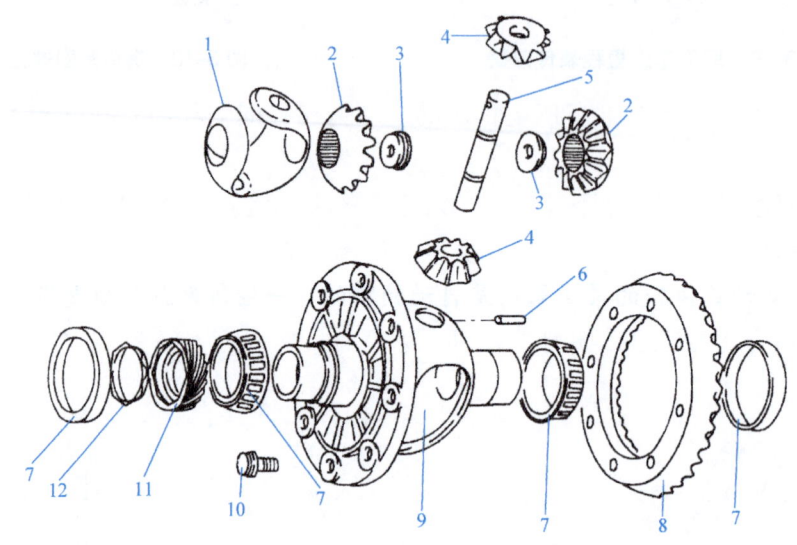

图 3-44　桑塔纳 2000 轿车差速器分解图

1—复合式推力垫片　2—半轴齿轮　3—螺纹套　4—行星齿轮　5—行星齿轮轴　6—止动销
7—圆锥滚子轴承　8—主减速器从动锥齿轮　9—差速器壳　10—螺栓　11—车速表齿轮
12—车速表齿轮锁紧套筒

1）半轴齿轮和行星齿轮的拆卸。

① 拆卸变速器，拆下差速器，拆下从动锥齿轮。拆下行星齿轮轴的止动销，如图 3-45 所示。

② 取下行星齿轮轴，再取下行星齿轮和半轴齿轮。

2）半轴齿轮和行星齿轮的安装。

① 在安装之前，检查复合式止推垫片是否损坏，若需要应进行更换。

② 通过半轴凸缘将半轴齿轮固定在差速器壳上，如图 3-46 所示。

③ 将行星齿轮放在适当的位置上，然后转动半轴凸缘使行星齿轮进入差速器壳，如图 3-47 所示。

④ 安装行星齿轮轴，如图 3-48 所示。在行星齿轮轴装上止动销。

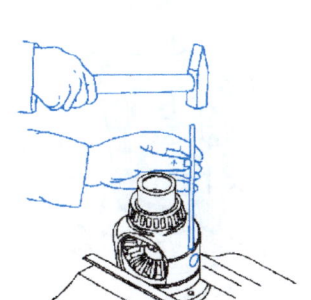

图 3-45　拆下行星齿轮轴的止动销

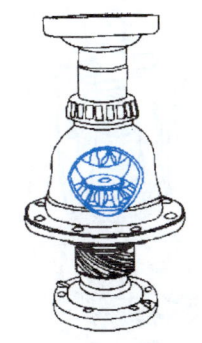

图 3-46　安装半轴齿轮

图 3-47　安装行星齿轮

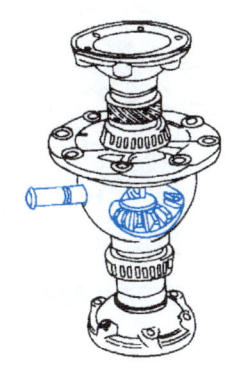

图 3-48　安装行星齿轮轴

⑤ 取下差速器半轴凸缘。加热至120℃，将从动锥齿轮装在差速器壳上。将差速器装在变速器壳体内。装上半轴凸缘。安装变速器。

3）差速器壳的拆卸。

① 拆卸变速器，拆下差速器。拆下差速器轴承（与从动锥齿轮相对的一边），如图 3-49 所示。

② 拆下差速器另一侧轴承，如图 3-50 所示。同时取下车速表主动齿轮和锁紧套筒。

③ 拆下变速器侧面的密封圈，如图 3-51 所示。

④ 从主减速器盖上拆下差速器轴承的外座圈和调整垫片 s1，如图 3-52 所示。

⑤ 从变速器壳体上拆下差速器轴承的外座圈和调整垫片 s2，如图 3-53 所示。

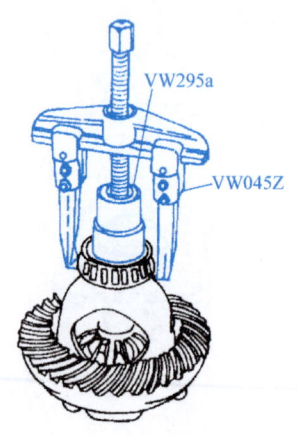

图 3-49　拆下一侧差速器轴承

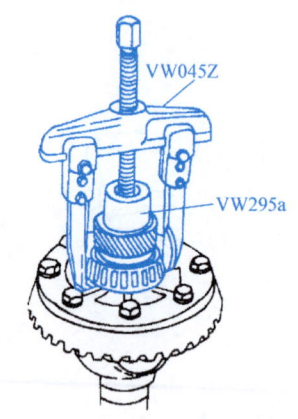

图 3-50　拆下另一侧差速器轴承

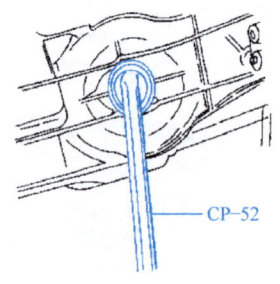

图 3-51　拆下变速器侧面的密封圈

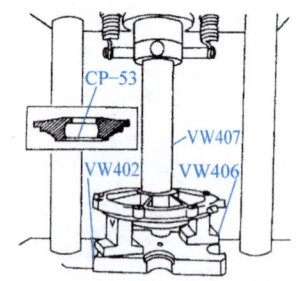

图 3-52　拆下差速器轴承的外座圈和调整垫片 s1

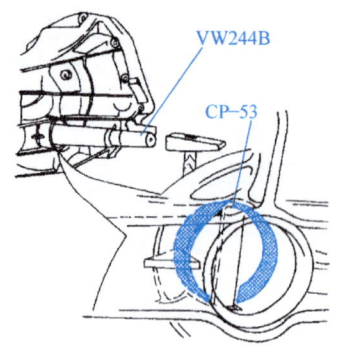

图 3-53　拆下另一侧差速器轴承的外座圈和调整垫片 s2

注意：当更换差速器轴承时，轴承外座圈需一起更换，同时必须计算出从动齿轮的调整垫片 s1 和 s2 的厚度。

4）差速器壳的安装。

① 计算从动锥齿轮调整垫片 s1 和 s2 的厚度。装上调整垫片 s2 和差速器轴承外座圈。

② 装上调整垫片 s1 和轴承外座圈，如图 3-54 所示。

③ 装上变速器的侧面密封圈。将差速器轴承加热至 120℃（与从动锥齿轮相对的一边）并装在差速器壳上。将差速器轴承压到位，如图 3-55 所示。

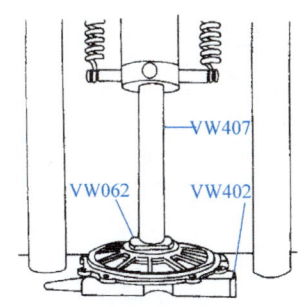

图 3-54　安装调整垫片 s1 和轴承外座圈

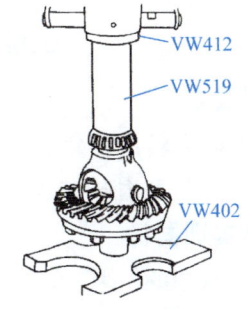

图 3-55　压入差速器一侧轴承

④ 将差速器另一轴承加热至 120℃，并装在差速器壳上。将轴承压到位，如图 3-56 所示。

⑤ 装上车速里程表主动齿轮和锁紧套筒，使 $X=1.88$ mm（VW433a 只能支撑在锁紧套筒上，以免齿轮受损）。

⑥ 用适当的齿轮油润滑差速器轴承。将差速器装入变速器壳体内，装上主减速器盖。拆下变速器后盖和轴承支座。将专用工具 VW521/4、VW521/8 和扭力扳手一起装在差速器上，如图 3-57 所示。

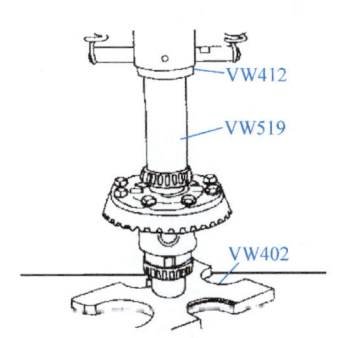

图 3-56　压入差速器另一侧轴承

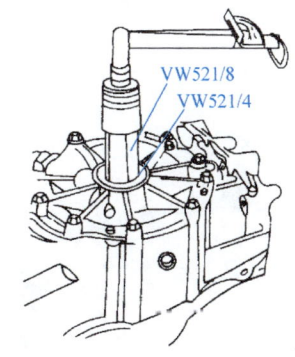

图 3-57　安装专用工具和扭力扳手

⑦ 通过扭力扳手，转动差速器，检查摩擦力矩，对新的轴承来说最小应为 2.5N·m。

注意：检查摩擦力矩必须将差速器轴承用适当的齿轮油润滑。

⑧ 调整从动锥齿轮。装上变速器后盖和轴承支座。装上半轴凸缘并给变速器加油。安装变速器。

链接9

拆装后驱动桥

技能训练五　拆装动力转向器

1. 实训要求

1）掌握动力转向器结构。

2）正确拆装动力转向器。

2. 主要实训器材

1）桑塔纳2000型汽车。

2）汽车维修工具1套。

3. 操作步骤

（1）拆卸　桑塔纳2000型汽车动力转向器分解图如图3-58所示。

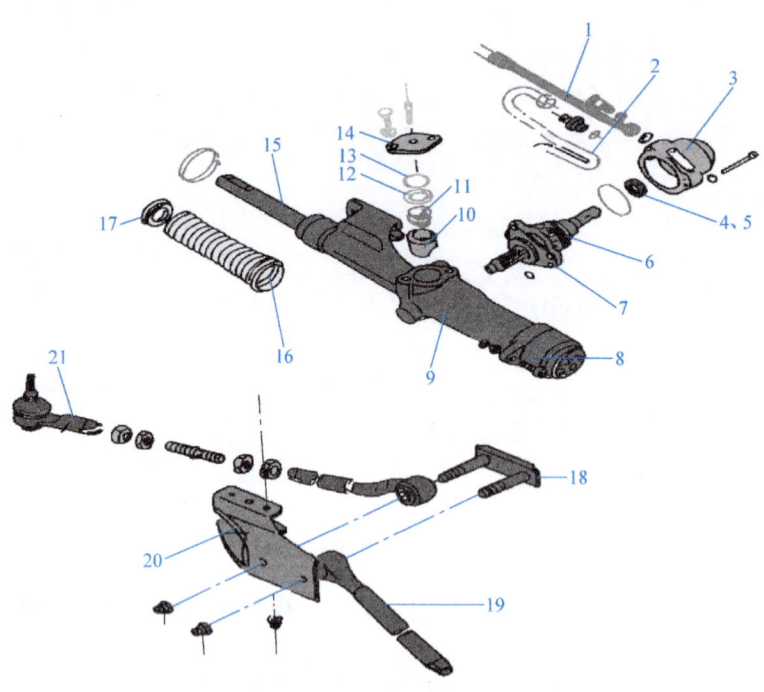

图3-58　桑塔纳2000型汽车动力转向器分解图

1—进油管　2—回油管　3—阀体罩壳　4—密封圈　5—轴承　6—转向齿轮　7—连接盖　8—密封罩　9—转向器外壳　10—压块　11—补偿弹簧　12—补偿垫片　13—密封压座　14—压盖　15—齿条　16—防尘罩　17—固定环　18—连接杆　19—左转向横拉杆　20—转向支架　21—右转向横拉杆

1）用举升器举起车辆，排放转向液压油（ATF），然后拆下固定横拉杆的螺母

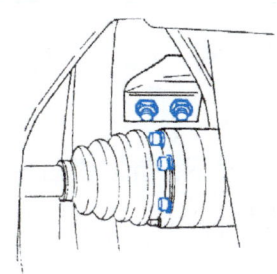

2）拆卸左前轮罩处的转向器固定螺栓

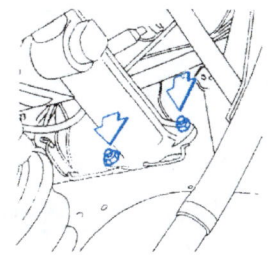

3）松开在转向控制阀外壳上的进油管

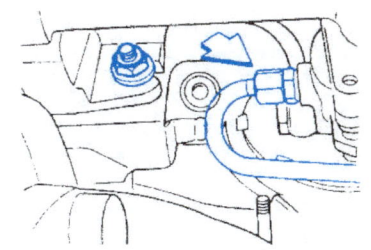

4）拆卸后横板上固定转向器的左边自锁螺母

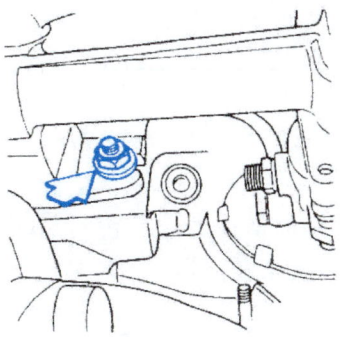

（续）

5）把车辆放下，拆卸紧固齿条与转向横拉杆的螺栓	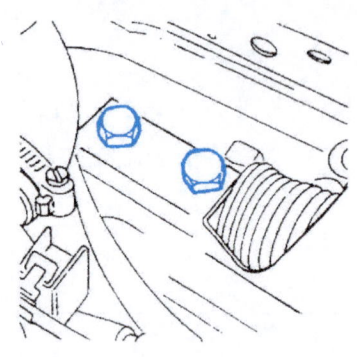
6）拆卸仪表板侧边下盖、通风管和踏板盖，拆卸紧固转向齿轮轴与联轴器的螺栓，并使各轴分开	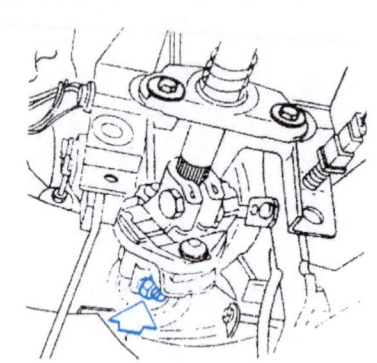
7）拆卸防尘罩，从汽车内部，拆卸固定在转向控制阀外壳上回油软管的泄放螺栓	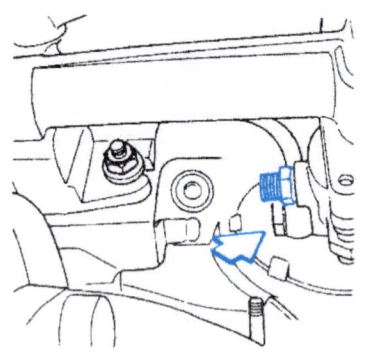
8）拆卸后横板上固定转向器的自锁螺母，然后拆下转向器	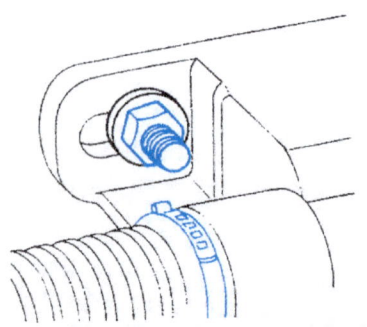

（2）安装动力转向器

提示： 当检修或更换动力转向器后，须再次安装到车上。安装时应注意，液压泵和转向控制阀上固定泄放螺栓的密封圈只要被拆卸，就必须更换。

1）在后横板上安装转向器，安装自锁螺母但不必完全拧紧。

2）支撑起车辆。

3）在转向油泵上安装进油管和回油管，使用新的密封圈，并用40N·m的力矩拧紧螺栓。

4）安装左前轮罩上的转向器固定螺栓，并用20N·m的力矩拧紧螺母。

5）安装在后横板上固定转向器的自锁螺母，并用40N·m的力矩拧紧螺母。

6）把进油管固定在转向控制阀外壳上。

7）把车辆放下。

8）安装转向横拉杆支架固定螺栓，并用45N·m的力矩拧紧。

9）从车辆内部把回油软管安装在转向控制阀外壳上。

10）安装防尘套。

11）连接联轴器，安装固定螺栓并用25N·m的力矩拧紧。

12）安装踏板盖、通风管和仪表板盖。

技能训练六　拆检非独立悬架转向传动机构

1. 实训要求

1）掌握非独立悬架转向传动机构的结构。

2）能够拆装非独立悬架转向传动机构。

3）装配调整后符合技术标准。

2. 主要实训器材

1）东风EQ1108G型汽车1辆。

2）汽车维修工具1套。

3. 操作步骤

（1）拆卸

1）如图3-59所示，拆下横拉杆球头紧固螺母10的开口销，旋下紧固螺母，用顶拔器从转向梯形臂锥孔中拉下球头销5及横拉杆12。旋下横拉杆紧固螺栓，取下横拉杆12。

2）取下密封圈9及防尘罩8，拆下固定球头销调整螺塞1的开口销，用螺钉旋具旋出调整螺塞，从横拉杆接头中取出球头销5等零件。

3）如图3-60所示，拆下直拉杆两端的开口销，旋出球头销调整螺塞1，取出弹簧座2、弹簧3、球头销座4等零件，取下球头销9。

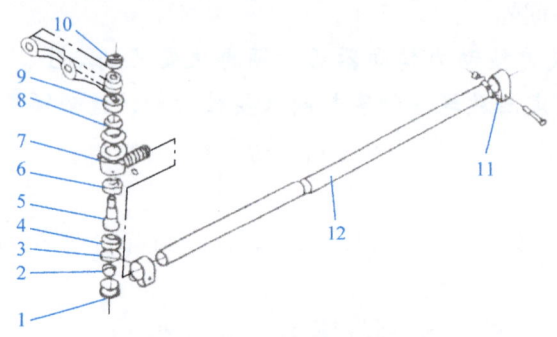

图3-59 转向横拉杆分解图

1—螺塞 2—弹簧 3—限位套 4—上球头座 5—球头销 6—下球头座 7—横拉杆接头
8—防尘罩 9—密封圈 10—紧固螺母 11—卡箍 12—横拉杆

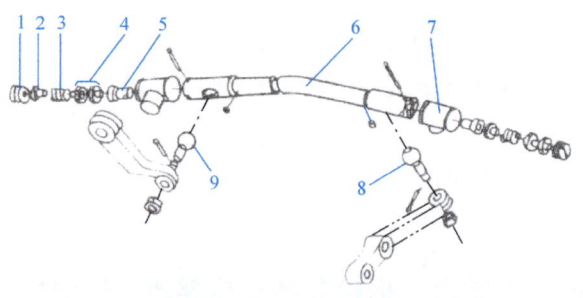

图3-60 转向直拉杆分解图

1—螺塞 2—弹簧座 3—弹簧 4—球头销座 5—止推垫 6—直拉杆 7—防尘罩 8、9—球头销

4）拆卸直拉杆总成，方法与拆卸横拉杆相同。

5）从转向器上拆下摇臂（拆前要做好标记）。

6）从转向节上拆下转向节臂、转向节梯形臂。

（2）装配

1）横、直拉杆的装配。清洗吹干后，在球头销及球头销座配合表面涂抹适量润滑脂。然后按图3-58和图3-59所示顺序在横、直拉杆两端安装好球头销等零件。装配后，调整球头销预紧度，将调整螺塞拧到底再退回1/4~1/2圈，使螺塞上的槽与开口销孔对正，穿入开口销锁止。此时，用手扳动球头销，应转动灵活且无松旷感觉，否则，重新调整。

2）将转向传动机构装到车上安装横、直拉杆时，两端接头的旋入长度应相同，各球头销螺母应以200~500N·m的力矩旋紧。对正记号，将转向摇臂安装到转向摇臂轴上。更换新件时，由于原标记被破坏，可将转向盘转到中间位置，并使前轮处于直线行驶状态，然后将转向摇臂安装到摇臂轴上，同时应做好标记。

（3）调整

1）前轮前束的调整（在空载状态下）。将汽车停在平坦的场地上，顶起前桥，使车轮处于直线行驶位置。用前束尺在左右轮胎的中间位置测量，如图3-61所示。B减去A即为前束值，前束值应为1~5mm。否则，应松开横拉杆上的夹紧箍螺栓，用管钳转动横拉杆进行调整。

2）最大转向角的调整。转向角的大小可通过调整转向节凸缘上的螺钉进行调整，螺钉向里旋时，转向角增大，反之则减小。调整合适后，旋紧限位螺钉的锁紧螺母。

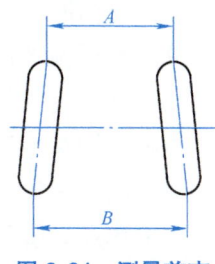

图3-61 测量前束

技能训练七　更换制动主缸

1. 实训要求
1）掌握液压制动系统的组成。
2）正确拆装制动主缸。

2. 主要实训器材
1）大众迈腾汽车1辆。
2）常用维修工具1套。
3）制动液加注和排放装置。

3. 操作步骤
制动总缸系统分解图如图3-62所示。

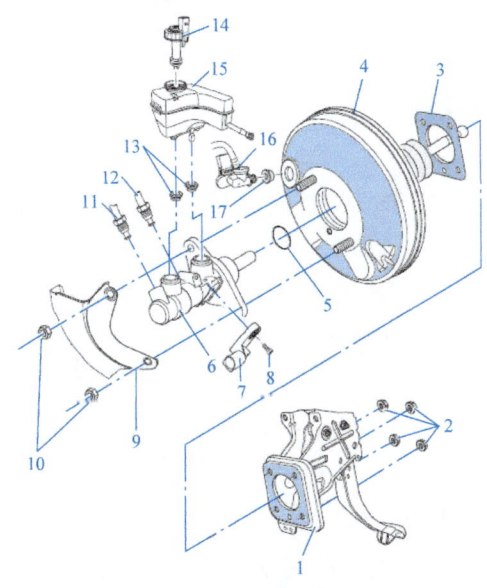

图3-62 制动总缸系统分解图

1—踏板机构　2、10—自锁六角螺母　3—密封件　4—制动助力器　5—密封环　6—制动主缸　7—制动灯开关　8—内星形螺栓　9—隔热板　11、12—制动管路　13、17—密封塞　14—密封盖　15—制动液储液罐　16—真空管

（1）拆卸

1）断开蓄电池。

2）拆下进气软管、空气滤清器壳体。

3）拆卸蓄电池。

4）旋出螺栓（图3-63中箭头所指），取下蓄电池支架。

5）在发动机和变速器区域内放置足量的无纺布抹布。

6）用制动液加注和排放装置从制动液储液罐中抽出尽量多的制动液。

7）拔下制动液液位警告触点的插头1（图3-64）。

8）拔下制动灯开关的插头2（图3-64）。

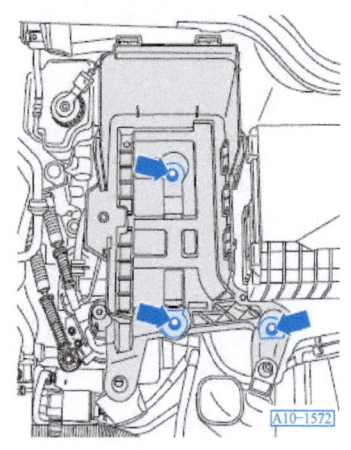

图3-63　旋出螺栓

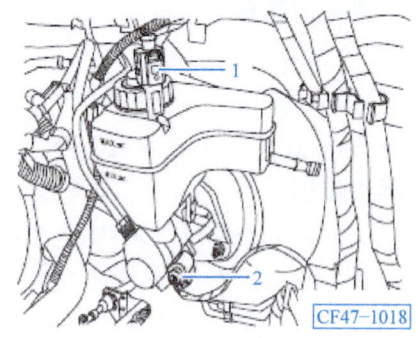

图3-64　拔下插头

1、2—插头

9）向外按压储液罐上的卡板，并同时拔出密封塞中的制动液储液罐，取下制动液储液罐。

10）拧下制动主缸上的制动管路1（图3-65），用维修套件中的密封塞堵住制动管路。

11）拧下制动主缸上的螺母2（图3-65）。

12）取下隔热板（如果有）。

13）小心地取出制动助力器中的制动主缸。

14）拧下制动主缸上的制动灯开关的固定螺栓，并取下制动灯开关。

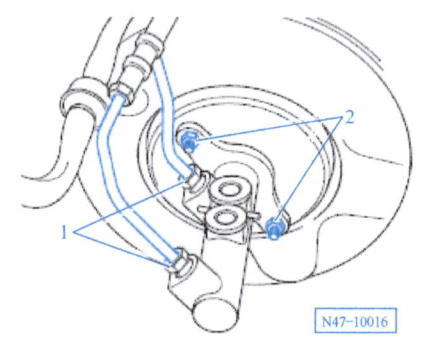

图3-65　拧下制动管路及螺母

1—制动管路　2—螺母

（2）安装　安装大体以与拆卸相反的顺序进行，但要注意：

1）组装制动主缸及制动助力器时，注意推杆在制动主缸中的正确位置。

2）对制动系统进行排气。

链接 10

拆装独立悬架转向传动机构

技能训练八　更换制动助力器总成

1. 实训要求

1）掌握液压制动系统的组成。

2）正确拆装制动助力器总成。

2. 主要实训器材

1）大众迈腾汽车 1 辆。

2）常用维修工具 1 套。

3）制动液加注和排放装置。

3. 操作步骤

（1）拆卸

1）断开蓄电池。

2）拆卸发动机舱盖。

3）拆卸制动主缸。

4）旋出螺栓（图 3-66 中箭头所指），并取下隔热板 1（如果有）。

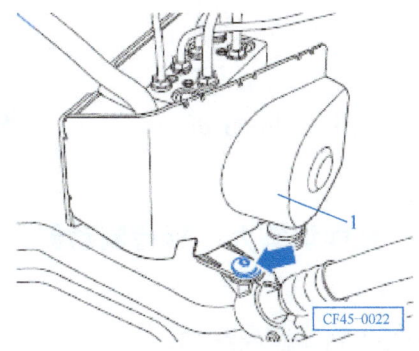

图 3-66　旋出螺栓

1—隔热板

5）在配备真空助力液压增强（HBV）系统的车辆上，拔下真空度传感器的插头。

6）拆下前围板上的制动管路盖板（如果有），并脱开制动管路。

7）拉出制动助力器上的真空管。

8）根据装备拆下前围板的插头1、2和3，并置于一旁（图3-67）。

9）拆下前围板的插头板，将制动助力器外侧隔音垫从前围板上脱开并放置一旁。

10）拧下液压单元至制动主缸的制动管路，并从车辆中取下。

11）拆下驾驶人侧脚部空间盖板。

12）拧下紧固螺母（图3-68中箭头所指），并拆下脚部空间饰板1。

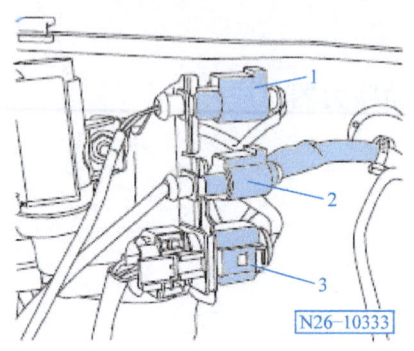

图3-67 拆下前围板的插头

1、2、3—插头

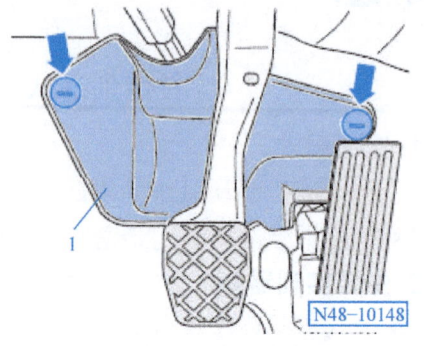

图3-68 拧下紧固螺母

1—饰板

13）脱开制动助力器上的制动踏板。

14）将隔音垫压向一侧。

15）拧下制动助力器上的螺母1（图3-69）。

16）松开制动踏板支承座的两个上部螺母2（图3-69）。

17）小心地从车辆中取出制动助力器。

（2）安装 安装以与拆卸相反的顺序进行。

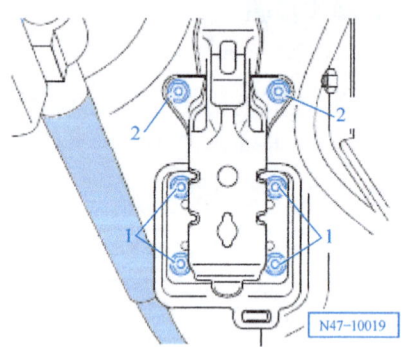

图3-69 拧下螺母

1、2—螺母

技能训练九 拆检制动器

1. 实训要求

1）掌握鼓式制动器、盘式制动器的结构。

2）正确拆检制动器。

2. 主要实训器材

1）桑塔纳2000型轿车。

2）常用维修工具 1 套。

3. 操作步骤

（1）盘式制动器的拆卸

1）将车轮上的螺母拧下	
2）卸下车轮	
3）拆下制动摩擦片的防振弹簧	
4）用内六角扳手拆下制动分泵上下定位螺栓	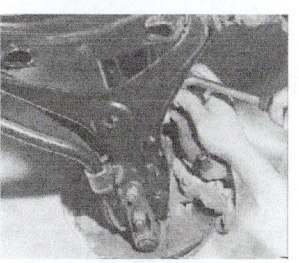
5）将活塞压回，取下制动钳体，用钢丝吊于车身上	

（续）

步骤	图示
6）从支架上取下制动摩擦片	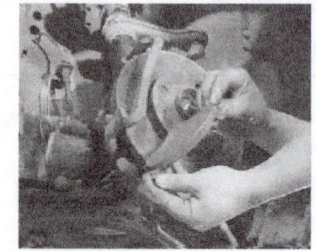
7）拆下制动软管与制动分泵的连接	
8）取下制动钳支架	
9）拆下摩擦盘	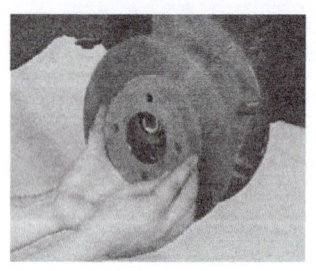
10）向放气螺钉孔中吹压缩空气，将活塞从缸筒中吹出	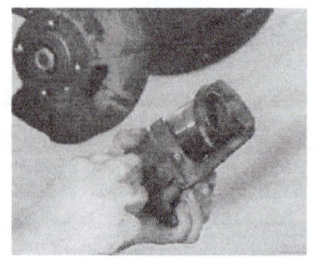

(2)盘式制动器的检修

1)用直尺测量摩擦片磨损极限值,通常包括制动底板,摩擦片的厚度不应小于7mm,如果小于7mm应更换摩擦片

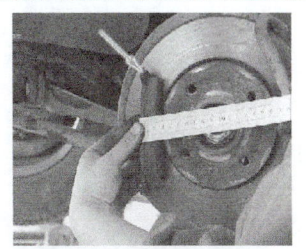

2)再用卡尺测量制动盘的厚度,制动盘磨损极限值不应小于18mm,如果低于18mm,应更换制动盘

3)转动制动盘,检查制动盘摩擦表面上的径向圆跳动量,如果超过0.06mm,应更换制动盘

(3)鼓式制动器的拆卸

1)卸下盖板

2)将车轮上的螺母拧下

(续)

3）卸下车轮	
4）拿下螺母	
5）拆下保险销	
6）将紧固螺母取下	
7）取下滚针轴承	

（续）

8）拆下轮毂	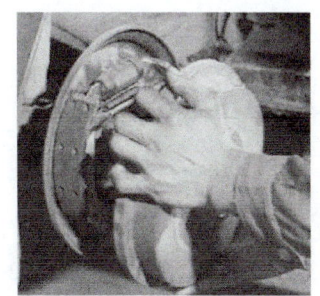
9）用鲤鱼钳拆下压簧座圈	
10）取下回位弹簧，卸下制动蹄	
11）取下制动杆上的制动拉索	
12）卸下制动分泵	

（4）鼓式制动器的检修

1）先检查制动蹄的厚度，不应低于2.5mm	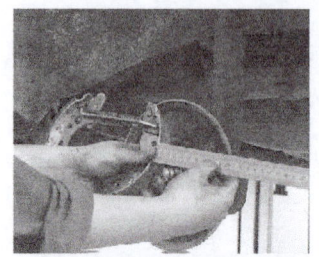
2）检查制动鼓的尺寸，制动鼓的内径尺寸应不大于200mm，否则应更换制动鼓	
3）制动分泵的检查主要是观察活塞是否顺畅，皮碗是否老化、漏油	
4）检查完毕，按与拆卸相反的顺序安装车轮	

（5）驻车制动器的检查

1）拉动驻车制动杆，听驻车制动杆的响声次数（轿车一般为5~9次）	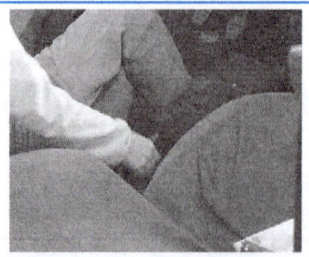

(续)

2）调整固定螺母	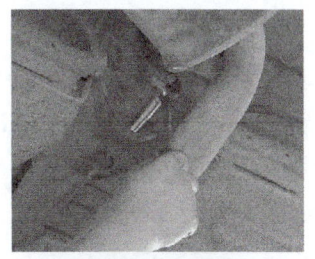
3）直到用手不能转动两个后轮为止	
4）松开驻车制动杆，两后轮旋转自如即为调整合适	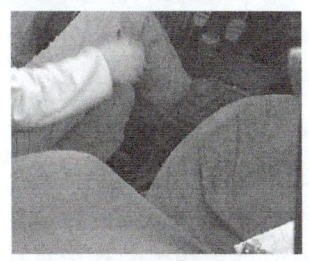
（6）检查制动真空助力器	
1）发动机处于熄火状态，踩几下制动踏板，消除助力器气室中的真空度	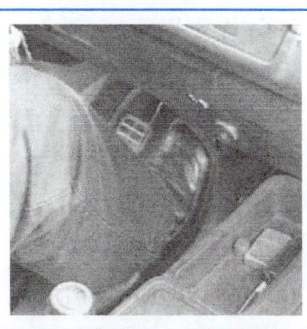
2）以适中的力踩下制动踏板，并保持在一定的位置	

（续）

3）起动发动机，如果制动踏板高度有所下降，说明真空助力器工作情况良好。如果制动踏板无任何变化，说明助力器已经失灵，应予更换

复习思考题

1. 传动系统的作用是什么？
2. 传动系统由几部分组成？
3. 传动系统的布置型式有几种？
4. 离合器的作用是什么？
5. 离合器由几部分组成？
6. 离合器总成拆装注意事项有哪些？
7. 手动变速器由几部分组成？
8. 手动变速器总成拆装应注意哪些事项？
9. 万向传动装置的作用是什么？
10. 万象传动装置由几部分组成？
11. 万向节分几种？
12. 主减速器和差速器的作用是什么？
13. 行驶系统由几部分组成？
14. 悬架的作用是什么？
15. 悬架由几部分组成？
16. 悬架分几种类型？
17. 什么是车轮定位？
18. 转向系统的作用是什么？
19. 机械转向系统由几部分组成？
20. 动力转向系统由几部分组成？
21. 液压助力转向系统由几部分组成？
22. 电动助力转向系统由几部分组成？
23. 与非独立悬架配用的转向传动机构由几部分组成？
24. 与独立悬架配用的转向传动机构由几部分组成？

25. 制动系统由几部分组成？
26. 制动主缸由几部分组成？
27. 真空助力器的作用是什么？
28. 制动主缸和制动轮缸检修技术要求有哪些？
29. 制动控制阀的作用是什么？
30. 鼓式车轮制动器由几部分组成？
31. 浮钳盘式制动器由几部分组成？
32. 鼓式制动器检修技术要求有哪些？
33. 盘式制动器检修技术要求有哪些？
34. 驻车制动装置的作用是什么？
35. 如何检查驻车制动器性能？
36. 如何拆装离合器总成？
37. 如何拆装手动变速器总成？
38. 如何拆装万向传动装置？
39. 如何拆装等速万向传动装置？
40. 如何拆装前驱动桥？
41. 如何拆装后驱动桥？
42. 如何更换自动变速器油？
43. 如何更换轮胎？
44. 如何拆装齿轮齿条式转向器？
45. 如何拆装循环球式转向器？
46. 如何拆装蜗杆曲柄指销式转向器？
47. 如何拆装动力转向器？
48. 如何拆装电动助力转向器？
49. 如何拆装动力转向液压泵？
50. 如何拆装非独立悬架转向传动机构？
51. 如何拆装独立悬架转向传动机构？
52. 如何更换制动主缸？
53. 如何更换制动助力器总成？
54. 如何更换鼓式制动器总成？
55. 如何更换盘式制动器总成？

项目 4 汽车电器检修

Chapter 4

4.1 蓄电池检修

4.1.1 蓄电池结构与工作原理

蓄电池由极板组（正负极板）、隔板、电解液、外壳、连接条、极柱、蓄电池盖及加液孔盖等部分组成。蓄电池一般由 3 个或 6 个单格电池串联而成，每个单格额定电压为 2V。常见蓄电池结构如图 4-1 所示，相关部件的介绍见表 4-1。

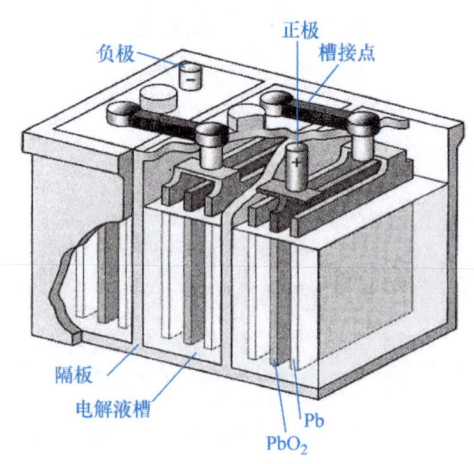

图 4-1　常见蓄电池结构

表 4-1　蓄电池相关部件的介绍

名称	图示	说明
极板		极板由栅架和活性物质组成，它是蓄电池的核心部分。蓄电池在充放电过程中，电能与化学能的相互转换依靠极板上的活性物质与电解液中的硫酸的化学反应来实现。极板分为正极板与负极板，正极板上的活性物质是深棕色的二氧化铅（PbO_2），负极板上的活性物质是青灰色海绵状铅（Pb）

(续)

名称	图示	说明
栅架		栅架由铅锑合金浇注而成。其作用是容纳活性物质并使极板成形。目前多采用铅-低锑合金栅架或铅-钙-锡合金栅架
隔板		隔板放置在正负极板之间,一面平整,一面有沟槽。沟槽面对着正极板,且与底部垂直,使充放电时电解液能通过沟槽及时供给正极板,当正极板上的活性物质 PbO_2 脱落时能迅速通过沟槽沉入容器底部
外壳		外壳用来盛装电解液、极板组和隔板,有硬橡胶外壳和聚丙烯塑料外壳等。各单格电池底部制有凸起的肋条用来放置极板组,使其下方有足够的空间作为沉淀槽用于装置脱落的活性物质,防止正、负极板接触而短路
极柱		极柱有锥台式和L式两种。L式极柱是装配后通过焊接连接的,而锥台式极柱是蓄电池装配后才浇注上去的。通常极柱的上方或旁边刻有"+"(P)或"-"(N)用来识别正、负极柱,有些蓄电池为了使标注明显,在正极柱和负极柱上涂有红色和蓝色的油漆

（续）

名称	图示	说明
连接条	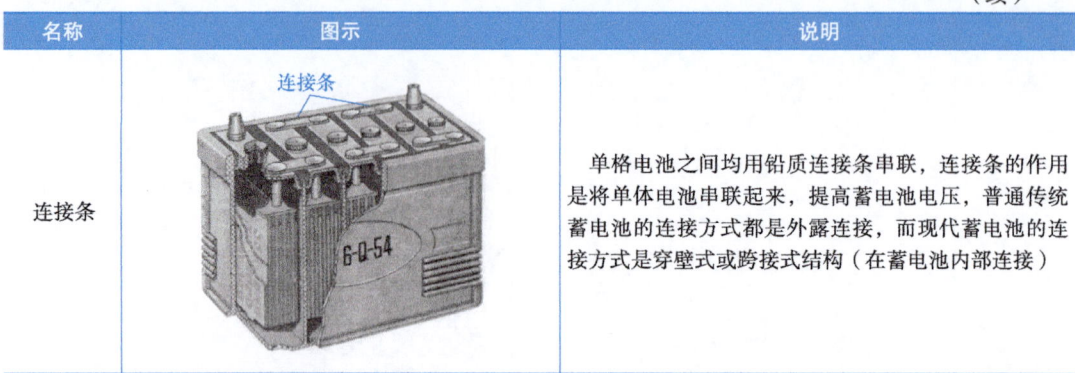	单格电池之间均用铅质连接条串联，连接条的作用是将单体电池串联起来，提高蓄电池电压，普通传统蓄电池的连接方式都是外露连接，而现代蓄电池的连接方式是穿壁式或跨接式结构（在蓄电池内部连接）

蓄电池的工作过程就是化学能与电能的相互转化过程。当蓄电池向外供电时，化学能转化为电能向外供电，此过程称为放电过程。当蓄电池与外部直流电源相并联进行充电时，将电能转化为化学能，则称为充电过程。两个过程是一个可逆反应，可通过以下反应方程式表示：

$$PbO_2 + 2H_2SO_4 + Pb \underset{充电}{\overset{放电}{\rightleftharpoons}} PbSO_4 + 2H_2O + PbSO_4$$

正极板　　电解液　　负极板　　　　正极板　　电解液　　负极板

4.1.2　蓄电池技术状况检查方法

1. 检查电解液液面高度

（1）玻璃试管测量法（图4-2）　将一根内径为6~8mm、长约150mm 的玻璃管，垂直插入加液口内，直至极板边缘为止，然后用拇指压紧管上口，用食指和无名指将玻璃管夹出，玻璃管中电解液的高度即为蓄电池内电解液高出极板的高度，应为10~15mm，最后再将电解液放入原单格电池中。

（2）液面高度指示线观察法（图4-3）　透明塑料外壳的蓄电池上均刻有（或印有）两条指示线，表示电解液高度的上限和下限。标准的电解液高度应介于两条指示线之间，否则应进行调整。

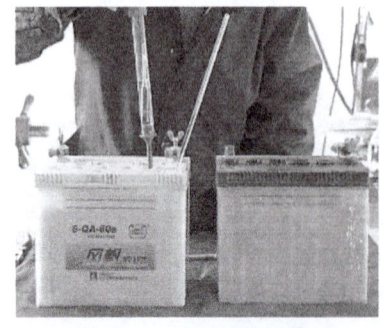
图4-2　玻璃试管测量法

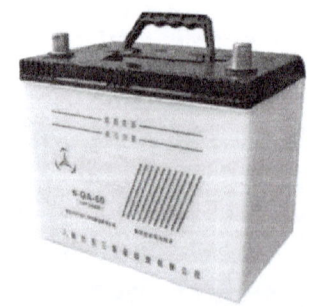
图4-3　液面高度指示线观察法

（3）图标标记观察法（图4-4） 许多新式蓄电池在加液孔盖或蓄电池壳体上，制有各种图标标记和说明，检查时可根据其图示形状或颜色的变化来判断电解液的多少和存电量状况。

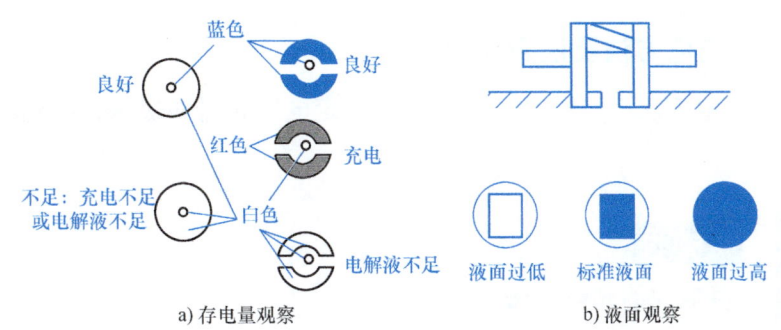

图4-4 图标标记观察法

2. 测量电解液相对密度，确定蓄电池放电程度

（1）实测密度值的换算 把实测的电解液密度和温度值代入式（4-1），就可计算出所测蓄电池电解液在20℃时的相对密度。

$$r = r_t + \beta (t-20) \tag{4-1}$$

式中　r ——所测蓄电池电解液在20℃时的相对密度；

　　　r_t ——电解液实测相对密度；

　　　β ——电解液相对密度温度系数，$\beta=0.00075$；

　　　t ——实测相对密度时的电解液温度。

（2）测量电解液密度的方法

1）打开蓄电池的所有加液孔盖，把密度计下端橡皮管插入电池单格加液孔内的电解液中（图4-5）。

2）将橡胶球捏扁，慢慢放松橡胶球，电解液就会被吸进玻璃管中。

注意：控制吸入的电解液不要过多或过少，使密度计心管既能浮起，又不要被上端顶住，以保证测量的准确性。

3）使密度计心管浮在玻璃管中央（不要与管壁接触），然后读取电解液密度值。

4）将测量换算后的电解液密度值与上次充电终了时的电解密度进行对比，根据两次的密度差来判断蓄电池的放电程度。

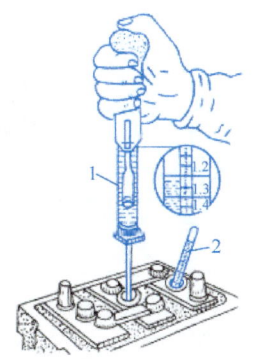

图4-5 电解液密度测量
1—密度计　2—温度计

注意：对于刚进行过强电流放电或刚加过蒸馏水的蓄电池，不宜进行电解液密度的测量，否则会因电解液混合不均匀而使测量结果不准确。

放电程度的判断方法：电解液密度与放电程度的关系为：电解液相对密度每下降 0.01g/cm³，相当于蓄电池放电 6%。由此，根据电解液密度可以确定蓄电池的放电程度。一般规定，蓄电池冬季放电达 25%，夏季放电达 50% 时不宜再使用，应及时进行充电，否则会使蓄电池极板硫化而提前报废。

4.1.3 蓄电池充电方法及注意事项

蓄电池的充电方法有三种：定电流充电、定电压充电和快速脉冲充电。

链接 11

蓄电池的充电方法

4.2 起动系统检修

4.2.1 起动系统组成与工作原理

起动系统主要由起动机组成。起动机由直流串励式电动机、传动机构、控制装置（即电磁开关）三部分组成，见表 4-2。

表 4-2 起动机组成

名称		图示	说明
电动机结构	电枢	换向器 电枢铁心 电枢绕组 电枢轴	电枢是直流电动机的旋转部分，包括电枢轴、换向器、电枢铁心、电枢绕组等部分。为了获得足够的转矩，通过电枢绕组的电流一般很大，因此电枢一般采用较粗的矩形裸铜线绕制而成
	励磁基座		磁极一般由 4 个低碳钢板制成，其内端部扩大为极掌形。每个磁极上绕有励磁绕组，两对磁极相对交错安装在电动机定子内壳上

（续）

名称		图示	说明
电动机结构	电刷架	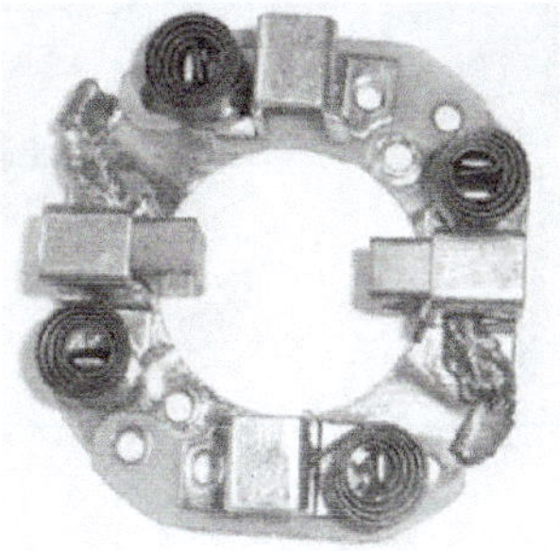	电刷架一般为框式结构，其中正极刷架与端盖绝缘，负极刷架通过机壳直接搭铁。电刷由铜粉与石墨粉压制而成，呈棕红色。电刷架上装有弹性较好的盘形弹簧
	机壳	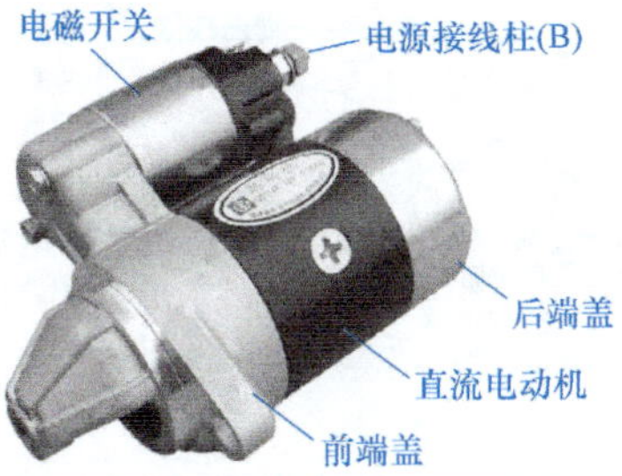	起动机端盖分前后两个，前端盖由钢板压制而成，后端盖由灰铸铁浇注而成。前后端盖均压装有青铜石墨轴承套或铁基含油轴承套，外围有2个或4个组装螺孔。电刷装在后端盖内，前端盖上有拨叉座，盖口有凸缘和安装螺孔，还有拧紧中间轴承板的螺钉孔
传动机构		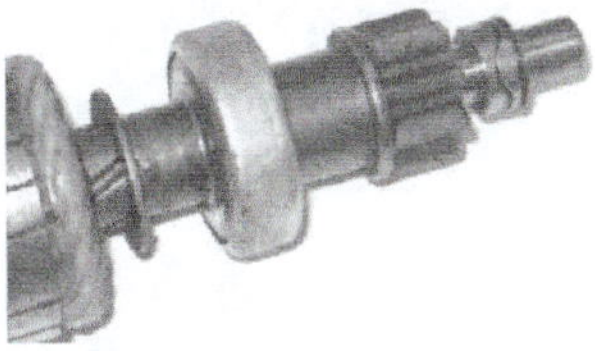	传动机构主要由单向离合器、减速机构（有些起动机不具有减速机构）、驱动齿轮等组成
		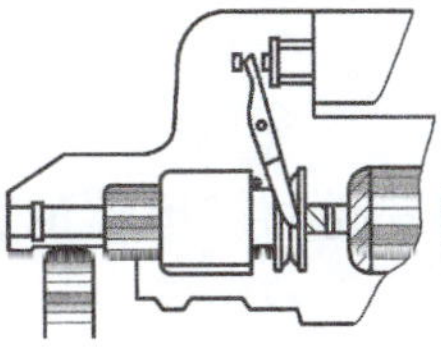 静止未工作 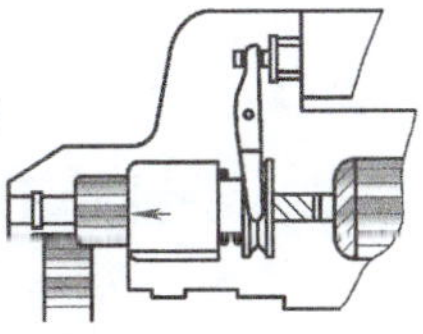 电磁开关通电推向啮合 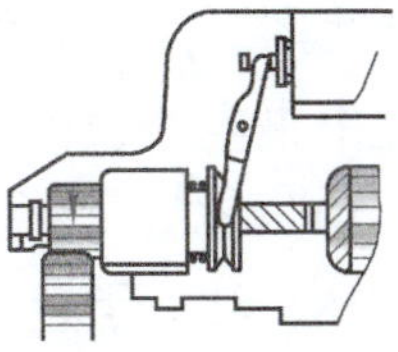 主开关接通接近完全啮合	传动机构的作用是在发动机起动时，将直流电动机的转矩传递给发动机曲轴；在发动机起动后，而与飞轮啮合的小齿轮没有及时回位的情况下，保护起动机不被飞轮反拖

（续）

名称	图示	说明
控制装置	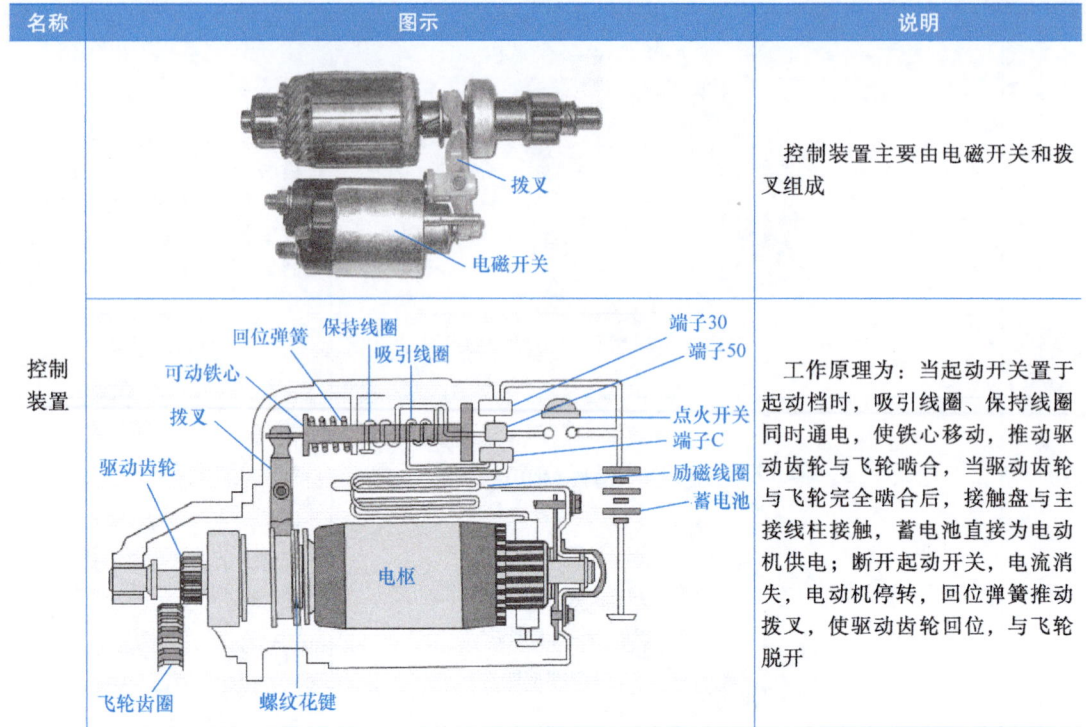	控制装置主要由电磁开关和拨叉组成
		工作原理为：当起动开关置于起动档时，吸引线圈、保持线圈同时通电，使铁心移动，推动驱动齿轮与飞轮啮合，当驱动齿轮与飞轮完全啮合后，接触盘与主接线柱接触，蓄电池直接为电动机供电；断开起动开关，电流消失，电动机停转，回位弹簧推动拨叉，使驱动齿轮回位，与飞轮脱开

4.2.2 起动机检查方法

链接12
起动机检查方法

4.2.3 起动系统电路相关知识

目前，起动系统的电路有两种形式：一种是不带起动继电器的；另一种是带起动继电器的。

1. 不带起动继电器的起动系统电路

图4-6所示为不带起动继电器的起动机接线图。点火开关转到起动位置时，电流由红色导线送至中央电路板单孔插头，再经过中央电路板内部电路、红色导线引至点火开关端子"30"，然后传至点火开关端子"50"、红／黑色导线、中央电路板接点B8、中央电路板内部电路、中央电路板接点C18、红／黑色导线，最后到达起动机接线柱"50"。蓄电池正极还通过黑色导线与起动机接线柱"30"连接。

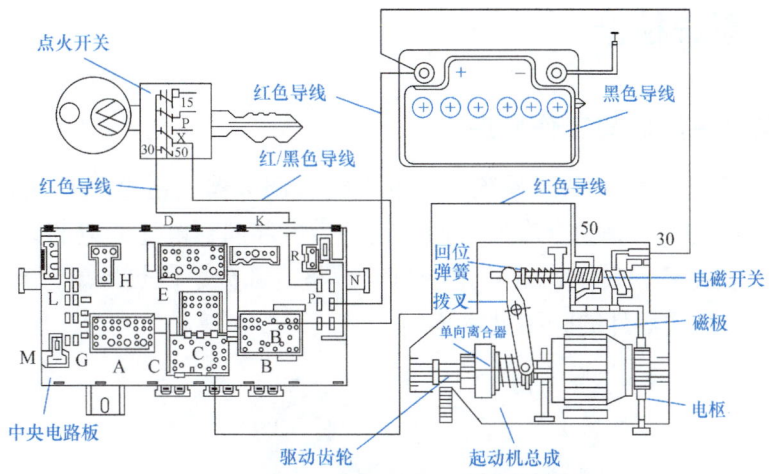

图4-6 不带起动继电器的起动机接线图

2. 带起动继电器的起动系统电路

图4-7所示为带起动继电器的起动机接线图。将点火开关3旋至起动档位，起动继电器线圈通电，电流由蓄电池正极→主接线柱4→电流表→点火开关起动触点→起动继电器的点火开关接线柱→线圈→搭铁→蓄电池负极，起动继电器触点1闭合，接通电磁开关电路。电磁开关的电流由蓄电池正极→主接线柱4→起动继电器的蓄电池接线柱→起动继电器触点1→起动继电器的起动机接线柱→电磁开关接线柱9→吸引线圈13→导电片7→主接线柱5→起动机→搭铁→蓄电池负极，同时电流由电磁开关接线柱9经保持线圈14回到蓄电池负极。两个线圈的电流方向会产生合成电磁力将电磁铁心15吸入，在起动机缓慢转动之下，拨叉19推出滚柱式离合器20，使驱动齿轮21柔和地啮入飞轮齿圈，起动发动机。

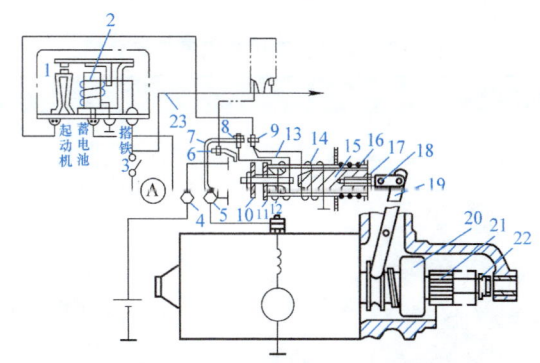

图4-7 带起动继电器的起动机接线图

1—起动继电器触点 2—起动继电器线圈 3—点火开关 4、5—主接线柱 6—辅助接线柱
7—导电片 8—吸引线圈接线柱 9—电磁开关接线柱 10—接触盘 11—活动杆 12—固定铁心
13—吸引线圈 14—保持线圈 15—电磁铁心 16—回位弹簧 17—螺杆 18—连接头 19—拨叉
20—滚柱式离合器 21—驱动齿轮 22—止推螺母 23—点火线附加电阻线（白色）

4.3 充电系统检修

4.3.1 充电系统组成与工作原理

汽车充电系统也称为电源系统,由发电机、调节器、蓄电池及充电指示装置等组成。充电系统的作用是向全车所有用电设备供电和向蓄电池充电储能。

交流发电机主要由转子总成、定子总成、整流部分、散热风扇、元件板等组成,如图4-8所示,相关零件的介绍见表4-3。

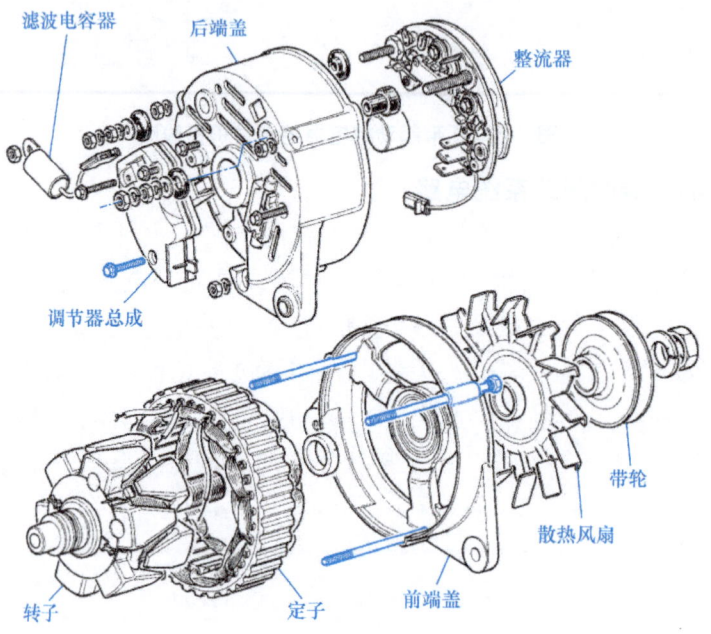

图4-8 交流发电机的组成

表4-3 交流发电机相关零件的介绍

名称	图示	说明
转子总成		转子总成由转子轴、集电环、爪极、励磁绕组等组成。发动机带轮带动发电机带轮旋转,当励磁绕组通电时,转子就产生旋转的磁场,切割定子

（续）

名称	图示	说明
定子总成		定子总成由铁心和定子绕组组成。固定的定子绕组切割转子产生的旋转的磁场（磁力线），定子绕组上就产生交流电动势
三相整流器	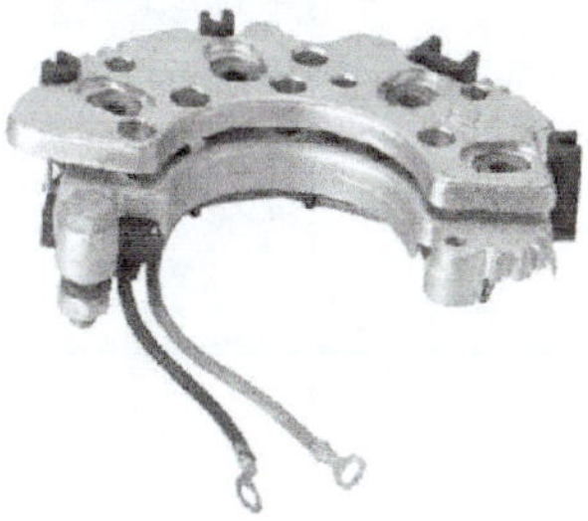 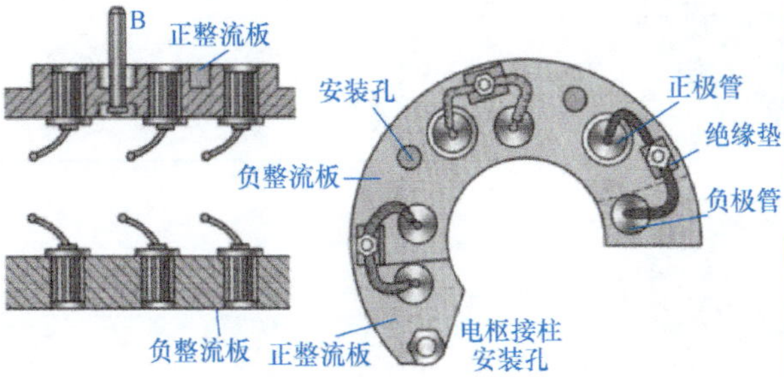	整流器的作用是将定子绕组的三相交流电变为直流电。整流器由整流板和整流二极管组成，6管交流发电机的整流器是由6只硅整流二极管分别压装（或焊装）在相互绝缘的两块板上组成的，其中一块为正极板（带有输出端螺栓），另一块为负极板，负极板和发电机外壳直接相连（搭铁），也可以将发电机的后盖直接作为负极板
电刷总成	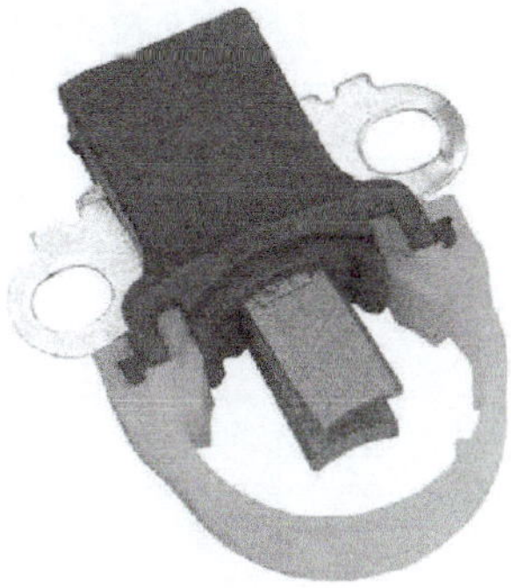	电刷组件由电刷、电刷架和电刷弹簧组成。电刷的作用是将电源通过集电环引入励磁绕组。两个电刷分别装在电刷架的孔内，借助弹簧压力集电滑环保持接触

（续）

名称	图示	说明
前（后）端盖	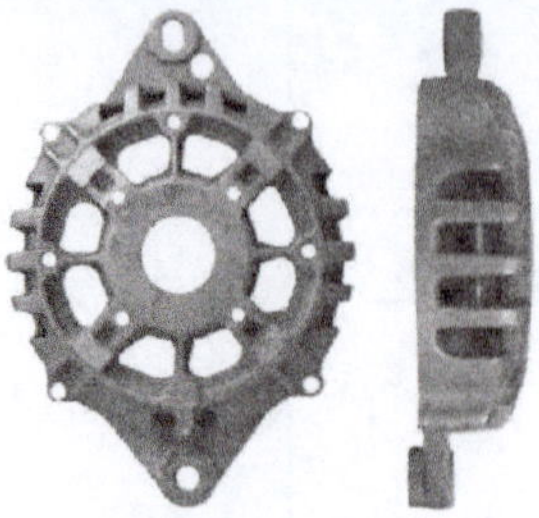	端盖一般分两部分（前端盖和后端盖），起支撑转子、定子、整流器和电刷组件的作用。后端盖上装有电刷组件
散热风扇		发电机工作时，定子绕组和励磁绕组中都会有热量产生，温度过高会烧坏导线的绝缘导致发电机不能正常工作，所以应为发电机装散热风扇，以提高散热能力
带轮		交流发电机的前端装有带轮，由发动机通过传动带驱动发电机的转子轴旋转
电压调节器	 晶体管电压调节器 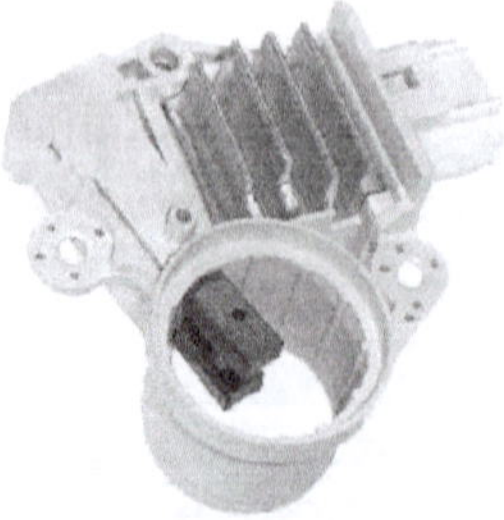 集成电路电压调节器	电压调节器的作用是保持发电机在转速和负荷变化时输出稳定的电压。电压调节器分为触点式电压调节器、晶体管电压调节器和集成电路电压调节器。触点式电压调节器已逐渐淘汰。集成电路电压调节器由于超小型，可直接装于发电机内部

4.3.2 发电机检查方法

链接 13
发电机检查方法

4.3.3 充电系统电路相关知识

1. 典型充电系统线路

汽车充电系统通常包括蓄电池、发电机、调节器、电流表（或电压表、充电指示灯）、开关等，用导线连接而成。典型充电系统线路图如图 4-9 所示。

2. 常见充电系统线路

带有集成电路电压调节器的整体式交流发电机与外部（蓄电池、线束）连

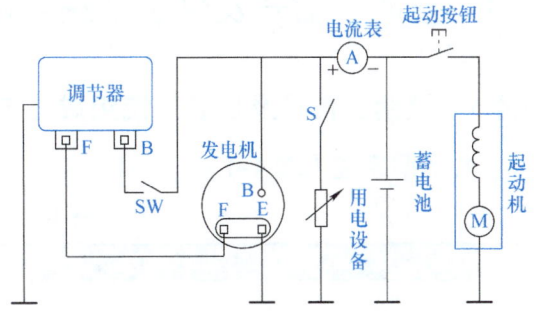

图 4-9　典型充电系统线路图

接端子通常用 "B+" "IG" "L" "S" "E"（或 "-"）等符号表示，这些符号通常在发电机端盖上标出，其代表的含义如下：

"B+" 为发电机输出端子，用一根粗导线连接至蓄电池正极或起动机上。

"IG" 通过线束连接至点火开关。

"L" 为充电警告灯连接端子，通过线束连接充电警告灯或充电指示继电器。

"S" 为调节器的电压检测端子，通过导线直接连接蓄电池的正极。

"E" 为发电机和调节器的搭铁端子。

桑塔纳轿车充电系统电路图如图 4-10 所示。

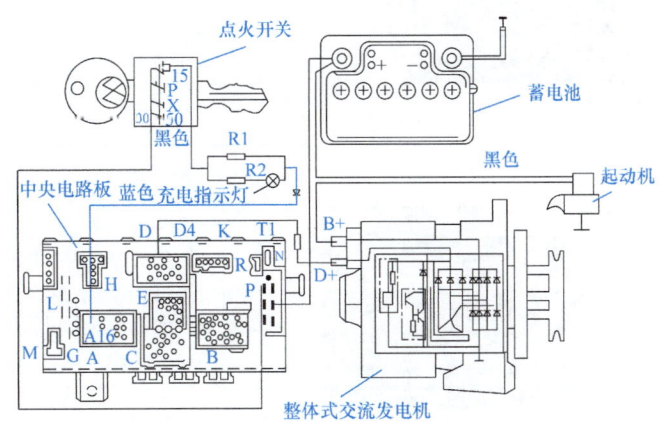

图 4-10　桑塔纳轿车充电系统线路图

桑塔纳轿车充电警告灯及发电机磁场绕组线路为：蓄电池正极端子→中央电路板内部电路→中央电路板单端子插座 P 端子→点火开关"30"端子→点火开关"15"端子→组合仪表板下方 14 端子插接器的"14"端子→电阻 R2 和充电警告灯（发光二极管）→二极管→中央线路板 A16 端子→中央电路板内部电路→中央电路板 D4 端子→单端子插接器 T1（蓄电池旁边）→交流发电机"D+"端子→发电机的磁场绕组→电子调节器功率晶体管→搭铁→蓄电池负极。

4.4 照明、信号及仪表系统检修

4.4.1 照明、信号及仪表系统组成与工作原理

1.照明系统（表 4-4）

表 4-4　照明系统

名称	图示	说明
前照灯		前照灯一般用于行车道路照明，有些车型也兼做超车灯使用
雾灯		雾灯安装在车头和车尾的保险杠上，采用波长较长、穿透力较强的黄色、橙色或红色光
组合灯		现代的许多汽车把前照灯、雾灯、前示宽灯等组合起来，成为组合前灯。把示宽灯、后转向信号灯、制动灯等组合起来成为组合后灯

2. 仪表（表 4-5）

表 4-5 仪表

名称	图示	说明
仪表盘		仪表盘通常由车速/里程表、燃油表、冷却液温度表、机油压力表（或油压警告灯）、电流表（或电压表、充电指示灯）、发动机转速表、若干种指示灯和警告灯组成
车速表		车速表指示汽车的行驶速度，以 km/h 为单位，通常采用指针式。一般将变速器输出轴的转速通过软轴传给车速表，然后换算成驱动轮相应的滚动速度
燃油表		指针式燃油表的刻度有两种： 1）字母式：E 表示空（EMPTY），1/2 表示一半，F 表示满（FULL） 2）数字式：0 表示空，1/2 表示一半，1 表示满
冷却液温度表		指针式冷却液温度表的刻度有两种： 1）字母式：C 表示冷（COLD），H 表示热（HOT） 2）数字式：如 0、80、100，单位为 ℃。有些冷却液温度表将刻度分成几种颜色：黄色表示温度偏低，绿色表示温度正常，红色表示温度过高
发动机转速表		发动机转速表是靠分电器上的曲轴转速传感器提供信号的。发动机转速表一般为指针式仪表，它的刻度为数字，单位为 r/min。有些汽车把数字式时钟放在发动机转速表内

4.4.2 照明、信号及仪表系统电路图知识

1. 照明系统电路图

图4-11所示为灯光照明系统电路图。灯光组合开关在Ⅰ档时，可控制仪表灯、前示宽灯、尾灯、牌照灯和后示宽灯；灯光开关在Ⅱ档时，上述灯继续亮的同时，灯光开关使前照灯继电器接通，前照灯近光灯工作；灯光开关中的前照灯变光开关可通过前照灯变光继电器控制远光灯的工作：灯光开关向上，前照灯变光继电器的磁化线圈通电，触点闭合，远光灯电路接通；灯光开关向下，远光灯电路断开。此外，远光灯还可通过灯光开关中的超车档直接控制，在超车时使用。

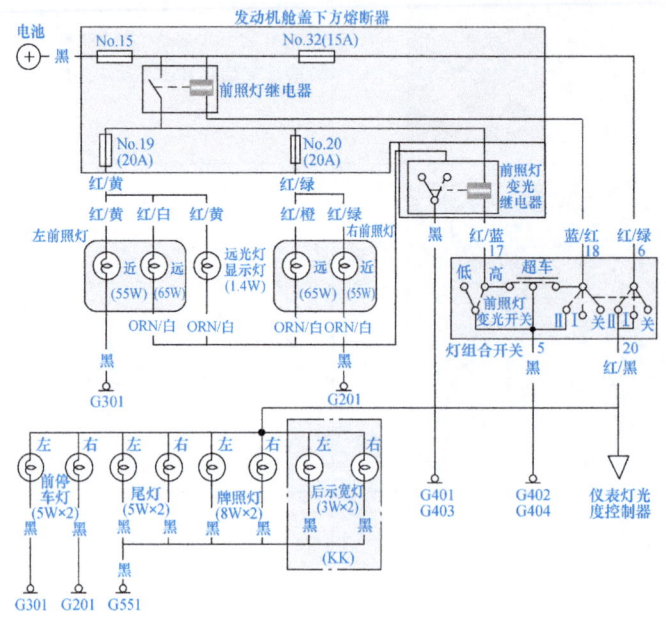

图4-11 灯光照明系统电路图

2. 信号系统电路图

转向灯与警告灯信号系统由转向灯、闪光继电器、转向组合手柄开关、危险报警闪光灯开关等组成。如图4-12所示，4个转向灯5、6、7、8（前左转向灯M5、后左转向灯M6、前右转向灯M7、后右转向灯M8）兼作警告灯使用，功率均为21W，后转向灯与尾灯、制动灯和倒车灯等组合在一起。转向灯与危险报警闪光灯共用一只含有电子元件与继电器的复合继电器，位于中央电路板12号位置。转向灯系统使用S19熔丝，危险报警闪光灯使用S4熔丝。

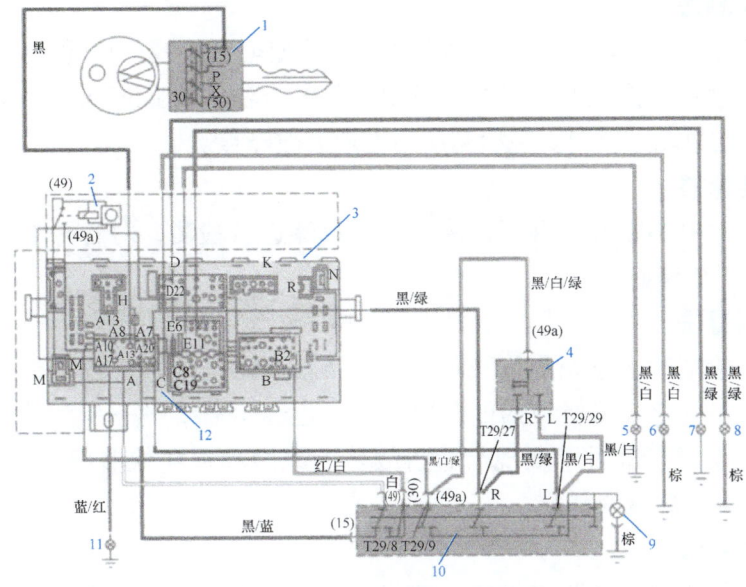

图 4-12 转向灯与警告灯接线图

1—点火开关（D） 2—转向/危险报警闪光灯继电器（J2） 3—中央电路板 4—转向灯开关（E2）
5—前左转向灯（M5） 6—后左转向灯（M6） 7—前右转向灯（M7） 8—后右转向灯（M8）
9—危险报警闪光灯指示灯（K6） 10—危险报警闪光灯开关（E3） 11—仪表板处转向指示灯（K5）
12—中央电路板 E6、C19、A20 接通，E11、C8 与 A7 接通

3. 仪表电路图

桑塔纳 3000 系列轿车组合仪表盘的电路图如图 4-13 所示。

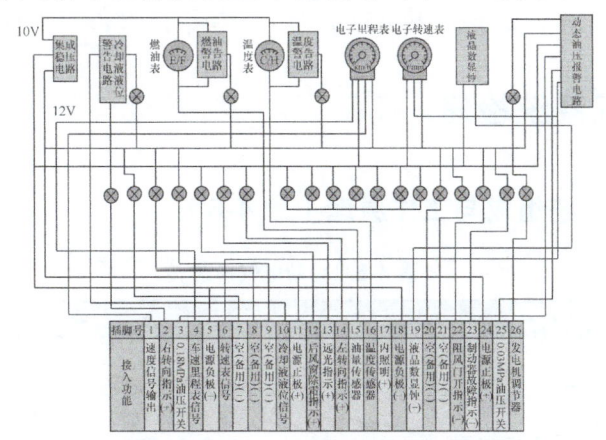

图 4-13 桑塔纳 3000 系列轿车组合仪表盘的电路图

4.4.3 照明、信号及仪表系统元件的检测方法

汽车照明、信号及仪表系统的故障，一般都出在传感器、连接器、导线、显示

器及各元件上,具体检测方法如下:

1. 直观检测法

直观检测法是指不使用任何仪器设备,不改变电路接线,单凭维修人员的视觉、听觉、嗅觉、触觉直接观察,寻找、发现故障的方法。实践证明,照明、信号及仪表系统元件多数故障可以用直观检测法来发现其故障点。

2. 检测传感器

将传感器的电路断开或拆下传感器,用仪器进行检测,对各种电阻式传感器进行电阻值测量,判断好坏。

3. 电压测量法

进行故障检测时,应先测量照明、信号及仪表系统元件中各种直流电压是否正常,即使在已经确定故障所在的电路部位时,也经常需要进一步测量电路中各关键点的电压是否正常,这对于发现与分析故障的原因和损坏的器件都是极有帮助的,它可以进一步确认故障的部位。

4. 断路试验法

断路试验是指脱焊电路连接的一端,或者取下所怀疑的元件,观测对故障现象的影响,如果原故障消失,则被断开电路或取下的组合和元件可能有故障。这种方法一是适用于检查直流供电电源部分短路或因负载过重造成元器件损坏等的故障;二是适用于待测电路比较复杂,涉及元器件较多,并且互相牵制,多方影响,只要其中一个单元电路有故障,就会导致整个电路工作的故障。

5. 替代法

当怀疑某一部件或某一元件有故障时,可利用良好的同型号部件或元件替代比较,若替代后工作正常,则故障很快就被确定到换下的部件或元件上。

4.5 辅助电气系统检修

4.5.1 辅助电气系统组成与工作原理(表4-6)

表4-6 辅助电气系统

名称	图示	说明
刮水器	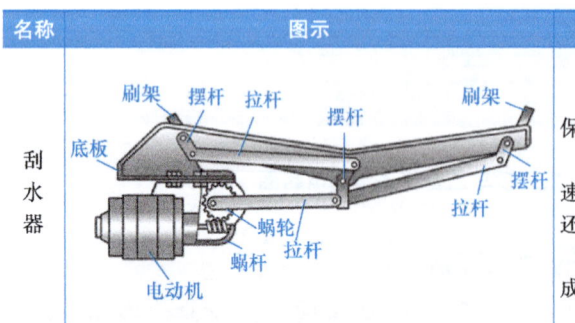	刮水器的作用就是除去风窗玻璃上的水、雪及沙尘,保证在不良天气时驾驶人仍具有良好的视线 目前在汽车上广泛采用的电动刮水器,普遍具有高速、低速及间歇三个工作档位,而且除了变速之外,还有自动回位的功能 电动刮水器由电动机、传动机构和刮水片三部分组成

（续）

名称	图示	说明
电动后视镜	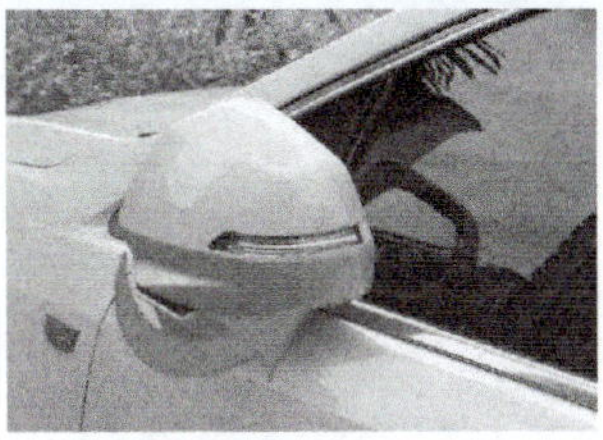	电动后视镜主要由调整开关、双电动机、传动和执行机构、外壳及连接件等组成。反射镜的背后装有两套电动机和驱动器，可操纵反射镜上下及左右转动。通常上下方向的转动用一个电动机控制，左右方向的转动用另一个电动机控制。通过改变电动机的电流方向，就可完成对后视镜的上下左右方向的调整
电动车窗	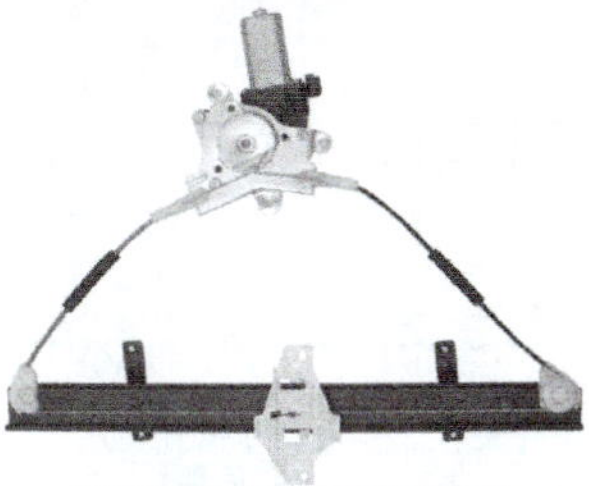 钢丝滚筒式电动车窗升降器 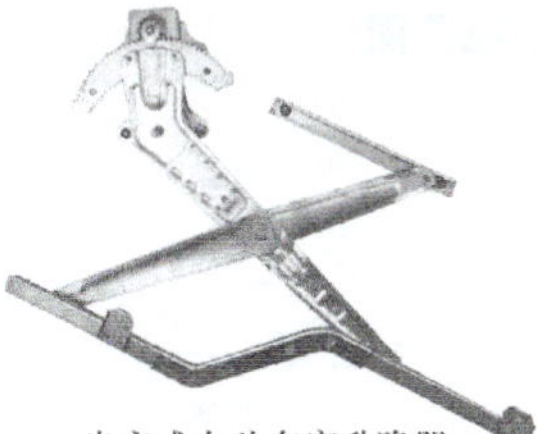 齿扇式电动车窗升降器 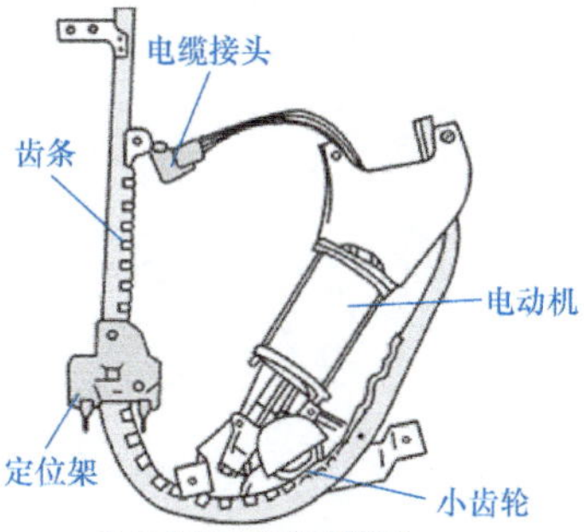 齿条式电动车窗升降器	电动车窗主要由车窗升降器、电动机、继电器、开关等组成。车窗升降器主要有钢丝滚筒式电动车窗升降器、齿扇式电动车窗升降器及齿条式电动车窗升降器 钢丝滚筒式玻璃升降器双向直流电动机前端安装有减速机构，其上安装一个绕有钢丝的滚筒，玻璃卡座固定在钢丝上且可在滑动支架上移动 齿扇式玻璃升降器双向直流电动机带动蜗杆蜗轮减速改变方向后，驱动齿扇，从而使玻璃上下移动，齿扇上安有螺旋弹簧，当门窗下降时螺旋弹簧收缩，当门窗上升时螺旋弹簧伸展，达到直流电动机双向负荷平衡的目的 齿条式电动车窗升降器采用柔性齿条和小齿轮，当电动机转动时，通过蜗杆蜗轮将动力传给小齿轮，小齿轮使齿条移动，齿条通过拉绳带动车窗升降
电动座椅	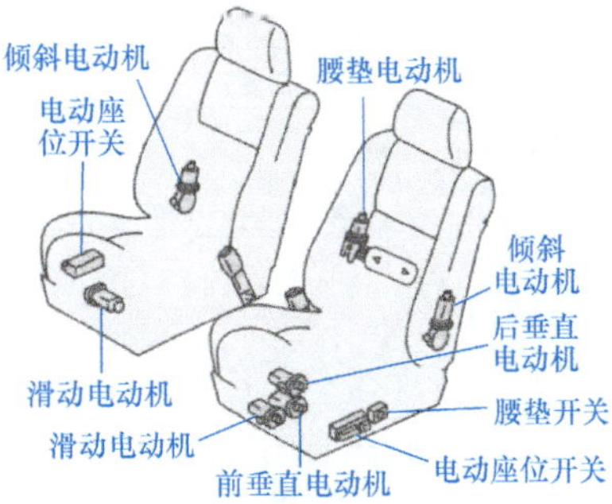	电动座椅是指以电动机为动力，通过传动装置和执行机构来调节座椅的各种位置，使驾驶人或乘员乘坐舒适的座椅 电动座椅前后方向的调节量一般为100~160mm，上下方向一般为30~50mm，全程移动所需时间为8~10s 电动座椅一般由传动机构、电动机和控制开关组成

4.5.2 电动车窗电动机及其开关检测、更换方法

1. 电动车窗系统电路

现以丰田轿车为例说明电动车窗电动机及其开关检测方法，图 4-14 所示为车窗系统电路图。

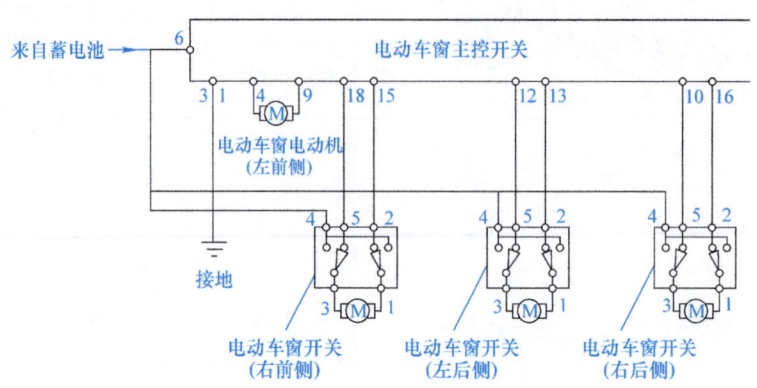

图 4-14　丰田轿车车窗系统电路图

2. 电动车窗控制装置（图 4-15）

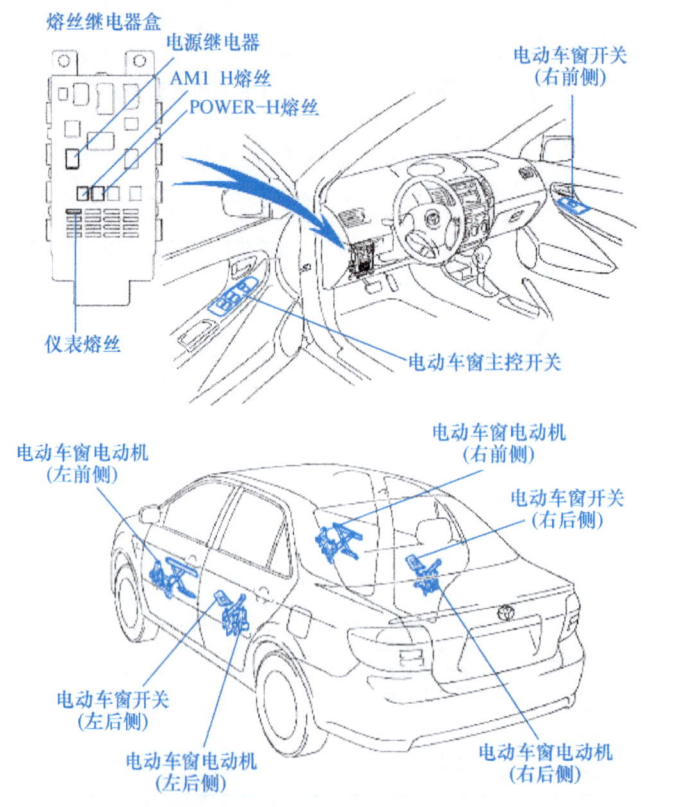

图 4-15　电动车窗控制装置

3. 电动车窗开关接头（图 4-16）
4. 检查电动车窗主控开关的导通性

如图 4-17 所示，若导通性与表 4-7 所列不符，则更换电动车窗主控开关。

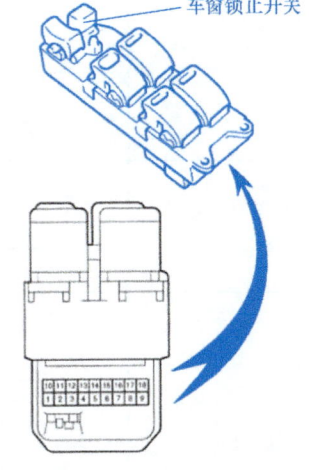

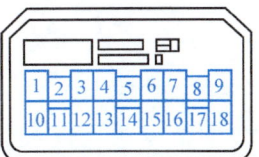
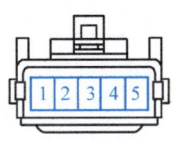

图 4-16　电动车窗开关接头　　　　图 4-17　电动车窗主控开关

表 4-7　电动车窗主控开关导通性诊断表

检测项目	开关状态	端子	正常状态
驾驶人侧车窗开关 （车窗未锁和车门上锁）	UP	4—6—7	导通
		1—3—9	
	OFF	1—3—4	导通
		1—3—9	
	DOWN	1—3—4	导通
		6—7—9	
	AUTO	1—3—4	导通
		6—7—9	
右前侧车窗开关 （车窗未锁）	UP	1—3—15	导通
		6—7—18	
	OFF	1—3—15	导通
		1—3—18	
	DOWN	1—3—18	导通
		6—7—15	
右前侧车窗开关 （车窗上锁）	UP	6—7—18	导通
	OFF	15—18	导通
	DOWN	6—7—15	导通

（续）

检测项目	开关状态	端子	正常状态
左后侧车窗开关（车窗未锁）	UP	1—3—13	导通
		6—7—12	
	OFF	1—3—13	导通
		1—3—12	
	DOWN	1—3—12	导通
		6—7—13	
左后侧车窗开关（车窗上锁）	UP	6—7—12	导通
	OFF	12—13	导通
	DOWN	6—7—13	导通
右后侧车窗开关（车窗未锁）	UP	6—7—10	导通
		1—3—16	
	OFF	1—3—10	导通
		1—3—16	
	DOWN	1—3—10	导通
		6—7—16	
右后侧车窗开关（车窗上锁）	UP	6—7—10	导通
	OFF	10—16	导通
	DOWN	6—7—16	导通

5. 检查开关照明

如图4-18所示进行检测，开关照明灯应亮，若不亮则要更换电动车窗主控开关。

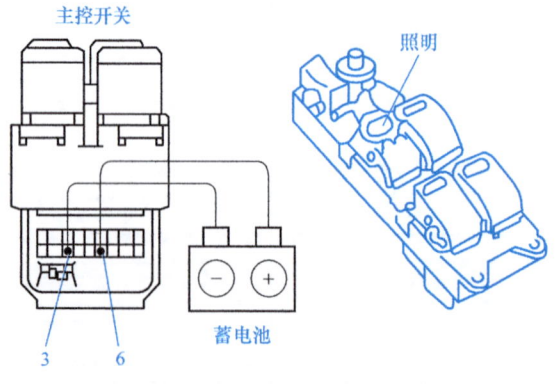

图4-18 电动车窗主控开关照明检测

6. 检查乘员电动车窗开关的导通性

如图4-19所示，如果导通性与表4-8所列不符，则更换乘员电动车窗开关。

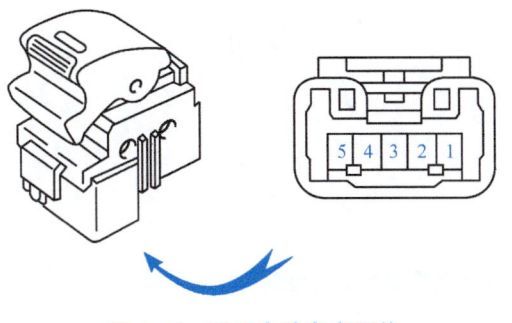

图4-19 乘员电动车窗开关

表4-8 乘员电动车窗开关导通性诊断表

开关状态	端子	正常状态
UP	1—2	导通
	3—4	
OFF	1—2	导通
	3—5	
DOWN	1—4	导通
	3—5	

7. 检测电动车窗电动机

左前侧和右后侧的电动车窗电动机应以相同步骤进行检测；右前侧和左后侧的电动车窗电动机应以相同步骤进行检测。

（1）检测左前侧和右后侧电动车窗电动机 如图4-20所示，将端子4与蓄电池正极相连、端子5与蓄电池负极相连，并检测电动机应顺时针旋转；反过来接线电动机应逆时针旋转。若检测结果与上述不符，更换左前侧电动车窗电动机。

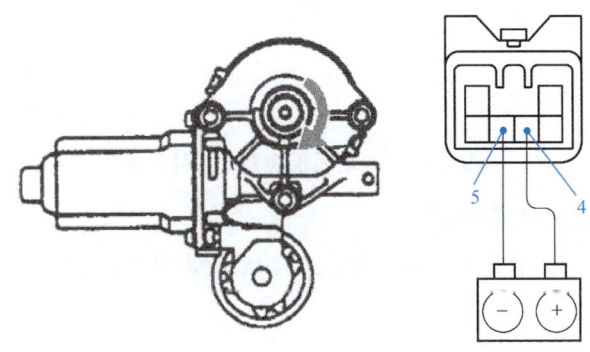

图4-20 左前侧和右后侧电动车窗电动机检测

（2）检测右前侧和左后侧电动车窗电动机 如图4-21所示，将端子5与蓄电池正极相连、端子4与蓄电池负极相连，检测电动机应顺时针旋转；反过来接线，检测电动机应逆时针旋转。若检测结果与上述不符，则更换右前门电动车窗电动机。

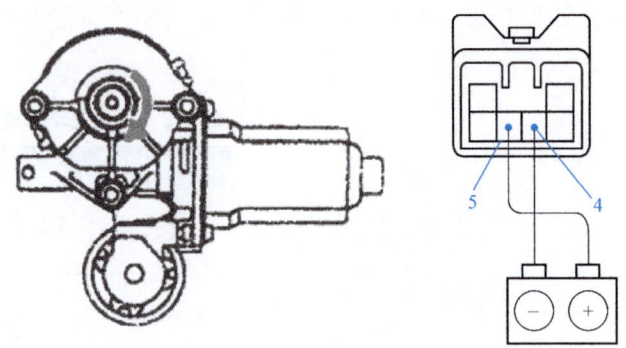

图 4-21　右前侧和左后侧电动车窗电动机检测

4.5.3　电动后视镜及其开关检测、更换方法

现以丰田威驰轿车电动后视镜系统为例说明电动后视镜及其开关检测方法。

电动后视镜系统各主要部件的位置如图 4-22 所示。

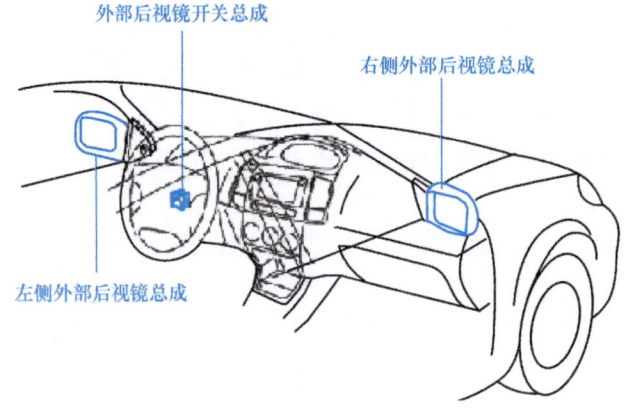

图 4-22　电动后视镜系统部件位置

1. 电动后视镜开关总成检测

如图 4-23 所示，检测电动后视镜开关总成，如果导通性与表 4-9 所列不符，则更换电动后视镜开关总成。

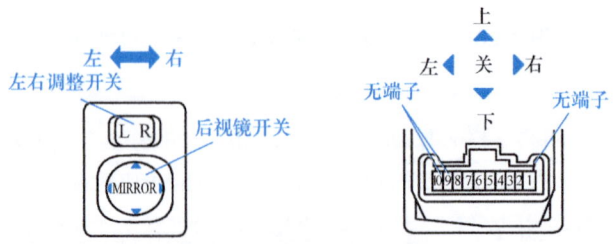

图 4-23　电动后视镜开关总成

表 4-9　电动后视镜开关总成导通性诊断表

左右调整开关位置	端子	后视镜开关位置	正常状态
左（L）	—	关	不导通
	4—8 6—7	上	导通
	4—7 6—8	下	
	5—8 6—7	左	
	5—7 6—8	右	
右（R）	—	关	不导通
	3—8 6—7	上	导通
	3—7 6—8	下	
	2—8 6—7	左	
	2—7 6—8	右	

2. 电动后视镜总成检测

如图 4-24 所示，断开电动后视镜接头，加蓄电池电压检测后视镜镜面动作。如果动作与表 4-10 所示不符，则更换后视镜总成。

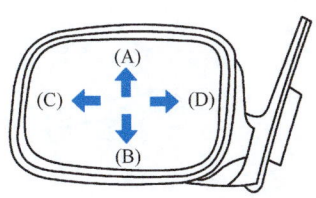

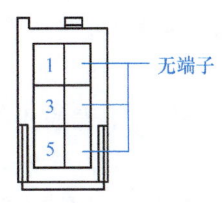

图 4-24　电动后视镜总成

表 4-10　电动后视镜总成诊断表

测量情况	电动后视镜动作
蓄电池正极—5 蓄电池正极—3	电动后视镜向上
蓄电池正极—3 蓄电池正极—5	电动后视镜向下
蓄电池正极—3 蓄电池正极—1	电动后视镜向左
蓄电池正极—1 蓄电池正极—5	电动后视镜向右

4.5.4 刮水器电动机及开关检测、更换方法

1. 检测刮水器电动机性能

（1）低速档检测（图4-25） 把蓄电池正极（+）与1号端子连接，蓄电池负极（-）与5号端子连接，检测电动机在低速档位的速度。如果不符合规定，则更换电动机。

（2）高速档检测（图4-26） 把蓄电池正极（+）与4号端子连接，蓄电池负极（-）与5号端子连接，检测电动机在高速档位的速度。如果不符合规定，则更换电动机。

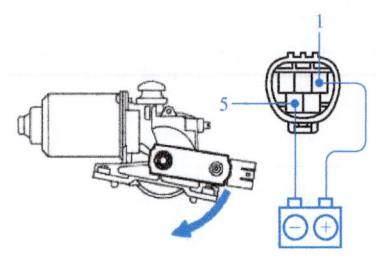

图4-25 刮水器电动机低速档检测

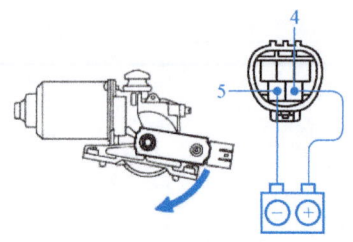

图4-26 刮水器电动机高速档检测

（3）自动复位检测（图4-27） 让电动机在低速档位转动，断开1号端子使电动机在任意位置停止转动，然后连接1号端子和3号端子，蓄电池正极（+）与2号端子连接，使电动机在低速档重新起动。

检测自动复位工作是否正常，标准位置如图4-28所示。若不符合规定，则更换电动机。

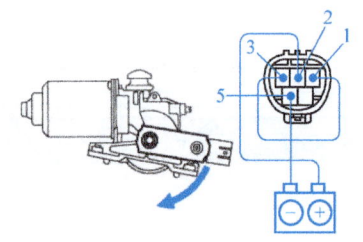

图4-27 刮水器电动机自动复位检测

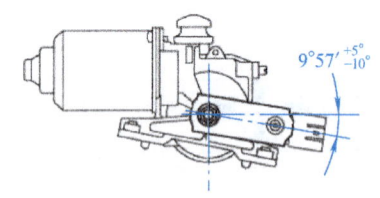

图4-28 刮水器电动机自动复位标准位置

2. 刮水器开关的检测

（1）开关导通性检测 如图4-29所示，若导通性与表4-11所列不符，则更换刮水器开关。

（2）检测刮水器间歇档操纵性能 如图4-30所示，将电压表的正极（+）与7号端子连接，负极（-）与与5号端子连接。把蓄电池正极（+）与8号端子连接，负极（-）与5号端子和6号端子连接。把刮水器开关转到间歇档位置。

如图4-31所示，把蓄电池正极（+）与6号端子连接，保持5s。

表4-11 刮水器开关的导通性诊断表

开关位置	连接检查	导通性
MIST	7—8	导通
关	6—7	导通
间歇	6—7	导通
低	7—8	导通
高	8—9	导通
洗涤器运转	4—5	导通

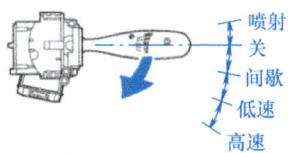
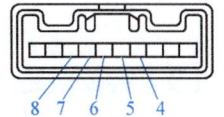

图4-29 刮水器和洗涤器开关

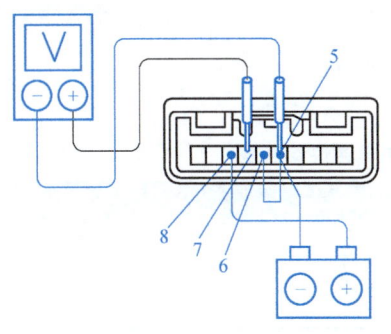

图4-30 刮水器和洗涤器开关检测（一）

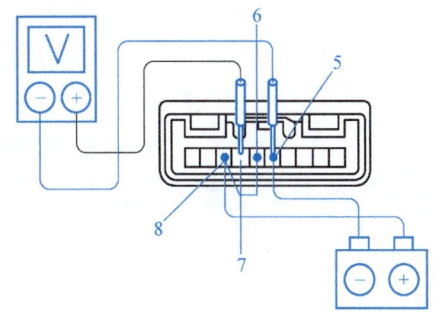

图4-31 刮水器和洗涤器开关检测（二）

如图4-32所示，把蓄电池负极（-）与6号端子连接。使间歇刮水继电器工作，测量7号端子与5号端子之间的电压值，检查电压从0V升到电源电压是否为表4-12中所列时间，若与表不符，则更换刮水器开关。

表4-12 检测前刮水器间歇档操纵性能

开关位置	电压
快	1~3s 电源电压
慢	10~15s 电源电压

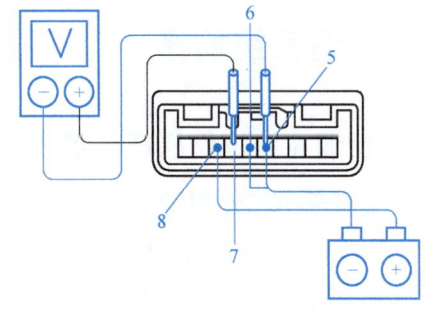

图4-32 刮水器和洗涤器开关检测（三）

4.5.5 电动座椅电动机及其控制开关检测、更换方法

以本田雅阁轿车八向可调式电动座椅（图4-33）为例说明其故障检修。

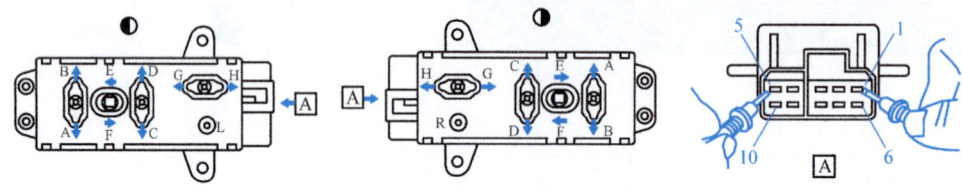

图 4-33 本田雅阁轿车座椅控制开关

1. 电动机及其控制电路的检测

首先检测是否是机械传动的故障。如果不是，则检测电路是否有断路、熔丝是否烧断、搭铁是否良好。

2. 电动座椅控制开关的检测

拆卸电动座椅调节开关，把开关置于表 4-13 中所列的位置上。将电阻表的探针置于表中所列出的端子上并记下读数，将读数与此表相对照。

如果开关未能通过测试的任一项，则应更换开关总成。

表 4-13　电动座椅控制开关导通性诊断表

开关位置	开关端子	正常状态
位置 A	10—5	导通
位置 B	7—5	导通
位置 C	9—5	导通
位置 D	8—5	导通
位置 E	6—5	导通
位置 F	3—5	导通
位置 G	2—5	导通
位置 H	4—5	导通
开关置于中间位置	1—2、3、4、6、7、8、9 或 10	导通

4.6　空调系统检修

4.6.1　空调系统工作原理与组成

1. 空调系统工作原理

（1）压缩过程　压缩机吸入蒸发器出口处的低温低压的制冷剂气体，把它压缩成高温高压的气体排出压缩机。

（2）放热过程　高温高压的过热制冷剂气体进入冷凝器，由于压力及温度的降低，制冷剂气体冷凝成液体，并放出大量的热。

（3）节流过程　温度和压力较高的制冷剂液体通过膨胀装置后体积变大，压力和温度急剧下降，以雾状（细小液滴）排出膨胀装置。

（4）吸热过程　雾状制冷剂液体进入蒸发器，因此时制冷剂沸点远低于蒸发器内温度，故制冷剂液体蒸发成气体。在蒸发过程中大量吸收周围的热量，而后低温低压的制冷剂蒸气又进入压缩机。

2. 空调系统组成

空调系统由压缩机、冷凝器、储液干燥过滤器、膨胀阀、蒸发器等组成，如图4-34所示，其部件的介绍见表4-14。

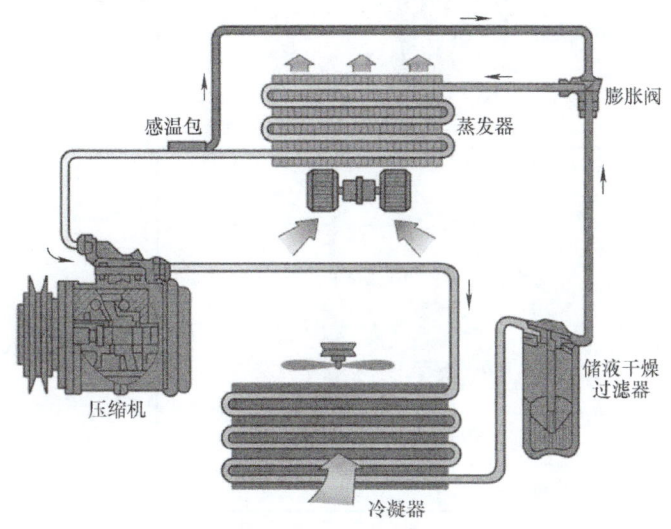

图4-34　空调系统组成

表4-14　空调系统部件的介绍

名称	图示	说明
压缩机		将低压气态制冷剂通过压缩变成高温高压的气体
冷凝器		将高温高压气态制冷剂冷却为高温高压液态制冷剂

（续）

名称	图示	说明
储液干燥过滤器	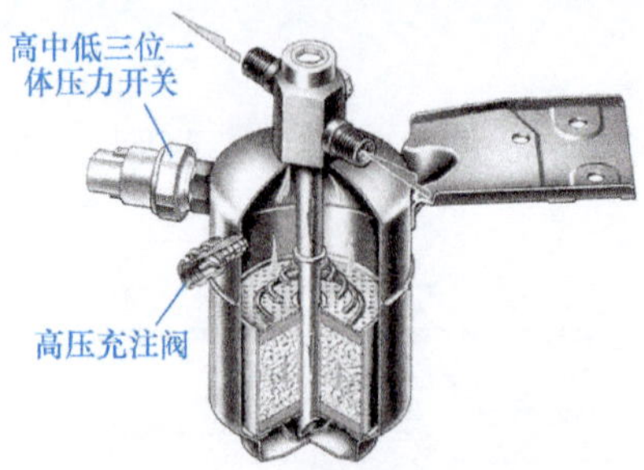	过滤制冷剂中的水分和杂质，储存制冷剂，保障制冷剂不间断地输送到膨胀阀
膨胀阀		通过节流使高温高压液态制冷剂，变为低温低压液态制冷剂
蒸发器	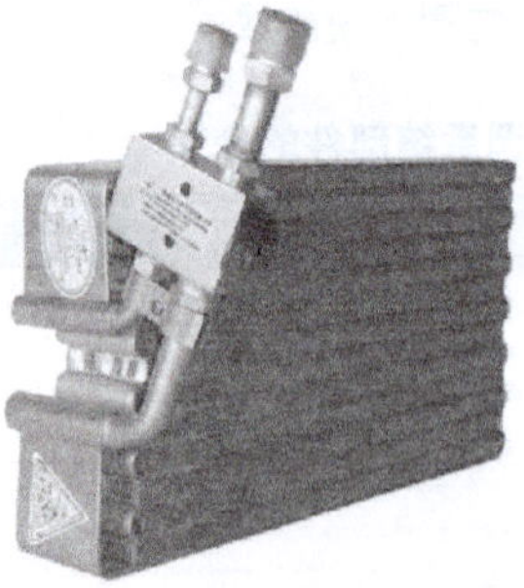	低温低压液态制冷剂在蒸发器里吸热，进行热交换，变成低温低压气态制冷剂，再回到压缩机
		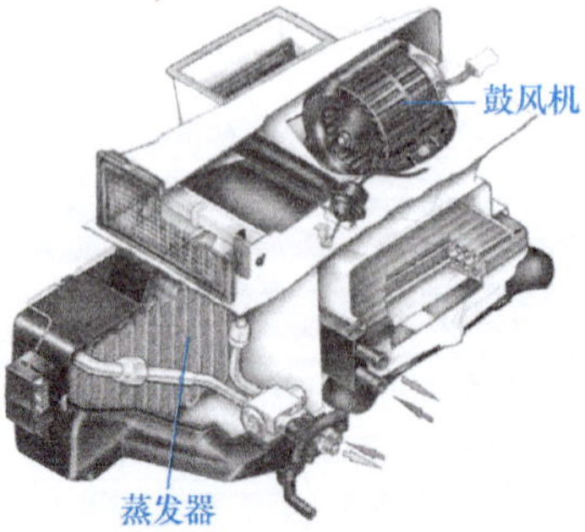 鼓风机与蒸发器的安装位置如左图所示

4.6.2 电磁离合器检测技术要求

1）先拆下压缩机电磁离合器接线连接器，再将12V蓄电池的正极和电流表与电磁离合器插座端相连，负极与发动机搭铁线相连，如图4-35所示。电流表读数应为3.6~4.2A。如果所测值高于或低于上述额定值，说明电磁离合器线圈断路或短路，应予以更换。

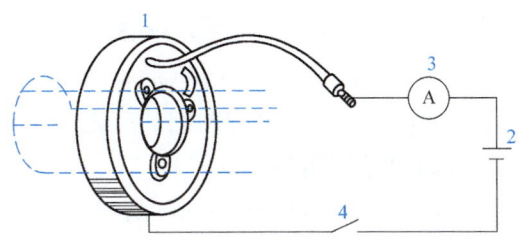

图4-35 压缩机电磁离合器的检测

1—电磁线圈 2—蓄电池 3—电流表 4—开关

2）离合器间隙的标准值为0.450~0.785mm，如果不符合规定值，应进行调整和检修。

4.6.3 汽车空调控制电路图相关知识

汽车空调系统的基本电路一般包括电源控制电路、鼓风机控制电路和压缩机电磁离合器控制电路。

图4-36为某汽车空调系统的基本控制电路，以此为例介绍汽车空调的电源控制电路、鼓风机控制电路、压缩机电磁离合器控制电路等基本电路。

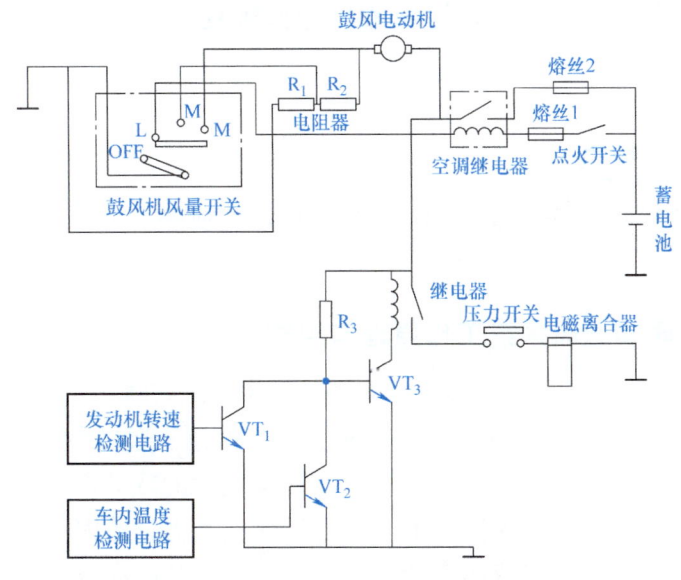

图4-36 某汽车空调系统的基本控制电路

1. 电源控制电路

控制电流：蓄电池→点火开关（点火开关开）→熔丝 1→空调继电器电磁线圈→风量开关（不能在 OFF 档）→搭铁。

空调继电器电磁线圈通电后，其触点吸合，于是有电源电流：蓄电池→熔丝 2→空调继电器，之后分为两路，一路到鼓风机，一路到压缩机。

2. 鼓风机控制电路

电流从蓄电池→熔丝 2→空调继电器→鼓风电动机，向后因风量开关位置不同，分为以下几种情况。

OFF 档：由于空调继电器磁化线圈断路，空调继电器断开，无电源电流，鼓风机与压缩机均停转。

L 档：鼓风机→R_2→R_1→搭铁，电阻最大，风量最小。

M 档：鼓风机→R_2→搭铁，电阻居中，风量居中。

H 档：鼓风机→搭铁，电阻最小，风量最大。

3. 压缩机电磁离合器控制电路

在点火开关置于点火位置、风量开关开启、空调放大器继电器吸合、压力开关闭合（若电磁离合器控制电路还串有其他控制开关，也应闭合）的情况下，压缩机才能工作，其电路为：蓄电池→熔丝 2→空调继电器→空调放大器继电器→压力开关→电磁离合器→搭铁。

4.6.4 空调压力表、制冷剂加注回收机操作规程

链接 14

空调压力表、制冷剂加注回收机操作规程

4.6.5 空调取暖和通风系统工作原理与组成

汽车空调取暖系统按热源可以分为余热式取暖系统和独立式取暖系统，目前小型车辆上主要采用余热式取暖系统，大型车辆上主要采用燃气取暖系统。

余热式取暖系统一般以水冷式发动机冷却系统中的冷却液为热源，将冷却液引入车厢内的热交换器中，冷却液自下而上通过热交换器，原因是空气和蒸气不会存留在热交换器管道内，妨碍液体流动。鼓风机送来的车厢内空气或外部空气与热交换器中的冷却液进行热交换之后送入车厢内，如图 4-37 所示。

余热式取暖系统主要由加热器芯、水阀、鼓风机等组成，如图 4-38 所示。

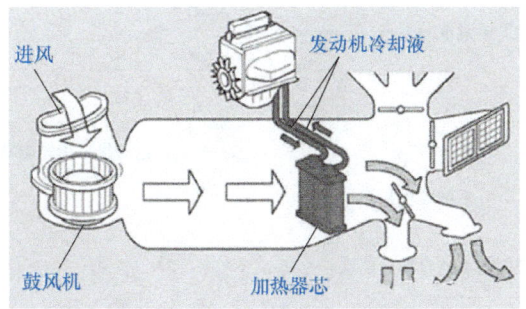

图 4-37 余热式取暖系统工作原理

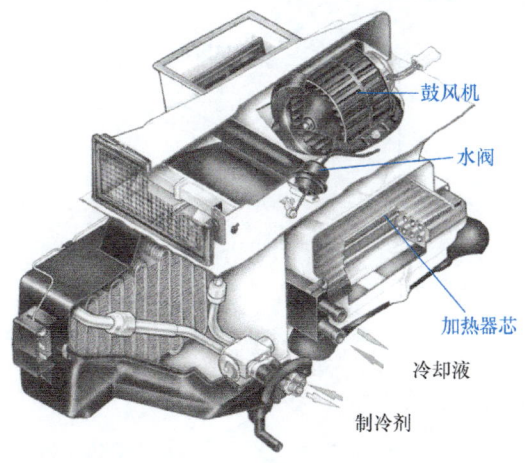

图 4-38 余热式取暖系统的组成

4.7 技能训练

技能训练一　拆装起动机

1. 实训要求

1) 掌握起动机的结构。

2) 掌握起动机的拆装方法。

2. 主要实训器材

1) 起动机。

2) 常用维修工具。

3. 操作步骤

丰田卡罗拉起动机分解图如图 4-39 所示。

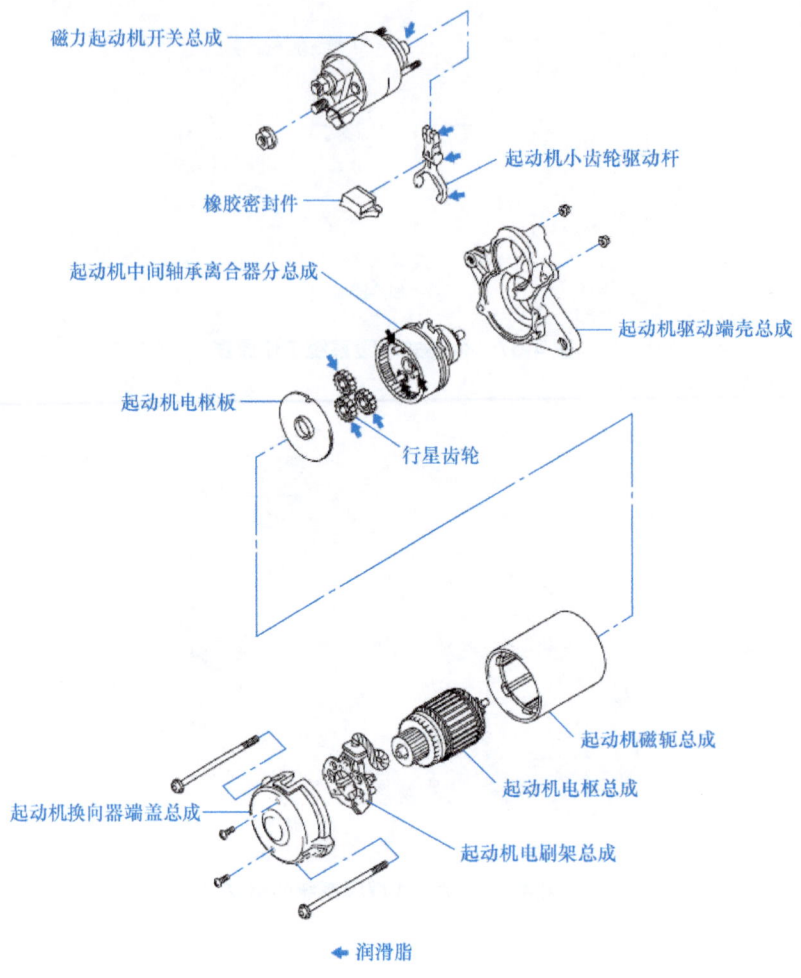

图4-39 丰田卡罗拉起动机分解图

（1）拆卸

1）拆卸电磁开关总成。从磁力起动机开关总成上断开引线；从起动机驱动端壳总成上拆下2个螺母；拉出磁力起动机开关总成

(续)

2）拆卸磁轭总成。拆下2个螺钉，将起动机磁轭和起动机换向器端架总成一起拉出；从起动机换向器端架总成上拉出起动机磁轭总成	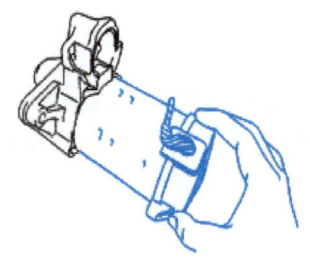
3）拆卸起动机电枢总成	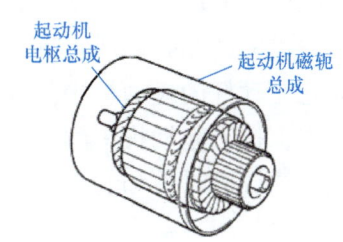
4）拆卸起动电枢板	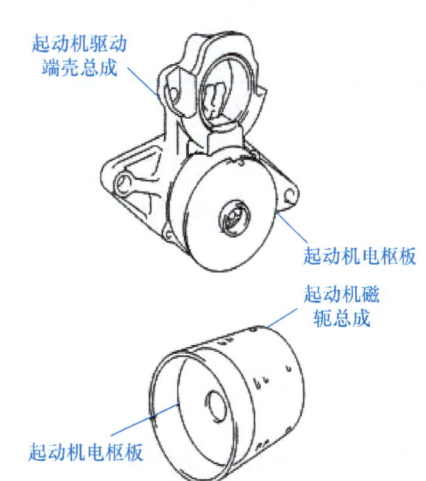
5）拆卸电刷架总成。从起动机换向器端架总成上拆下2个螺钉；从起动机换向器端架总成上拆下电刷架总成	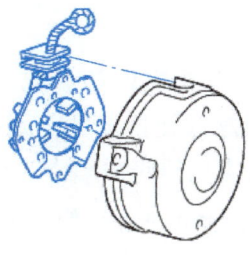

（续）

6）拆卸行星齿轮。从起动机中间轴承离合器分总成上拆下3个行星齿轮	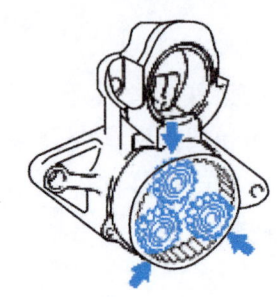
7）拆卸起动机中间轴承离合器分总成。从起动机驱动端壳总成上拆下带起动机小齿轮驱动杆的起动机中间轴承离合器分总成，拆下起动机中间轴承离合器分总成、橡胶密封件和起动机小齿轮驱动杆	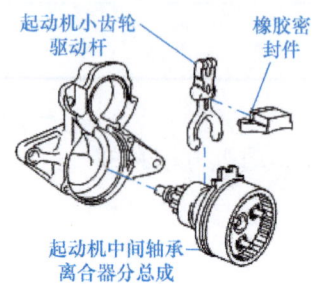

（2）安装

1）安装起动机中间轴承离合器分总成	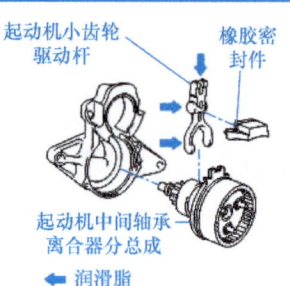
2）安装行星齿轮。在行星齿轮和行星轴销部位涂抹润滑脂，安装3个行星齿轮	
3）安装起动机电刷架总成。安装电刷架，用螺钉旋具抵住电刷弹簧，并将4个电刷安装到电刷架上，将密封垫插入正极（+）和负极（-）之间	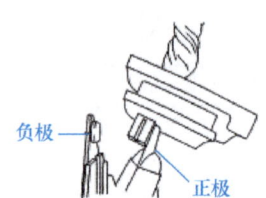

（续）

4）安装起动机换向器端盖总成。将电刷架卡夹装配到起动机换向器端架总成上，用2个螺钉安装换向器端架

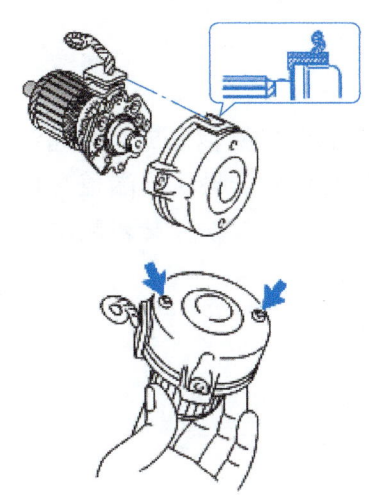

5）安装起动机电枢总成。将橡胶件对准起动机磁轭总成的凹槽，将电枢安装到起动机磁轭总成上

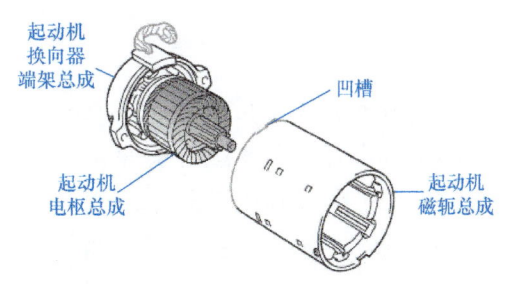

6）安装起动机电枢板。将起动机电枢板安装至起动机磁轭总成

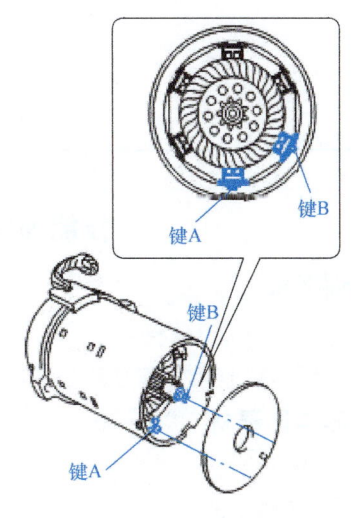

(续)

7）安装起动机磁轭总成。将起动机磁轭键对准位于起动机端盖总成上的键槽，用2个螺钉安装起动机磁轭总成	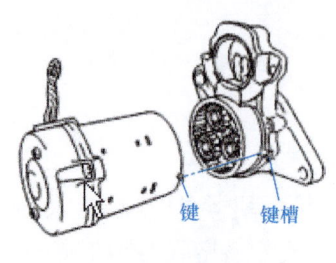 键　键槽 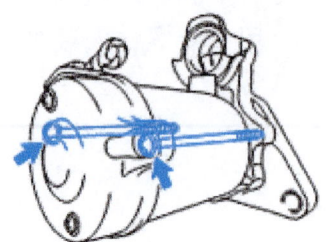
8）安装电磁开关总成，在铁心挂钩上涂抹润滑脂，将电磁开关总成的铁心从上侧接合到驱动杆上，再用2个螺母安装电磁开关总成，将引线连接至电磁开关，最后用螺母固定	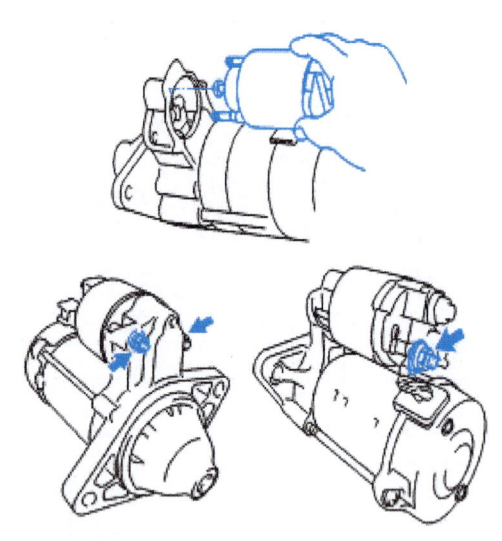

技能训练二　检修发电机

1. 实训要求

1）掌握发电机的结构。

2）掌握发电机的检修方法。

2. 主要实训器材

1）发电机。

2）常用维修工具。

3. 操作步骤

（1）发电机的分解

1）拆卸发电机带轮。用专用扳手固定带轮，拧下紧固螺母，其拧紧力矩为35N·m，取下带轮	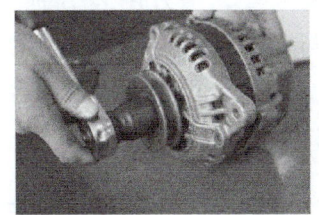
2）拆下轴承座架与外壳的连接螺栓，使轴承座架、转子与外壳分离，用专用工具将转子从轴承座上取下	
3）旋下二极管底板与外壳的连接螺钉，将二极管底板与定子一起从外壳内取出	
4）用电烙铁熔开二极管底板与定子线圈的焊接点（75A发电机为3点，90A发电机为4点），使二者分离。熔开时，为避免电子元件过热，应用尖嘴钳夹住线头帮助散热	

（2）发电机的检修

1）定子的检修。

① 定子表面不得有刮痕，导线表面不得有碰伤、绝缘漆剥落现象，绕组不得有搭铁、短路和断路现象	

（续）

② 搭铁检查。用万用表分别测试定子铁心与绕组各端头（75A 为 3 个，90A 为 4 个）之间的电阻值，其数值应为无穷大，否则表明有搭铁故障	
③ 断路检查。用万用表分别测试每两个绕组端头之间的电阻，每次测得的电阻值均不得超过 0.1Ω，否则说明有断路故障	

2）转子的检修。

① 转子表面不得有刮痕，否则表明轴承松旷，应更换前后轴承；集电环表面应光洁平整，两集电环之间的槽内不得有油污和异物；转子绕组不允许有搭铁、短路或断路故障	
② 搭铁检查。用万用表检查集电环与转子之间的电阻，其数值应为无穷大，否则为有搭铁故障	
③ 断路及短路检查。用万用表检查两集电环之间的电阻，其数值应为 3~4Ω，大于此值（如为无穷大）表明有断路故障；小于 3Ω 时，说明有短路故障	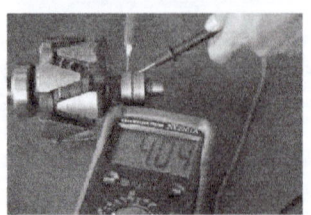

3）二极管底板的检修。

① 检查二极管正向电阻。万用表的负极表笔接二极管底板上的粗螺栓（B+），正极表笔依次接与定子绕组相接的各结合点（75A 为 3 点，90A 为 4 点），每次测量的电阻值均应为 50~80Ω

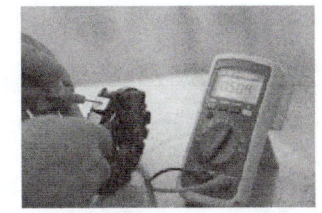

② 检查二极管反向电阻。万用表正极表笔接散热架（负极），负极表笔依次与各结合点相接（75A 为 3 点，90A 为 4 点），每次测量的电阻值均须为 1000kΩ 以上

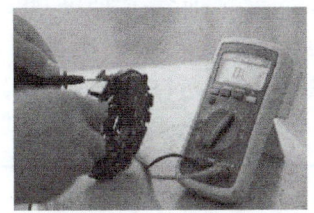

③ 检查励磁二极管。

万用表负极表笔接二极管底板上的细螺栓（D+），正极表笔依次接各结合点（75A 为 3 点，90A 为 4 点），每次测量的电阻值均须为 50~80Ω

以上各项测量若有误差，必须更换二极管底板（二极管底板只能整体更换）

4）电刷及电刷架的检修。

新电刷的长度为 13mm，允许磨损极限为 5mm，超过此极限时应予更换。电刷表面若有油污应用干布擦拭干净，电刷在电刷架内应滑动自如。电刷架不能有裂纹，弹簧折断或有锈蚀现象应更换

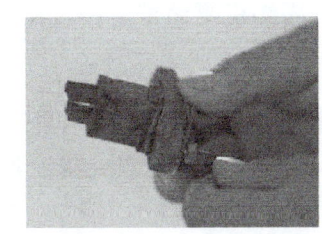

5）集电环的检修。

集电环表面若烧蚀严重或失圆，可用车床进行修整，其最大偏摆量应不超过 0.05mm，最后用细砂布抛光并吹净粉屑

6）其他部件的检修。

① 发电机壳体不得有裂纹，若轴承内缺油应更换轴承，不宜加油后继续使用	
② 传动带槽内不能有毛刺，以免损伤传动带。带轮轴孔与轴的配合过盈为 0.01~0.04mm，若松旷应加工修复。转子轴承的轴向和径向间隙不应大于 0.20mm，否则应予更换	

技能训练三　检查空调制冷循环系统技术状况

1. 实训要求
1）掌握汽车空调的组成及工作原理。
2）能够用正确的方法检查空调制冷循环系统。

2. 主要实训器材
1）带空调轿车 1 辆。
2）汽车空调维修工具 1 套。

3. 操作步骤
（1）直观检查

1）检查压缩机驱动带是否过松，如果过松按标准调整

2）检查空调出风口的出风量，如果出风量不足，检查进风滤清器，若有杂物应清除	
3）听压缩机附近是否有非正常的响声，如果有，检查压缩机的安装情况	

（续）

4）检查冷凝器散热片上是否有脏物覆盖，如果有应将其清除	
5）检查制冷循环系统的各连接处是否有油渍，如果有油渍，说明该处有泄漏，应紧固该连接处或更换该处的零件	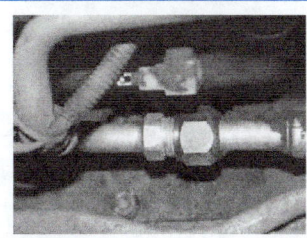
6）测量空调出风口温度，不同车型的空调制冷效果不同，一般以出风口温度在8~10℃为正常	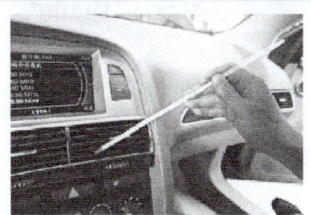

（2）检查制冷剂的量

1）通过视液镜检查制冷剂的量。

① 将发动机转速调整为1500r/min；鼓风机速度控制开关处于"高"位；空调开关为"开"；温度选择器为"最凉"；完全打开所有车门	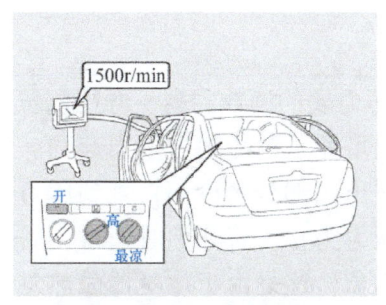
② 检查制冷剂的量。如果出现气泡在几秒钟内消失，说明不缺制冷剂，否则，应添加制冷剂	

2）通过检查系统的压力检查制冷剂的量。

① 将歧管压力表的高低压开关全部关闭，把加注软管的一端和歧管气压计相连，另一端和车辆侧的维修阀门相连；蓝色软管接低压侧，红色软管接高压侧

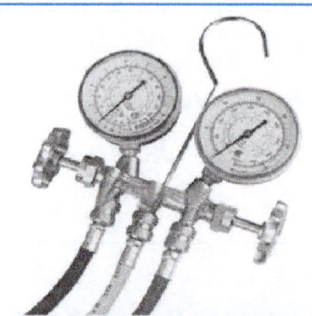

② 起动发动机，调整发动机转速至1250r/min，起动空调器，将有关控制器调至最凉位置（风机也应在最高速），按需要使发动机温度正常（运行5~10min）后，进行检测

③ 压力表的读数，高、低压侧压力均很低，说明制冷剂不足。若空调系统工作一段时间出现此现象，可能是系统内某处出现泄漏，必须找出泄漏点并加以排除

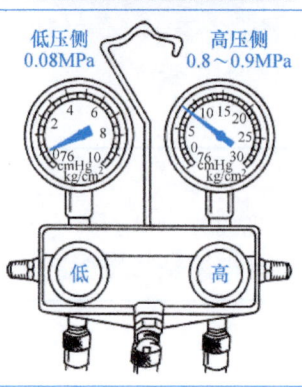

④ 压力表的读数，高、低压侧压力均过高，很可能是制冷剂过多引起的。应从低压侧放出一部分制冷剂，直到压力表显示规定压力为止。若开始时正常，后来出现上述现象，这是由于冷凝器散热差。可检查冷凝器散热片是否堵塞、风扇传动带是否过松，风扇转速是否正常，若不符合要求应予排除。**说明：经上述方法排除后，高、低压侧压力还是高，可能是在加注制冷剂过程中没有将空气抽尽，系统内有空气，可更换干燥剂，清洁冷冻机油，重新加注制冷剂**

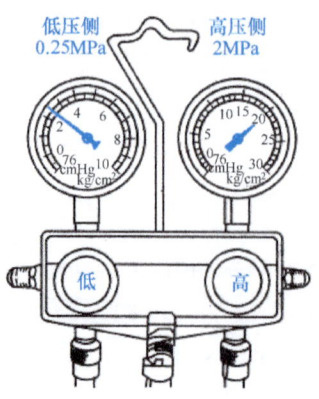

(续)

⑤ 压力表读数，低压侧偏高，高压侧偏低，若增加发动机转速，高低压变化都不大。这种情况一般是压缩机工作不良造成的。应检查压缩机内阀片是否损坏，活塞及环是否磨损，并予以排除	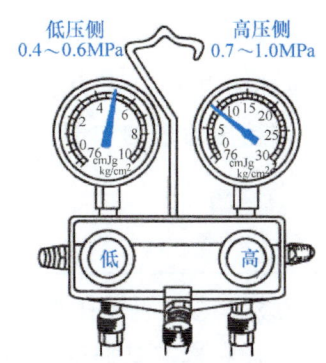
⑥ 压力表读数，低压侧出现真空，高压侧压力过低。这种情况多因膨胀阀感温包内的制冷剂完全泄漏，使膨胀阀打不开，制冷剂不流动，系统不能制冷。排除的办法是更换或拆修膨胀阀	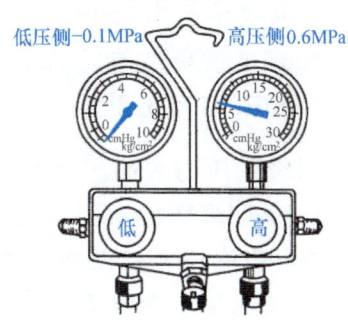

（3）检查制冷剂的泄漏

1）空调制冷管路的泄漏，可用泄漏检测仪进行检测。其方法是用检测探头对可疑泄漏部位进行检测	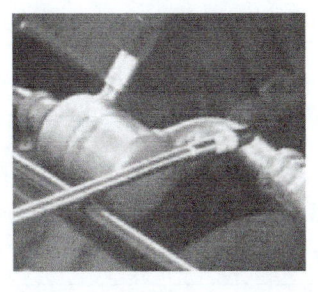
2）当检测仪检测出泄漏部位时，将会发出警报	

（4）制冷剂的加注

1）按前述安装歧管压力表，将绿色的软管的一端接压力表的中部，另一端接真空泵

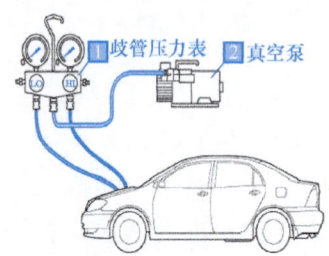

2）打开歧管压力表高压侧和低压侧两侧的阀门，开启真空泵抽空，抽空至歧管压力表低压侧显示为 750mmHg 或更高，保持 750mmHg 或更高的显示压力，抽空 10min（1mmHg=133.322Pa）

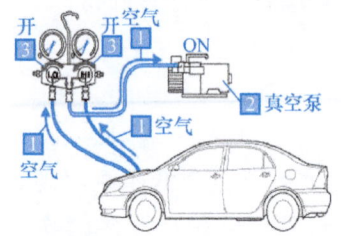

3）关闭歧管压力表高压侧和低压侧两侧的阀门，关闭真空泵

注意：如果关停真空泵时两侧的阀门（高压侧和低压侧）都开着，则空气会进入空调系统

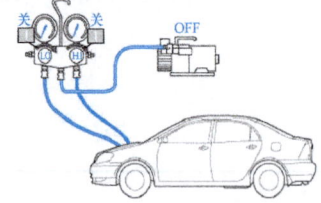

4）检查系统密封性。真空泵停止后，高压侧和低压侧两侧的阀门关闭 5min 歧管压力表的读数应保持不变

提示：如果显示压力增加，则有空气进入空调系统，检查 O 形圈和空调系统的连接状况。如果抽空不足，空调管道内的水分会冻结，这将阻碍制冷剂的流动并导致空调系统内表生锈

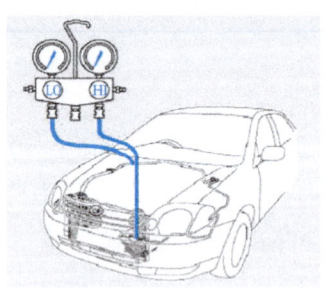

5）安装制冷剂罐。连接阀门和制冷剂罐，检查加注罐连接部件的盘根，逆时针转动手柄升起针阀，逆时针转动阀盘升起阀盘

注意：要在针阀升起前安装加注罐，否则针阀会插进加注罐从而导致制冷剂泄漏；不要顺时针转动手柄，否则针将插进加注罐，从而导致制冷剂泄漏

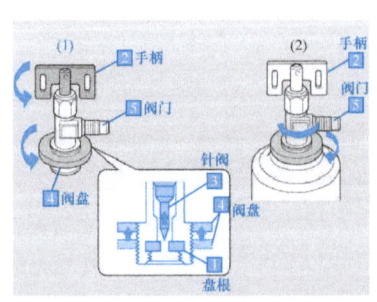

(续)

6）把加注罐安装到歧管压力表上，完全关闭歧管压力表低压侧和高压侧的阀门；顺时针转动手柄直到针阀在制冷剂罐上钻个孔；逆时针转动手柄退出针阀；按下歧管压力表的气体驱除阀放出空气直到制冷剂从阀门释出

注意：如果用手按下气体驱除阀，释放出的空调气体就会弄到手上等处，从而冻伤，因此要用螺钉旋具等按住阀门

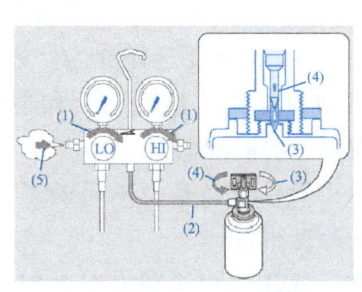

7）从高压侧加注制冷剂。发动机不工作时，打开高压侧阀门加注制冷剂直到低压表显示压力达到大约0.98MPa，加注后，关闭阀门

注意：一定不要让压缩机工作，空调压缩机运行时，从低压侧加注制冷剂将导致空调压缩机缺油拉伤；也不要打开低压侧阀门，制冷剂在空调压缩机内通常为气体状态，如果从高压侧加注而低压侧阀门打开，液态制冷剂进入低压侧，此时若空调压缩机开始工作就会出现液击而损坏

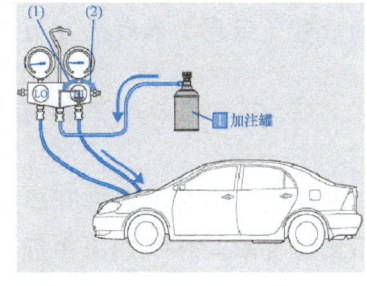

8）检查漏气。用电子检漏计按右图所示的部位检测系统漏气的情况

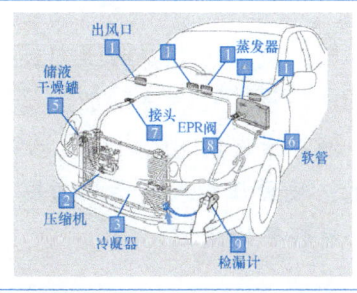

9）从低压侧加注制冷剂。关闭高压侧阀门后，起动发动机并运行空调

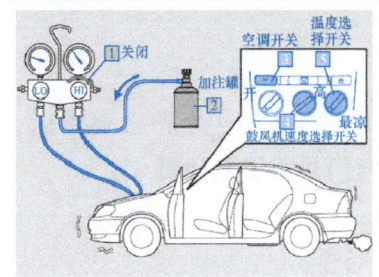

（续）

10）将发动机转速调整为 1500r/min；鼓风机速度控制开关处于"高"位；A/C 开关为"开"；温度选择器为"最凉"；完全打开所有车门。然后打开歧管压力表，加入规定量的制冷剂

提示：加注量随车型不同而不同，应参照相关的说明书

注意：低压侧加注制冷剂时制冷剂罐倒置将使空调气以液态进入压缩机。压缩液体将损坏压缩机；不要加注过量，否则将导致制冷不足；更换加注罐时，关闭高低压两侧的阀门；更换后，打开驱气阀，从中部的软管（绿色）和歧管压力表中放出空气

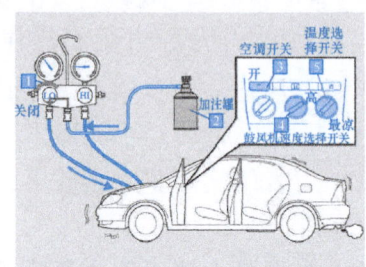

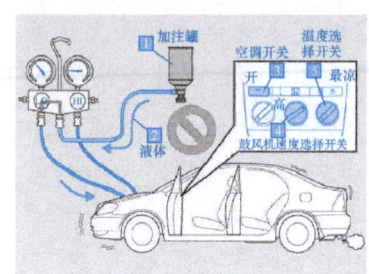

11）发动机工作时不要打开高压侧的阀门，否则将导致高压气回流至加注罐，造成破裂

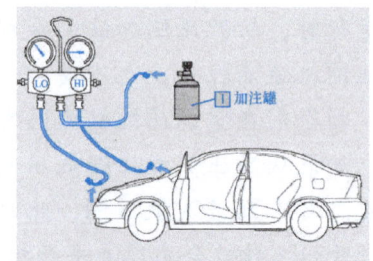

12）根据歧管压力表的压力显示检查制冷剂的加注量：在制冷剂加注量达到规定量时，歧管压力表的压力也应达到规定值

提示：歧管压力表所示压力随外部空气温度而有轻微的变化

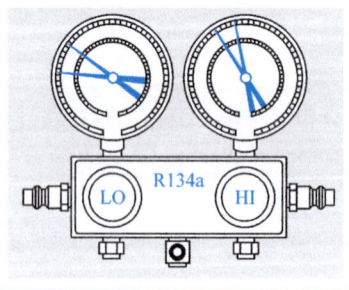

13）制冷剂加注量符合要求后，关闭低压侧阀门并关闭发动机

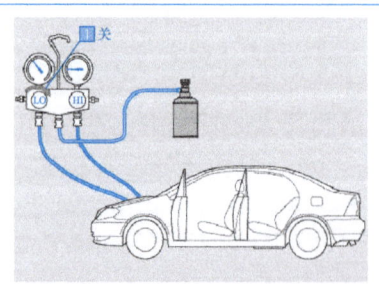

（续）

14）把加注软管从车辆侧维修阀门和制冷剂罐阀门上拆掉	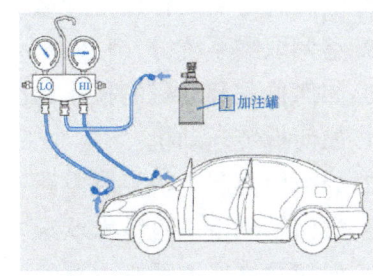
15）最后检查制冷剂的加注量是否合适，空调系统运转是否正常：通过观察孔检查加注量，检查漏气，检查空调制冷状况	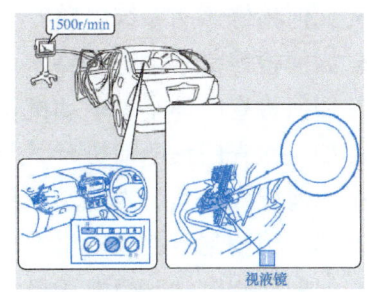

复习思考题

1. 蓄电池由几部分组成？
2. 蓄电池的原理是什么？
3. 蓄电池的充电方法有几种？
4. 蓄电池充电与维护的注意事项有哪些？
5. 起动系统由几部分组成？
6. 起动机由几部分组成？
7. 起动系统的电路有几种形式？
8. 充电系统由几部分组成？
9. 硅整流发电机由几部分组成？
10. 电压调节器的作用是什么？
11. 汽车车身外部的照明灯具有哪些？
12. 刮水器的作用是什么？
13. 刮水器由几部分组成？
14. 空调系统由几部分组成？
15. 汽车空调的制冷原理是什么？
16. 空调制冷系统的主要零部件有哪些？

17. 电磁离合器由几部分组成？
18. 电磁离合器的作用是什么？
19. 空调取暖系统分几种？
20. 如何检测起动机的技术状况？
21. 如何拆装起动机？
22. 如何检修起动机控制电路？
23. 如何检测发电机技术状况？
24. 如何检修充电系统电路？
25. 如何检修照明系统电路？
26. 如何检修信号系统电路？
27. 如何检查电动车窗电动机及其开关？
28. 如何检查门锁电动机及其开关？
29. 如何检查电动后视镜及其开关？
30. 如何检查刮水器电动机及其开关？
31. 如何检查电动座椅电动机及其控制开关？
32. 如何检查空调制冷循环系统的技术状况？
33. 如何加注制冷剂？

模 拟 试 卷

中级汽车维修工理论知识试卷

注 意 事 项

1. 考试时间：120min。
2. 请首先按要求在试卷的标封处填写您的姓名、准考证号和所在单位的名称。
3. 请仔细阅读各种题目的回答要求，在规定的位置填写您的答案。
4. 不要在试卷上乱写乱画，不要在标封区填写无关的内容。

	一	二	总 分
得 分			

得 分	
评分人	

一、单项选择题（第 1 题～第 160 题。下列答案中只有一个是正确的，请将正确答案的序号填在括号内。每题 0.5 分，总计 80 分）

1. 为了促进企业的规范化发展，需要发挥企业文化的（   ）功能。
   A. 娱乐　　　　　B. 主导　　　　　C. 决策　　　　　D. 自律

2. 爱岗敬业作为职业道德的重要内容，是指员工（   ）。
   A. 热爱自己喜欢的岗位　　　　　B. 热爱有钱的岗位
   C. 强化职业责任　　　　　　　　D. 不应多转行

3. 市场经济条件下，（   ），不违反职业道德规范中关于诚实守信的要求。
   A. 通过诚实合法劳动，实现利益最大化
   B. 打进对手内部，增强竞争优势
   C. 根据服务对象来决定是否遵守承诺
   D. 凡有利于增大企业利益的行为就做

4. 职业纪律是企业的行为规范，职业纪律具有（　　）的特点。
   A. 明确的规定性　B. 高度的强制性　C. 普适性　　　D. 自愿性
5. 在日常接待工作中，符合平等尊重要求的是根据服务对象的（　　）决定给予对方不同的服务方式。
   A. 肤色　　　　B. 性别　　　　C. 国籍　　　　D. 地位
6. 关于创新的论述，不正确的说法是（　　）。
   A. 创新需要"标新立异"　　　B. 服务也需要创新
   C. 创新是企业进步的灵魂　　D. 引进别人的新技术不算创新
7. 劳动法中权利和义务的关系是（　　）。
   A. 相辅相成的　　　　　　　B. 互为条件的
   C. 相互统一的　　　　　　　D. 以上都对
8. 订立劳动合同要经过要约和（　　）两个阶段。
   A. 执行　　　　B. 放弃　　　　C. 讨论　　　　D. 承诺
9. 劳动保护制度不包括（　　）制度。
   A. 劳动报酬　　　　　　　　B. 安全卫生
   C. 对女职工保护　　　　　　D. 未成年工人保护
10. （　　）是合同内容的载体。
    A. 合同的主体　　　　　　　B. 合同的形式
    C. 合同的订立　　　　　　　D. 合同的解除
11. 精度为 0.05mm 的游标卡尺其游标的刻线格数为（　　）。
    A. 10 格　　　B. 20 格　　　C. 30 格　　　D. 40 格
12. 细刮比粗刮时（　　）。
    A. 刀痕要窄，行程要长　　　B. 刀痕要宽，行程要长
    C. 刀痕要窄，行程要短　　　D. 刀痕要宽，行程要短
13. 低压充气轮胎的胎压是（　　）MPa。
    A. ＞0.5　　　B. 0.5~0.7　　C. 0.15~0.45　D. ＜0.15
14. 内胎充气轮胎由外胎、内胎和（　　）组成。
    A. 胎圈　　　　B. 胎面　　　　C. 垫带　　　　D. 缓冲层
15. 绘图时，尺寸线和尺寸界线所用的线型是（　　）。
    A. 细实线　　　B. 粗实线　　　C. 细点画线　　D. 虚线
16. 孔、轴共有（　　）个基本偏差。
    A. 15　　　　　B. 20　　　　　C. 28　　　　　D. 30
17. 晶体管具有（　　）个 PN 结。
    A. 1　　　　　B. 2　　　　　C. 3　　　　　D. 4
18. 放大电路中放大器有（　　）个端子。

A. 2 B. 3 C. 4 D. 5

19. 液压传动可实现（　　）。

A. 精确的定比传动　　　　　　B. 无级调速

C. 远距离传送　　　　　　　　D. 高效率传动

20. 下列选项为压力控制回路的是（　　）。

A. 调压回路　　　　　　　　　B. 调速回路

C. 换向回路　　　　　　　　　D. 同步回路

21. 轮胎应当定期做动平衡检查，用（　　）检查。

A. 静平衡检测仪　　　　　　　B. 动平衡检测仪

C. 扒胎机　　　　　　　　　　D. 测功机

22. 一般清洗用的化学溶液可采用（　　）与热水的混合溶液。

A. 中性肥皂　　B. 碱面　　C. 稀酸　　D. 酒精

23. 汽车底盘由传动系统、行驶系统、转向系统和（　　）四大部分组成。

A. 起动系统　　B. 润滑系统　　C. 冷却系统　　D. 制动系统

24. 最大爬坡度是车轮（　　）时的最大爬坡能力。

A. 满载　　B. 空载　　C. ＜5t　　D. ＞5t

25. 发动机冷却系统部件中能对冷却液加压使其循环的是（　　）。

A. 节温器　　B. 散热器　　C. 水泵　　D. 风扇

26. 汽车发动机大多数使用（　　）水泵。

A. 齿轮式　　　　　　　　　　B. 柱塞式

C. 机械离心式　　　　　　　　D. 以上均不对

27. 利用机油的黏性，使机油附着在运动零件表面，以提高零件的密封效果，这是机油的（　　）作用。

A. 润滑　　B. 冷却　　C. 密封　　D. 清洁

28. 发动机机油泵通常用外啮合齿轮泵，其主要由齿轮、轴承、泵盖及（　　）等组成。

A. 叶片　　B. 柱塞　　C. 油管　　D. 传动轴

29. 汽车万向传动装置一般由万向节、（　　）和中间支承组成。

A. 变矩器　　B. 半轴　　C. 传动轴　　D. 拉杆

30. 当汽车正常行驶时，差速器不起差速作用时，两半轴（　　）。

A. 转速相同　　B. 差速　　C. 速度趋于零　　D. 速度等于零

31. 前轮定位包括（　　）、主销内倾、车轮外倾和前轮前束4个参数。

A. 主销前倾　　B. 主销后倾　　C. 主销外倾　　D. 主销左倾

32. （　　）是连接汽车转向系统转向摇臂和转向节臂的杆件。

A. 转向直拉杆　　B. 转向横拉杆　　C. 摇臂轴　　D. 转向节

33. 在使用过程中须靠人力或电磁力拉动拨叉，强制使传动小齿轮轴向移动进入啮合或推出啮合的起动机是（　　）。

　　A. 直接操纵式　　　　　　　B. 惯性啮合式
　　C. 移动电枢啮合式　　　　　D. 强制啮合式

34. （　　）用来清除风窗玻璃上的雨水、雪或尘土，确保驾驶人能有良好的视线。

　　A. 电动刮水器　　　　　　　B. 风窗玻璃清洗装置
　　C. 风窗除霜装置　　　　　　D. 以上都不对

35. 磁脉冲式转速与曲轴位置传感器安装在（　　）。

　　A. 曲轴前　　B. 分电器内　　C. 凸轮轴前　　D. 飞轮上

36. 氧化钛型氧传感器的半导体材料二氧化钛的阻值大小取决于（　　）。

　　A. 周围环境的氧浓度　　　　B. 周围环境的二氧化碳浓度
　　C. 周围环境温度的高低　　　D. 周围环境气压的高低

37. 关于灭火器的使用正确的是（　　）。

　　A. 应将灭火器放在离可能发生火灾最近的地方
　　B. 不要把灭火器放在靠近门口的地方
　　C. 拉开灭火器开关前应使自己尽可能远离火源
　　D. 灭火器要专物专用，定期保养

38. 在火场的浓烟区被围困时，正确的做法是（　　）。

　　A. 低姿势行走　　　　　　　B. 短呼吸
　　C. 用湿毛巾捂住嘴　　　　　D. 以上都正确

39. （　　）是保证和提高维修质量的先决条件。

　　A. 加强教育　　　　　　　　B. 抓技术管理
　　C. 应用新技术　　　　　　　D. 推行管理新经验

40. 全面质量管理的基本方法就是（　　）。

　　A. PACD　　B. PADC　　C. PDCA　　D. PCDA

41. 对于EQ1092F型汽车，发动机处于怠速运转转速500~600r/min时，真空度应为（　　）kPa。

　　A. 50~70　　B. 70~90　　C. 90~110　　D. 110~130

42. 对于EQ1092F型汽车，发动机处于中速时，机油压力应不小于（　　）MPa。

　　A. 0.1　　B. 0.2　　C. 0.3　　D. 0.4

43. （　　）由维修企业进行，以检查、调整为中心内容。

　　A. 日常维护　　B. 一级维护　　C. 二级维护　　D. 三级维护

44. 汽车（　　）的行驶里程为2000~3000km。

　　A. 日常维护　　B. 一级维护　　C. 二级维护　　D. 三级维护

45. 同一活塞环上漏光弧长所对应的圆心角总和不超过（　　）。
A. 15°　　　　　B. 25°　　　　　C. 45°　　　　　D. 60°

46. 进行桑塔纳发动机曲轴轴向间隙检查时，应先将曲轴用撬棒撬至一端，再用塞尺测量第（　　）道曲柄与推力轴承之间的间隙。
A. 1　　　　　B. 2　　　　　C. 3　　　　　D. 4

47. 进行连杆轴承间隙检查时，摇转曲轴，使被检连杆位于（　　）位置。
A. 最低　　　　B. 最高　　　　C. 中央　　　　D. 靠近最低

48. 用溢流法检测柴油机喷油提前角须在（　　）上进行。
A. 喷油器试验器　　　　　　B. 喷油泵试验台
C. 台架　　　　　　　　　　D. 喷油泵试验台或台架

49. 喷油器试验器用油应为沉淀后的（　　）。
A. "0"号轻柴油　B. 煤油　　　C. 液压油　　　D. 机械油

50. 待修件是指具有较好（　　）的零件。
A. 修理工艺　　B. 修理价值　　C. 使用价值　　D. 几何形状

51. 以下属于气缸盖腐蚀的主要原因的是（　　）。
A. 冷却液加注过多　　　　　B. 使用了不符合要求的冷却液
C. 汽车工作条件恶劣　　　　D. 汽车长时间超时间超负荷工作

52. 以下属于气缸体腐蚀的主要原因的是（　　）。
A. 冷却液加注过多　　　　　B. 使用了不符合要求的冷却液
C. 汽车工作条件恶劣　　　　D. 汽车长时间超时间超负荷工作

53. 发动机变形将导致其与轴承孔轴线（　　）的变化。
A. 平行度　　　B. 垂直度　　　C. 同轴度　　　D. 对称度

54. 以下属于曲轴轴承螺纹损伤的原因的是（　　）。
A. 装配时螺栓没有拧正　　　B. 异物碰撞
C. 工具使用不当　　　　　　D. 螺栓重复使用

55. 以下属于凸轮轴轴承螺纹损伤的原因的是（　　）。
A. 装配时螺栓没有拧正　　　B. 异物碰撞
C. 工具使用不当　　　　　　D. 螺栓重复使用

56. 发动机气缸有（　　）级修理尺寸。
A. 2　　　　　B. 4　　　　　C. 5　　　　　D. 6

57. 发动机气缸体裂纹和破损检测最常用的方法是（　　）法。
A. 磁力探伤　　B. 荧光探伤　　C. 敲击　　　　D. 水压试验

58. 发动机曲轴各轴颈的圆度和圆柱度误差一般用（　　）来测量。
A. 游标卡尺　　B. 百分表　　　C. 外径千分尺　D. 内径千分尺

59. 将发动机凸轮轴支于平台上的V形块上，用（　　）检测凸轮轴的弯曲程度。

A. 直尺和塞尺　　B. 高度尺　　　C. 百分表　　　D. 游标卡尺

60. 根据《汽车发动机气缸体与气缸盖修理技术条件》的技术要求,气缸体上平面 50mm×50mm 测量范围内平面度误差应不大于(　　)mm。

　　A. 0.01　　　　B. 0.04　　　　C. 0.05　　　　D. 0.10

61. 根据《汽车发动机曲轴技术条件》的技术要求,曲轴各中间各主轴颈的径向圆跳动公差为(　　)mm。

　　A. 0.025　　　B. 0.05　　　　C. 0.075　　　D. 0.10

62. 气门杆磨损用(　　)测量。

　　A. 外径千分尺　B. 内径千分尺　C. 直尺　　　　D. 刀尺

63. 在安装发动机新凸轮轴油封时,应先涂一层(　　)。

　　A. 密封胶　　　B. 机油　　　　C. 凡士林　　　D. 齿轮油

64. 对于安装在进气歧管上的喷油器在(　　)喷油。

　　A. 进气行程　　B. 压缩行程　　C. 做功行程　　D. 排气行程

65. (　　)用于检测发动机运转时吸入的进气量。

　　A. 空气流量计　　　　　　　　　B. 节气门位置传感器
　　C. 进气温度传感器　　　　　　　D. 发动机转速传感器

66. 液压制动总泵装配前各零件应用(　　)彻底清洗。

　　A. 汽油　　　　B. 酒精　　　　C. 制动液　　　D. 碱液

67. 节气门位置传感器失效会引起(　　)。

　　A. 不易起动　　B. 怠速不稳　　C. 进气量过大　D. 进气量过小

68. 冷却液温度传感器安装在(　　)。

　　A. 进气道上　　B. 排气管上　　C. 水道上　　　D. 油底壳上

69. 常温下被控制阀片挡住,硅油不能进入工作室,风扇离合器处于(　　)状态。

　　A. 分离　　　　B. 结合　　　　C. 啮合　　　　D. 联接

70. 水泵在泵轴处设有(　　),其作用是确定水封是否漏水和排出水泵漏出的水。

　　A. 溢水孔　　　B. 传感器　　　C. 加油孔　　　D. 检测孔

71. (　　)的作用是建立足够的机油压力。

　　A. 机油泵　　　　　　　　　　　B. 机油滤清器
　　C. 限压阀　　　　　　　　　　　D. 机油压力感应塞

72. 汽油泵的摇臂行程磨损不应超过(　　)mm。

　　A. 0.10　　　　B. 0.20　　　　C. 0.30　　　　D. 0.40

73. 无触点电子点火系统采用点火信号传感器取代传统点火系统中的(　　)。

　　A. 断电触点　　B. 配电器　　　C. 分电器　　　D. 点火线圈

74. 发动机起动困难，大多发生在（   ）。
   A. 起动系统　　　　　　　　　B. 点火系统
   C. 燃料系统　　　　　　　　　D. 起动系统、点火系统、燃料系统

75. 下列属于汽油发动机不能起动原因的是（   ）。
   A. 低压电路断路　　　　　　　B. 供油不足
   C. 混合气过稀　　　　　　　　D. 混合气过浓

76. 发动机相邻两高压分线插错，将会造成（   ）。
   A. 动力不足　　B. 起动困难　　C. 不能起动　　D. 运转不稳

77. 关于发动机功率不足的原因，甲说：火花塞间隙不符合标准；乙说：分电器分火头损坏。对于以上说法（   ）。
   A. 甲正确　　　　　　　　　　B. 乙正确
   C. 甲乙都正确　　　　　　　　D. 甲乙都不正确

78. 关于发动机正时齿轮异响。甲认为：间隙小，发出嗡嗡声，间隙大，发出散乱撞击声。乙认为：发动机转速升高，声音随之加大。丙认为：声音与发动机温度有关。看法正确的是（   ）。
   A. 甲和乙　　　B. 乙和丙　　　C. 丙和甲　　　D. 均错

79. （   ）导致发动机温度过高。
   A. 发动机散热风扇转速过高　　B. 发动机散热风扇转速过低
   C. 发动机冷却系统始终处于大循环　D. 发动机负荷过小

80. 电控发动机控制系统中，（   ）存放了发动机各种工况的最佳喷油持续时间。
   A. 电控单元　　B. 执行器　　　C. 温度传感器　D. 压力调节器

81. 检测排放时，取样探头插入排气管的深度不小于（   ）mm，否则排气管应加接。
   A. 200　　　　B. 250　　　　C. 300　　　　D. 350

82. 测试汽车有关电阻及传感器必须用（   ）万用表进行。
   A. 模拟式　　　　　　　　　　B. 高阻抗数字
   C. 低阻抗数字　　　　　　　　D. 模拟式或数字

83. EQ1092F 车的前轮外倾角为（   ），主销内倾角为 6°。
   A. 1°　　　　　B. 2°　　　　　C. 3°　　　　　D. 4°

84. 对于独立悬架，弹簧的（   ）对乘员的舒适性有重要影响。
   A. 强度　　　　B. 刚度　　　　C. 自由长度　　D. 压缩长度

85. 解放 CA1092 型汽车主销内倾角为（   ）。
   A. 6°　　　　　B. 10°　　　　C. 8°　　　　　D. 4°

86. 鼓式制动器可分为非平衡式、平衡式和（   ）。

A. 自动增力式　　　B. 单向助势

C. 双向助势　　　　D. 双向自动增力式

87. 桑塔纳 2000 型轿车采用的是（　　）伺服制动装置。

A. 真空增压式　B. 气压助力式　　C. 真空助力式　D. 涡流增压式

88. 对于真空增压制动传动装置，解除制动时，控制油压下降，加力气室互相沟通，又具有一定的（　　），膜片、推杆、辅助缸活塞都在回位弹簧作用下各自回位。

A. 大气压力　　B. 压力　　　　C. 真空度　　　D. 推力

89. （　　）的作用是使储气筒的气压保持在规定范围内，以减小发动机的功率消耗。

A. 泄压阀　　　B. 单向阀　　　C. 限压阀　　　D. 调压器

90. 双腔制动主缸中，前活塞回位弹簧比后活塞回位弹簧的弹力（　　）。

A. 大　　　　　　　　　　B. 小

C. 相等　　　　　　　　　D. 大、小、相等都可能

91. 汽车拖带挂车时，解除挂车制动时，要（　　）主车制动。

A. 同时或早于　B. 同时　　　　C. 晚于　　　　D. 晚于或同时

92. 空气助力器的助力源是（　　）的压力差。

A. 大气与真空　　　　　　B. 压缩空气与大气

C. 压缩空气与真空　　　　D. 大气与空气

93. 关于液压制动传动装置，甲说液压制动传动装置有增压式，乙说液压制动传动装置有助力式。你认为以上观点（　　）。

A. 甲正确　　　　　　　　B. 乙正确

C. 甲乙都不正确　　　　　D. 甲乙都正确

94. 制动蹄与制动鼓之间的间隙过小，不应调整（　　）。

A. 制动踏板高度　　　　　B. 制动气室压力

C. 储气筒压力　　　　　　D. 以上都对

95. 安装好制动凸轮轴后，应使两轴轴向间隙不大于（　　）mm。

A. 0.6　　　　B. 0.7　　　　C. 0.65　　　　D. 0.5

96. 检查制动鼓时，用（　　）测量，制动鼓内圆面的圆度误差不得超过规定值。

A. 直尺　　　　B. 角尺　　　　C. 弓形内径规　D. 深度尺

97. 汽车液压制动系统中，制动蹄与制动鼓的间隙消除前与消除后相比制动力（　　）。

A. 大　　　　　B. 小　　　　　C. 一样　　　　D. 成倍增大

98. 制动钳体缸筒与活塞的极限配合间隙应小于（　　）mm。

A. 0.05　　　　B. 0.10　　　　C. 0.15　　　　D. 0.30

99. 桑塔纳轿车驻车制动器是（　　）。

A. 气压式　　　B. 综合式　　　C. 液力式　　　D. 人力式

100. 并列双腔制动主缸中前活塞回位弹簧的弹力（　　）后活塞回位弹簧弹力。

A. 大于　　　　B. 小于　　　　C. 等于　　　　D. 大于或等于

101. 解放 CA1092 万向传动装置异响，下列（　　）是异响现象。

A. 起步发抖　　　　　　　　　B. 车速变化发抖

C. 高速档小节气门开度发抖　　D. 金属撞击声

102. （　　）是行驶跑偏的原因。

A. 两前轮胎气压差过大　　　　B. 车架变形或铆钉松动

C. 转向节主销与衬套间隙过大　D. 减振器失效，前钢板弹力不一致

103. （　　）不是引起高速打摆现象的主要原因。

A. 前轮胎修补、前轮辋变形、前轮毂螺栓短缺引起动不平衡

B. 减振器失效，前钢板弹力不一致

C. 车架变形或铆钉松动

D. 前束过大，轮外倾角、主销后倾角变小

104. （　　）是装备动力转向系统的汽车方向发飘的原因。

A. 液压泵磨损　　　　　　　　B. 缺液压油或滤油器堵塞

C. 油路中有气泡　　　　　　　D. 分配阀反作用弹簧过软或损坏

105. 汽车动力转向系统转向器滑阀内有脏物阻滞会导致汽车（　　）。

A. 不能转向　　　　　　　　　B. 左右转向力不一致

C. 转向沉重　　　　　　　　　D. 转向发飘

106. （　　）不是车身倾斜的原因。

A. 车架轻微变形　　　　　　　B. 单侧悬架弹簧弹力不足

C. 减振器损坏　　　　　　　　D. 轮胎气压不平衡

107. 下列（　　）是汽车行驶中有撞击声的原因。

A. 减振器性能减弱　　　　　　B. 前悬架移位

C. 单侧悬架弹簧弹力不足　　　D. 弹簧折断

108. 下列（　　）不是制动跑偏、甩尾的原因。

A. 车架变形　　　　　　　　　B. 前悬架弹簧弹力不足

C. 单侧悬架弹簧弹力不足　　　D. 一侧车轮制动器制动性能减弱

109. （　　）不是轮胎异常磨损的原因。

A. 减振器性能减弱　　　　　　B. 主销后倾角改变

C. 轮胎气压不平衡　　　　　　D. 单侧悬架弹簧弹力不足

110. （　　）不是无气压或气压低引起气压制动系统制动失效的原因。

A. 空气压缩机损坏或供气量小　　B. 制动器室膜片破裂
C. 空气压缩机传动带打滑　　　　D. 单向阀卡滞或制动管路堵塞

111.（　　）导致气压制动系统制动失效。
A. 空气压缩机润滑不良　　　　　B. 制动踏板行程过小
C. 制动踏板自由行程过小　　　　D. 空气压缩机传动带打滑

112.（　　）不是气压制动系统制动不良的原因。
A. 制动总泵、制动踏板行程调整不当
B. 空气压缩机传动带打滑
C. 制动阀调整不当
D. 制动蹄摩擦片沾有油污、水，表面结焦炭化或摩擦片碎裂，磨损过大

113. 两前轮车轮制动器间隙不一致会导致汽车（　　）。
A. 制动失效　　B. 制动跑偏　　C. 制动过热　　D. 轮胎异常磨损

114. 制动甩尾的原因有（　　）。
A. 制动阀调整不当　　　　　　　B. 两后轮制动间隙过小
C. 两后轮制动气室制动管路漏气　D. 前桥悬架弹簧弹力不一致

115. 制动踏板轴卡滞会导致汽车（　　）。
A. 制动拖滞　　　　　　　　　　B. 制动甩尾
C. 制动失效　　　　　　　　　　D. 制动过迟

116. 下列（　　）不是液压制动系统制动不良的原因。
A. 液压制动系统中有空气　　　　B. 总泵旁通孔堵塞
C. 总泵密封胶圈老化　　　　　　D. 制动蹄片磨损过量

117. 总泵旁通孔或回油孔堵塞会导致汽车（　　）。
A. 制动系统过热　　　　　　　　B. 液压制动系统卡死
C. 制动跑偏　　　　　　　　　　D. 制动甩尾

118. 当汽车在行驶中后桥出现连续的"嗷嗷"声响，车速加快声响也加大，滑行时稍有减弱，说明（　　）。
A. 主、从动锥齿轮啮合间隙过小　B. 主、从动锥齿轮啮合间隙过大
C. 主、从动锥齿轮啮合轮齿折断　D. 半轴花键损坏

119. 对液压制动的汽车连续踏几次制动踏板，始终到底且无力是因为（　　）。
A. 制动主缸皮碗损坏、顶翻　　　B. 制动蹄片和制动鼓间隙过大
C. 制动系统渗入空气或制动液气化　D. 制动液牌号不对

120. 汽车制动解除时，若排气缓慢或不排气而造成全车制动鼓发热，应检查（　　）。
A. 制动气室　　　　　　　　　　B. 制动蹄回位弹簧
C. 制动操纵机构　　　　　　　　D. 储气筒

121. 进行汽车二级维护前，检查发动机的转速为 800r/min 时，点火提前角应为（   ）。

    A. 3°　　　　　　B. 5°　　　　　　C. 7°　　　　　　D. 9°

122. 进行汽车二级维护前，检查分电器的触点闭合角应为（   ）。

    A. 30°~36°　　　B. 36°~42°　　　C. 42°~48°　　　D. 48°~54°

123. 进行汽车二级维护前，检查发动机的转速为（   ）r/min 时，单缸发动机断火转速下降应不小于 90r/min。

    A. 600　　　　　B. 800　　　　　C. 1000　　　　D. 1200

124. 为保证车辆顺利起动，起动电流稳定值应该为（   ）A，蓄电池内阻不大于 20mΩ，稳定电压不小于 9V。

    A. 20~50　　　　B. 50~100　　　C. 100~150　　　D. 150~200

125. 充氟试漏是向系统充注（   ）蒸气，使系统压力高达 0.35MPa，然后用卤素灯检漏仪检漏。

    A. 水　　　　　　B. 冷却液　　　　C. 氟利昂　　　　D. 压缩机油

126. 一般冬季行驶（   ）天，夏季行驶 5~6 天，应检查电解液的液面高度。

    A. 5~10　　　　　B. 10~15　　　　C. 15~20　　　　D. 20~25

127. 点火模块用于控制点火线圈一次绕组的（   ）。

    A. 搭铁　　　　　B. 电源　　　　　C. 电阻　　　　　D. 电感

128. 爆燃传感器的拧紧力矩为（   ）N·m。

    A. 5　　　　　　B. 10　　　　　　C. 15　　　　　　D. 20

129. 汽车起动机电磁开关将起动机主电路接通后，活动铁心靠（   ）线圈产生的电磁力保持在吸合位置上。

    A. 吸引　　　　　　　　　　　　　B. 保持

    C. 吸引和保持　　　　　　　　　　D. 以上都不是

130. 起动机换向器圆周上径向圆跳动误差超过 0.05mm，应在（   ）上修复。

    A. 车床　　　　　B. 压力机　　　　C. 磨床　　　　　D. 铣床

131. 起动机全制动试验时，电流不大于（   ）A。

    A. 120　　　　　B. 240　　　　　C. 360　　　　　D. 650

132. 电压调节器触点控制的电流是发电机的（   ）。

    A. 励磁电流　　　B. 电枢电流　　　C. 充电电流　　　D. 点火电压

133. 装于汽车发电机内部的调节器是（   ）。

    A. FT61 型　　　B. JFT106 型　　C. 集成电路调节器　D. 晶体调节器

134. 发电机转子端隙应不大于（   ）mm。

    A. 0.10　　　　　B. 0.20　　　　　C. 0.25　　　　　D. 0.30

135. （   ）类制冷剂包括 R23、R32、R41、Rl25、R134、R143、R152 等。

223

A. HFA B. HFB C. HFC D. HFD

136. 检查汽车空调压缩机性能时，应使发动机转速达到（　　）r/min。
A. 1000 B. 1500 C. 1600 D. 2000

137. 关于汽车电流表，甲说电流表指示"–"时为蓄电池放电。乙说电流表指示"+"时为发电机向蓄电池充电。你认为以上观点（　　）。
A. 甲正确　　　　　　　　B. 乙正确
C. 甲乙都正确　　　　　　D. 甲乙都不正确

138. 关于电压表检修，甲说车载电压表显示的数值为蓄电池或发电机的端电压；乙说车载电压表显示的数值为点火系统的高压电压。你认为以上观点（　　）。
A. 甲正确　　　　　　　　B. 乙正确
C. 甲乙都正确　　　　　　D. 甲乙都不正确

139. 关于燃油表指示，甲说若燃油表指示"F"表明油箱内的燃油为满箱，乙说若燃油表指示"E"表明油箱内的燃油为空箱。你认为以上观点（　　）。
A. 甲正确　　　　　　　　B. 乙正确
C. 甲乙都正确　　　　　　D. 甲乙都不正确

140. 关于车速里程表，甲说车速里程表的动力源来自变速器的输出轴，乙说车速里程表由汽车的变速器软轴驱动仪表的主动轴。你认为以上观点（　　）。
A. 甲正确　　　　　　　　B. 乙正确
C. 甲乙都正确　　　　　　D. 甲乙都不正确

141. 关于充电电流不稳故障的症状，甲说充电电流不稳的症状是发动机在中速以上运转，电流表指示充电电流忽大忽小，乙说充电电流不稳的症状是发动机在中速以上运转，充电指示灯忽明忽暗。你认为以上观点（　　）。
A. 甲正确　　　　　　　　B. 乙正确
C. 甲乙都正确　　　　　　D. 甲乙都不正确

142. 关于起动机运转无力故障的原因，甲说起动机运转无力的原因可能是蓄电池亏电太多，乙说起动机运转无力的原因可能是起动电路接头松动。你认为以上观点（　　）。
A. 甲正确　　　　　　　　B. 乙正确
C. 甲乙都正确　　　　　　D. 甲乙都不正确

143. 关于火花塞间歇性跳火故障的原因，甲说火花塞间歇性跳火的原因是点火顺序不对，乙说火花塞间歇性跳火的原因是点火电压不足。你认为以上观点（　　）。
A. 甲正确　　　　　　　　B. 乙正确
C. 甲乙都正确　　　　　　D. 甲乙都不正确

144. 关于高压无火故障，甲说高压无火故障的原因可能是点火线圈一次绕组断路，乙说高压无火故障的原因可能是点火线圈一次绕组短路。你认为以上观点（　　）。

  A. 甲正确   B. 乙正确
  C. 甲乙都正确   D. 甲乙都不正确

145. 关于低速断火故障，甲说低速断火故障的原因可能是火花塞间隙过大，乙说低速断火故障的原因可能是电容器工作不良。你认为以上观点（　　）。

  A. 甲正确   B. 乙正确
  C. 甲乙都正确   D. 甲乙都不正确

146. 关于发电机异响故障，甲说发电机异响故障的原因可能是转子与定子之间碰擦，乙说发电机异响故障的原因可能是发电机风扇或传动带盘与壳体碰撞。你认为以上观点（　　）。

  A. 甲正确   B. 乙正确
  C. 甲乙都正确   D. 甲乙都不正确

147. 关于起动机不能与飞轮结合故障，甲说故障的原因主要在起动机的控制部分，乙说原因主要是主回路接触盘的行程过小。你认为以上观点（　　）。

  A. 甲正确   B. 乙正确
  C. 甲乙都正确   D. 甲乙都不正确

148. 关于喇叭不响故障，甲说喇叭不响故障的原因可能是继电器触点烧蚀，乙说喇叭不响故障的原因可能是气隙过大。你认为以上观点（　　）。

  A. 甲正确   B. 乙正确
  C. 甲乙都正确   D. 甲乙都不正确

149. 关于喇叭声响不正常故障，甲说喇叭声响不正常故障的原因可能是喇叭线圈烧坏，乙说喇叭声响不正常故障的原因可能是喇叭支架松动。你认为以上观点（　　）。

  A. 甲正确   B. 乙正确
  C. 甲乙都正确   D. 甲乙都不正确

150. 关于喇叭触点经常烧坏故障，甲说喇叭触点经常烧坏故障的原因可能是电容量过大，乙说喇叭触点经常烧坏故障的原因可能是电容断路。你认为以上观点（　　）。

  A. 甲正确   B. 乙正确
  C. 甲乙都正确   D. 甲乙都不正确

151. 关于喇叭长鸣故障，甲说喇叭长鸣故障的原因可能是喇叭继电器触点烧结，乙说喇叭长鸣故障的原因可能是喇叭继电器触点弹簧片弹力过弱。你认为以上观点（　　）。

  A. 甲正确   B. 乙正确

C. 甲乙都正确 D. 甲乙都不正确

152. 关于空调压缩机不运转故障，甲说空调压缩机不运转故障的原因可能是空调熔丝熔断，乙说空调压缩机不运转故障的原因可能是电源线路断路。你认为以上观点（ ）。

A. 甲正确 B. 乙正确
C. 甲乙都正确 D. 甲乙都不正确

153. 关于空调压缩机不停转故障，甲说空调压缩机不停转故障的原因可能是空调调节器故障，乙说空调压缩机不停转故障的原因可能是蒸发器传感器故障。你认为以上观点（ ）。

A. 甲正确 B. 乙正确
C. 甲乙都正确 D. 甲乙都不正确

154. （   ）导致所有车门锁都不能工作。

A. 电源导线断路
B. 左侧电动车门锁电路断路
C. 右侧电动车门锁故障
D. 左后侧电动车门锁故障

155. （   ）能导致驾驶人侧电动车门锁不能开启。

A. 车门锁拉杆卡住 B. 车窗天线故障
C. 遥控器故障 D. 搭铁线故障

156. （   ）能导致左后侧电动车门锁不能锁定。

A. 车门锁拉杆卡住 B. 车窗天线故障
C. 遥控器故障 D. 搭铁线故障

157. （   ）能导致前排乘客侧电动车门锁不能锁定。

A. 车门锁拉杆卡住 B. 车窗天线故障
C. 遥控器故障 D. 搭铁线故障

158. （   ）导致不能用驾驶人侧车门锁按钮锁定两扇车门。

A. 熔断器故障 B. 驾驶人侧开关故障
C. 乘客侧开关故障 D. 搭铁不良

159. （   ）导致不能用驾驶人侧车门锁按钮开启两扇车门。

A. 熔断器故障 B. 驾驶人侧开关故障
C. 乘客侧开关故障 D. 搭铁不良

160. （   ）用于测试蓄电池端电压。

A. 万用表 B. 气压表 C. 真空表 D. 油压表

得　分	
评分人	

二、判断题（第 161 题～第 200 题。将判断结果填入括号中，正确的填"√"，错误的填"×"。每题 0.5 分，满分 20 分）

（　　）161. 连杆轴颈与轴承的配合间隙应符合汽车修理厂规定。

（　　）162. 电动燃油泵只安装在油箱内。

（　　）163. 喷油器的工作电压有 5V 和 12V 两种。

（　　）164. 当发动机达到一定温度时，蜡式节温器主阀门开始打开，部分冷却液开始进行大循环。

（　　）165. 桑塔纳 2000 型轿车采用了四电极火花塞。

（　　）166. 发动机曲轴转速与分电器的转速比为 2∶1。

（　　）167. 模拟触发叶轮叶片在气隙中动作，如果高压线端部跳火，说明霍尔发生器有故障。

（　　）168. 燃油滤清器堵塞会使供油不足。

（　　）169. 燃烧室积炭会导致发动机产生爆燃现象。

（　　）170. 发出较大清脆的"铛铛"金属敲击声是连杆轴承异响的特征之一。

（　　）171. 随发动机转速增加，声音加大是活塞销松旷造成异响的特征。

（　　）172. 燃油滤清器堵塞不会引起发动机怠速不稳。

（　　）173. 电控单元是电控发动机电子控制系统的重要组成部分。

（　　）174. 采用电控燃油喷射系统使发动机综合性能得以提高。

（　　）175. 曲轴位置传感器检测曲轴转角信号输入 ECU 作为点火控制主控信号，而不作为喷射信号。

（　　）176. 柴油车废气检测是在怠速的情况下进行的。

（　　）177. 排气管冒黑烟的原因主要是喷油压力不足。

（　　）178. 柴油机喷油器试验器用油应为沉淀后的"0"号重柴油。

（　　）179. 桑塔纳 LX 型轿车转向盘自由转动量应为 15°~30°。

（　　）180. 行车制动系统的踏板自由行程越大越好。

（　　）181. 用脚施加于驻车制动装置操纵装置上的力，对于座位数小于 9 的载客汽车应不大于 600N。

（　　）182. 液压行车制动系统在达到规定的制动效能时，对于座位数大于 9 的载客汽车踏板行程应不得超过 100mm。

（　　）183. 客车在 30km/h 的初速度下采用应急制动系统制动时，制动距离要求 ≤ 40m。

（　　）184. 对于允许挂接挂车的汽车，其驻车制动装置必须能使汽车列车在满载状态下时停在坡度为 12% 的坡道上。

（　　）185. 制动分泵的皮碗用汽油清洗。

（　　）186. 汽车气压制动系统的空气压缩机组装后，可直接装车。

（　　）187. 变速器在验收时，各档均不允许有噪声。

（　　）188. 离合器摩擦片沾油或磨损严重会引起离合器打滑。

（　　）189. 变速器盖应无裂损，变速叉轴与盖承孔的配合间隙为 0.04~0.20mm。

（　　）190. 单级主减速器的常啮合锥齿轮不使用直齿齿轮。

（　　）191. 差速器可保证两侧驱动轮在任何道路条件下均能保持纯滚动和等角速转动。

（　　）192. 主减速器主、从动锥齿轮的啮合印痕的要求是正车面较倒车面要高。

（　　）193. 半轴花键与半轴齿轮及凸缘键槽的侧隙不大于原设计规定 0.15mm。

（　　）194. 检查传动轴花键轴与滑动叉花键的配合间隙，最大不得超过 0.4mm。

（　　）195. 转向器按结构形式分为齿轮齿条式转向器、循环球式转向器和蜗杆曲柄指销式转向器。

（　　）196. 直拉杆应无明显变形，横拉杆的直线度公差为 1.5mm。

（　　）197. 解放 CA1092 型汽车采用齿轮齿条式转向器。

（　　）198. 随着汽车的发展，有的汽车没有车架。

（　　）199. 奥迪 100 型轿车采用综合式车架。

（　　）200. 真空助力式液压制动传动装置，加力气室和主缸组成一个整体，称为真空助力器。

中级汽车维修工理论知识试卷答案

一、单项选择题

1. D	2. C	3. A	4. A	5. B	6. D	7. D	8. D
9. A	10. B	11. B	12. C	13. C	14. C	15. A	16. C
17. B	18. C	19. B	20. A	21. B	22. A	23. D	24. A
25. C	26. C	27. C	28. D	29. C	30. A	31. B	32. A
33. D	34. A	35. B	36. A	37. D	38. D	39. A	40. C
41. A	42. C	43. C	44. B	45. C	46. C	47. A	48. B
49. A	50. B	51. B	52. B	53. B	54. A	55. A	56. B
57. D	58. C	59. C	60. C	61. B	62. A	63. A	64. A
65. B	66. B	67. B	68. C	69. A	70. A	71. A	72. B
73. A	74. D	75. A	76. D	77. C	78. A	79. B	80. A
81. C	82. B	83. A	84. B	85. C	86. A	87. C	88. C
89. D	90. A	91. A	92. B	93. D	94. D	95. B	96. C
97. B	98. C	99. D	100. C	101. D	102. A	103. D	104. D
105. B	106. A	107. D	108. B	109. A	110. B	111. D	112. B
113. B	114. A	115. A	116. B	117. B	118. A	119. A	120. C
121. D	122. B	123. D	124. C	125. C	126. B	127. A	128. D
129. B	130. A	131. D	132. A	133. C	134. B	135. C	136. B
137. C	138. A	139. C	140. C	141. C	142. C	143. B	144. C
145. C	146. C	147. C	148. A	149. B	150. C	151. C	152. C
153. C	154. A	155. D	156. D	157. D	158. D	159. D	160. A

二、判断题

161. ×	162. ×	163. ×	164. √	165. √	166. √	167. ×	168. √
169. √	170. √	171. ×	172. ×	173. √	174. √	175. ×	176. ×
177. √	178. ×	179. ×	180. ×	181. ×	182. ×	183. ×	184. √
185. ×	186. ×	187. ×	188. √	189. √	190. √	191. ×	192. √
193. √	194. √	195. √	196. ×	197. ×	198. √	199. ×	200. ×

中级汽车维修工操作技能考核试卷

考生姓名：_____   准考证号：_____   工作单位：_____

一、说明

1. 本试卷的编制命题是从实际出发，以可行性、技术性和通用性为原则。
2. 本试卷依据《中华人民共和国职业技能鉴定规范》编制。
3. 本试卷适用于考核中级汽车维修工。
4. 本试卷无地域限制。
5. 本试卷含维护、修理试题各一道。

二、试题

（一）维护

气缸压缩压力的检测

考核要求：
1. 按正确的操作规程用气缸压力表测量气缸压缩压力。
2. 判断气门间隙是否符合技术标准。
考核时间：30min

（二）修理

凸轮轴的检修

考核要求：
1. 检查凸轮轴的弯曲变形。
2. 检查凸轮轴轴颈和凸轮的磨损。
3. 检查凸轮轴的裂纹及其他损伤。
4. 口述凸轮轴的修理方法和技术标准。
考核时间：30min

中级汽车维修工操作技能考核评分记录表（1）

考生姓名：_____ 准考证号：_____ 工作单位：_____

气缸压缩压力的检测

序号	作业项目	考核内容及要求	配分	评分标准	考核记录	扣分	得分
1	劳动用品穿戴	劳保用品穿戴齐全	2分	穿戴不全不得分			
2	正确选用工具、量具、材料	选用工具、量具、材料齐全准确	5分	缺一件扣1分，选错一件扣1分，扣完为止			
3	准备	检测前准备	5分	准备不充分一次扣2.5分，2次扣5分			
				准备失误扣5分			
4	检测	拆除全部火花塞或喷油器及空气滤清器	10分	操作方法不正确扣5分			
				操作不熟练扣5分			
		检验气缸压力表	10分	检验方法不正确扣10分			
		逐缸测量气缸压力	20分	测量方法不正确扣10分，不会测试不得分			
				每漏测1个扣5分			
				测量结果不正确扣10分			
5	复检	测完一次后，再复检一次，取其平均值	20分	测量方法不正确扣20分			
				每漏测1个扣10分			
				测量结果不正确扣20分			
6	正确使用工具、用具	工具、用具使用正确	10分	一种工具、用具使用不正确扣2分，扣完为止			
				损坏丢失一件工具、用具不得分			
7	操作规程	操作规程执行情况	15分	违反操作规程不得分			
8	清理现场	清理、擦洗并回收工具、用具	3分	少收一件工具、用具扣1分，扣完为止			
9	分数总计		100分				

否定项说明：
出现重大安全事故按0分计

评分人：　　　　年　月　日　　　核分人：　　　　年　月　日

231

中级汽车维修工操作技能考核评分记录表（2）

考生姓名：_____   准考证号：_____   工作单位：_____

凸轮轴的检修

序号	作业项目	考核内容及要求	配分	评分标准	考核记录	扣分	得分
1	劳动用品穿戴	劳保用品穿戴齐全	2分	穿戴不全不得分			
2	正确选用工具、量具、材料	选用工具、量具、材料齐全准确	5分	缺一件扣1分，选错一件扣1分，扣完为止			
3	准备	检测前准备	5分	准备不充分一次扣2.5分，2次扣5分			
				准备失误扣5分			
4	检验	裂纹的检验	10分	检验方法不正确扣5分			
				检验结果不正确扣5分			
		弯曲的检验	10分	检验方法不正确扣5分			
				检验结果不正确扣5分			
		轴颈磨损的检验	10分	检验方法不正确扣5分			
				检验结果不正确扣5分			
		凸轮磨损的检验	10分	检验方法不正确扣5分			
				检验结果不正确扣5分			
		其他损伤的检验	10分	检验方法不正确扣5分			
				检验结果不正确扣5分			
6	修理（口述）	凸轮轴各种损伤的检验方法	10分	各种损伤的检验方法每错一处扣2分			
7	正确使用工具、用具	工具、用具使用正确	10分	一种工具、用具使用不正确扣2分，扣完为止			
				损坏丢失一件工具、用具不得分			
8	操作规程	操作规程执行情况	15分	违反操作规程不得分			
9	清理现场	清理、擦洗并回收工具、用具	3分	少收一件工具、用具扣1分，扣完为止			
10	分数总计		100分				

否定项说明：
出现重大安全事故按0分计